世界のどこかで居候

文　中山茂大
写真　阪口克

リトルモア

まえがき

居候から世界が見える。

それが人力社のモットーである。地元の生活にドップリ浸かり、低い目線でモノを見る。すると人々のナマの暮らしが見えてくる。

我々の居候期間は、おおむね一週間だった。その理由は、滞在が短いと「居候」が成立しないからである。一泊ではお客さんである。二泊では子供たちが人見知りする。三泊目から徐々に「空気のような存在」になる。居候が定着するのである。アラブのベドウィン社会では、最初の三日間は最上級の接待を受けるが、そのあとはひどく冷遇されることが多いそうだ。後半になって、ようやく本音が見えてくるのである。

長すぎてもいけない。定住と居候は違う。フーテンの寅さんのように、家族の厄介者くらいの立場がいい。家族と利害関係がなく、「居ても居なくても、どっちでもいい」くらいが、ちょうどいいのである。

居候先の家族は、最初は困惑気味である。知人を通して引き受けたはいいが、言葉も通じない連中に、どう対応すればいいのやら……。

しかし我々がなにも求めていないこと、いつも通りに生活していればいいことがわかれば、あとは気楽である。一緒に仕事をし、市場に出かけ、近所を散歩し、メシを食い、寝る。

小さな村では、我々のウワサはあっという間に広まる。毎日のように村人がやってきて、物珍しそうに我々を観察する。そんな彼らを我々も観察する。彼らと同じ目線で、彼らの暮らしを観察する。居候から世界が見えてくるのである。

この本は二〇〇四年から二〇〇八年の間に、世界各地のご家庭で敢行した居候の記録である。

中山茂大

もくじ

モンゴル

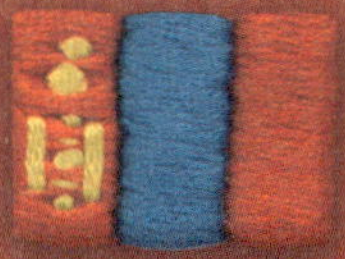

mongol

ひとつのゲルにみんなで暮らす「シアワセ家族」

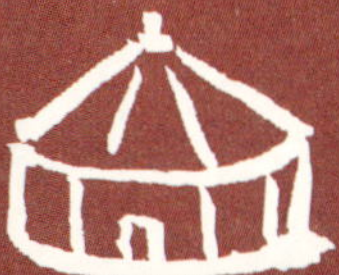

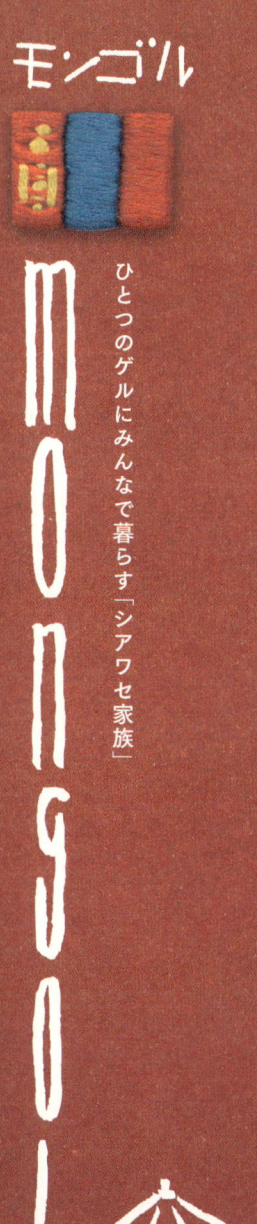

はじめまして

―モンゴルA to Z―

かつて「外蒙古」と呼ばれたモンゴルは、帝政ロシアの支援によって、1911 年に中国から独立した。以来、ロシアとの友好関係が深い。

日本から…

成田国際空港から
首都ウランバートルまで
約 5 時間半（直行便）

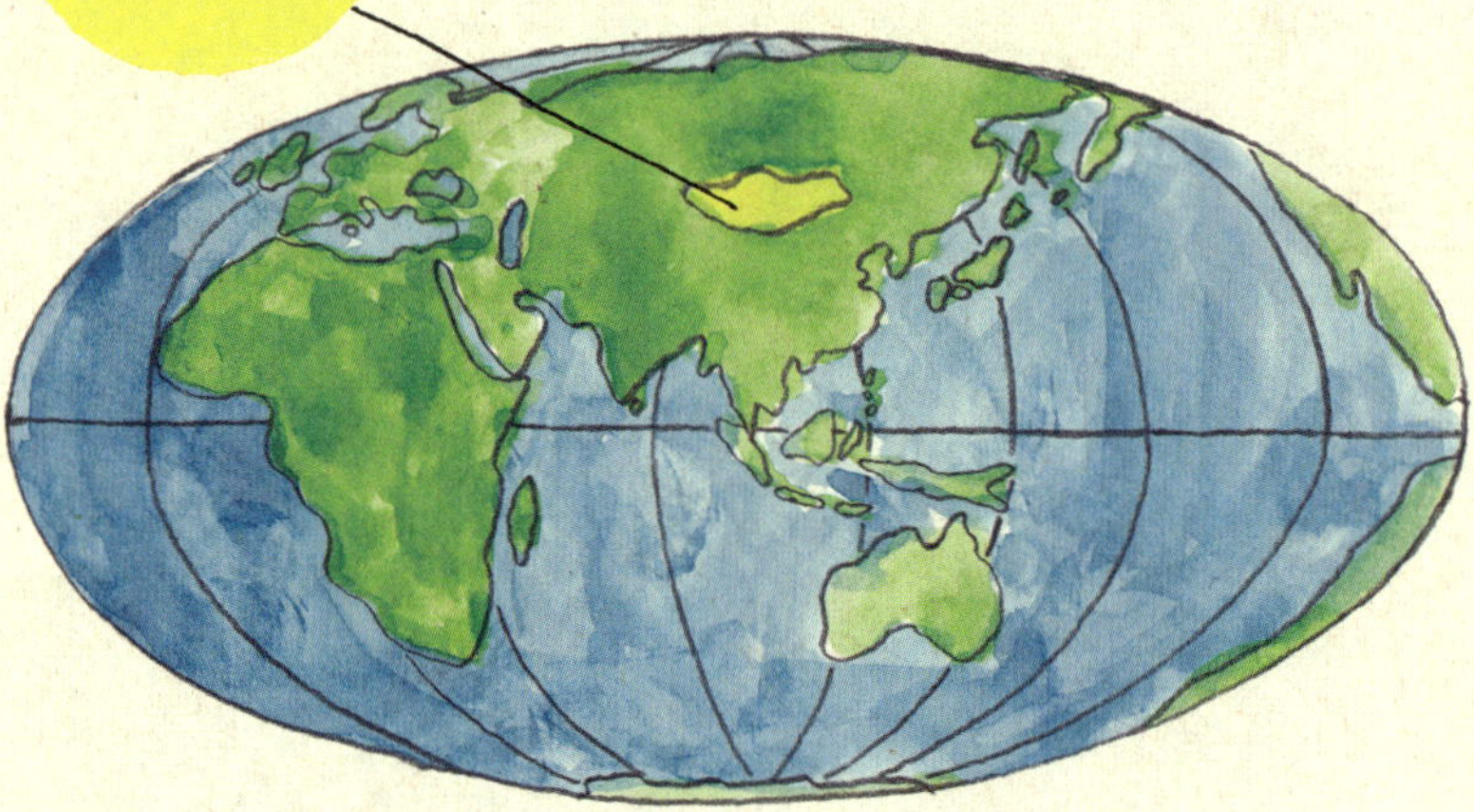

モンゴルといえば、この人たち

チンギス・ハーン
(1162? ～ 1227)
モンゴル帝国の創立者。現在も絶大な人気があり、紙幣をはじめ、ビール、ウオッカなどの意匠でも大活躍。国民的英雄であり、モンゴル民族のアイデンティティを支える存在。

朝青龍
(1980 ～)
大相撲、第 68 代横綱。本名ドルゴルスレン・ダグワドルジ(愛称ドルジ)。ウランバートル出身。兄 3 人、妹 1 人の 5 人兄妹。父親もモンゴル相撲で優勝経験がある。

ジャフラン
(1984 ～)
正式な名前はサマンド・ジャフラン。モンゴル演歌界の王子様。氷川きよし的存在。大の親日家でもある。

こんな国です

正式国名 モンゴル国 Mongolia
首　都 ウランバートル Ulaanbaatar
人　口 2,671,000 人(2008 年)
面　積 約 156 万 6500 ㎢(日本の約 4 倍)
民　族 モンゴル人(全体の 95%)、カザフ人など。
公用語 モンゴル語。表記はキリル文字（ロシアンアルファベット)。
気　候 大陸性気候で、年間を通じて乾燥している。夏は平均気温 19℃前後で過ごしやすい。冬は -20℃以下になる日が多い。
通　貨 通貨単位はトゥグリク(Tg)。100Tg ≒ 6.5 円、US$1= 約 1385Tg(2009 年 1 月現在)。
宗　教 チベット仏教など。
国　旗 赤は繁栄を表す火を、青は平和と永遠を表す青空を意味する。左側の黄色い模様はソヨンボと呼ばれるシンボル。

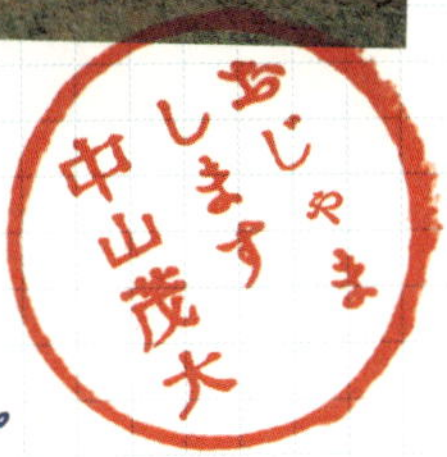

モンゴルの挨拶は、
「家畜は太ってるか？」だそうだ。
日本の「今日もよいお天気で」とは、
対照的だ。
日本人が天気を話題にするのは、
私たちが農耕民族だからで、
遊牧民が家畜を話題にするのは、
当然のことなのだ。
なにからなにまで勝手が違う
モンゴル遊牧民のゲルで、
1週間、寝食をともにしてみた。

モンゴルのニオイ

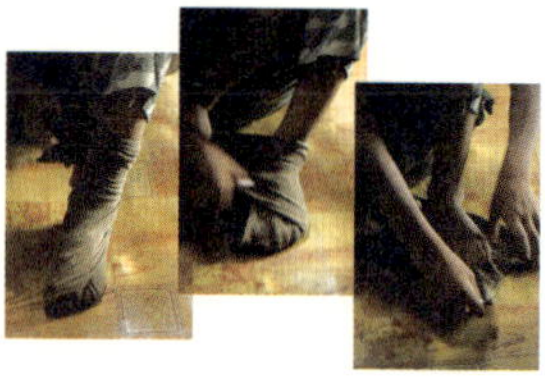

靴と靴下

二度目に訪れたときには、なぜかこの「足のニオイ」が気にならなかった。その理由は、家族と再会したときにわかった。車を買い、水をたくさん汲みに行けるようになり、まめに足を洗えるようになったのだ。

その国のニオイというのがある。

たとえば韓国はキムチの匂い。タイはナンプラーの匂い。フランスはチーズの匂い。エジプトは古本屋のカビ臭さで、インドは立ち小便の匂いという具合だ。そしてモンゴルはどうかというと、実は「足のニオイ」なのである。

チンギスハン空港を降り立った瞬間にフワリと鼻をつくのは、一週間ほど履きっぱなしの靴下が、一〇メートルくらい先の物干し竿にぶら下がっている、といった風情の、そこはかとないニオイなのであった。そのニオイは、ベギさんのゲルに一歩、足を踏み入れた瞬間に、強く実感された。

それは中央アジアの大草原を国土に持つモンゴル人の体臭であり、広大な草原を駆けめぐる遊牧民たちの素朴なニオイでもある。

フワリと漂う足のニオイは、慣れてくると、なんてこともなくなってくるものだ。というよりも、いつの間にか自分も、そのニオイを発するようになるからかもしれない。それは我々がモンゴル人に一歩近づいた証しなんだと思う。

乳搾り

山羊の騒がしい鳴き声で目を覚ます。

ゲルの中は「もぬけのカラ」。寝ているのは私とサカグチと、子供たちだけだ。

モンゴル女性

働き者のモンゴル女性は、日本人と顔立ちがそっくり。特に「大都会」のウランバートルに住んでいる人は色白で、日本人と区別がつかないほどだ。

寝袋をたたんでいると、ノマーが戻ってきた。

「やあ、起きたかい」

おそらくそう言って、ちゃぶ台のアロール（乾燥チーズ）をいくつか口に放り込む。そして寝ボケ眼の我々を、人なつこい笑顔でしばらく眺めてから、仕事に戻っていった。

外は相変わらずメーメーやかましい。

歯を磨きながら外に出てみると、山羊の搾乳の真っ最中だ。家族総出で、乳の膨らんだ母山羊をつかまえては、数珠つなぎに首をつないでいく。右、左、右、左と山羊を並べていき、端っこから順番に、ネルグさんとゾルさんとドルチュンが乳を搾っていく。ベギ家では搾乳は、主に女の仕事だ。

「憐れだねえ」

写真を撮っていたサカグチがつぶやいた。ヒモで数珠つなぎに首をつながれた山羊は、ときおり首が絞まるのか、「オエ……」という情けない声を出す。このように一本のヒモだけで家畜の首をつなぎ、搾乳する方法は、ユーラシアの遊牧民族の間では広く見られるそうだ。

すべての山羊の搾乳が終わると、いよいよ放牧に出発だ。

囲いのトビラが開かれ、山羊たちが「待ってました」と飛び出していく。外で待機していた羊たちと合流し、またたく間に数百頭の家畜の群れに膨れあがった。

今日はノマーがついていくらしい。裸馬にさっそうと跨《またが》ったノマーは、かけ声とともに羊たちを追い散らす。家畜の群れが動き出した。

スーテーチャイ

解体途中のゲル
台風一過……ではなく撤収途中のゲル。国土の大半が砂漠と大草原のモンゴルでは、廃材のごとき板切れも非常に大切に扱われる。

朝の大仕事が終わり、ひと段落してゲルに戻ると、ゾルさんがストーブで湯を沸かしていた。湯気が立ってくると、磚茶《たんちゃ》（茶葉をレンガ状に固めたもの）の葉をパラパラと加え、搾ったばかりの山羊乳を流しこむ。ゆるゆるかきまぜ、最後に塩をひとつまみ落として、スーテーチャイ（山羊乳茶）ができあがった。

さっそく碗に注いでもらって、フーフーしながらすする。甘いミルクティーのような濃厚さはないが、塩味が効いてサッパリとした味わいだ。

お茶というよりはスープに近い、この飲み物を、モンゴル人は四六時中飲んでいる。スーテーチャイは、いつも大きなヤカンにいっぱい作ってあり、誰かが放牧から帰ってくると、まずこれを碗になみなみと注いで一気に飲み干す。そしていくつかのアロールを口に放り込んで、また出かけていく。

腹が減った者がゲルに戻ってメシを食う。みんなでいっしょに食事をしながら団らんを愉しむという習慣は、草原の暮らしにはないようだ。特に夏は、それぞれが仕事を分担して、朝から晩まで働くので、悠長に食事をしているヒマもないくらい忙しい。

スーテーチャイが塩味なのは、おそらく肉体労働による塩分補給が目的なんだろう。「しょっぱいお茶」というのは、我々にとっては奇妙なものだが、実はまったく理にかなっているのだ。

ベギ家入門

ベギ・ドルスチュレンさん一家は、首都ウランバートルから車で2時間ほどの地域で遊牧業を営む、昔ながらの遊牧民。ご近所では、この地域では珍しい「ヤク」を飼っていることで有名だ。数年前に政府から「千頭の家畜を所有する農家」の称号をもらったそうだ。

ベギ家のみなさん

ベギ家には二度、遊びに行った。父親のドルスチュレンさんは、二度目の訪問では他界していて、ベギさん・タータさん夫妻が家業を継いでいた。

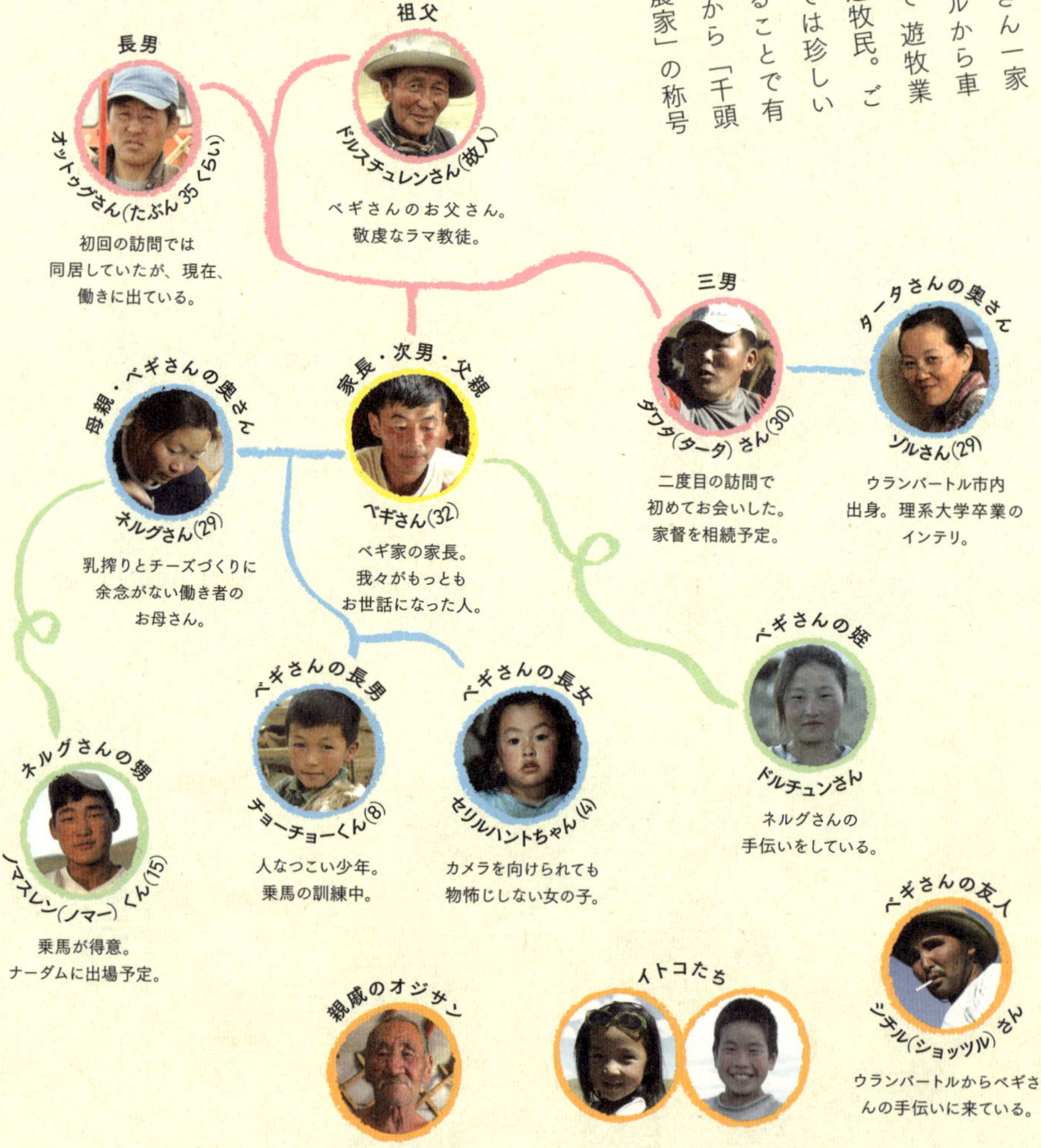

祖父
ドルスチュレンさん(故人)
ベギさんのお父さん。敬虔なラマ教徒。
長男
オットゥグさん(たぶん35くらい)
初回の訪問では同居していたが、現在、働きに出ている。
三男
ダワタ(タータ)さん(30)
二度目の訪問で初めてお会いした。家督を相続予定。
タータさんの奥さん
ソルさん(29)
ウランバートル市内出身。理系大学卒業のインテリ。
母親・ベギさんの奥さん
ネルグさん(29)
乳搾りとチーズづくりに余念がない働き者のお母さん。
家長・次男・父親
ベギさん(32)
ベギ家の家長。我々がもっともお世話になった人。
ベギさんの姪
ドルチュンさん
ネルグさんの手伝いをしている。
ネルグさんの甥
ノマスレン(ノマー)くん(15)
乗馬が得意。ナーダムに出場予定。
ベギさんの長男
チョーチョーくん(8)
人なつこい少年。乗馬の訓練中。
ベギさんの長女
セリルハントちゃん(4)
カメラを向けられても物怖じしない女の子。
ベギさんの友人
シテル(ショッツル)さん
ウランバートルからベギさんの手伝いに来ている。
親戚のオジサン
イトコたち

ベギ家の1日

07:00 モッソリ起きる。

07:30 パンとウルム、スーテーチャイで朝食。

08:00 放牧に出発。女性はチーズづくり。

10:00 昼食づくり。

11:00 子供たちと我々の昼食。スーテーボタ(牛乳がゆ)など。

12:00 女性はチーズづくり。男たちは馬乳酒づくり。たまに昼寝。

これは覚えなきゃ
あいさつとよく使う言葉

モンゴル人は「不言実行」という印象。議論するヒマがあったら、自分でさっさと片づける。礼儀作法も、たいして重要でない。実直で率直。それがモンゴル人の気質だ。

おはよう	=	Сайн《サイン》 байна《バイ》 уу《ノー》?	一般的な挨拶。でも家族同士ではあまり使わないようだ。
ありがとう	=	Баярлалаа.《バイラルラー》	この言葉を聞いたのは、我々が土産を渡したときだけ。
すいません	=	Уучлаарай.《オーチラーラエ》	この言葉は聞いたことがない。
大丈夫	=	Зүгээр《ズケール》 Зүгээр.《ズケール》	かなり頻繁に使う。
明日	=	Маргааш.《マルガーシ》	何事もうまくいかないと、この言葉が出る。

ベギ家のご近所

今は夏営地。風通しのいい高台にゲルがある。お隣さんは2キロほど先。

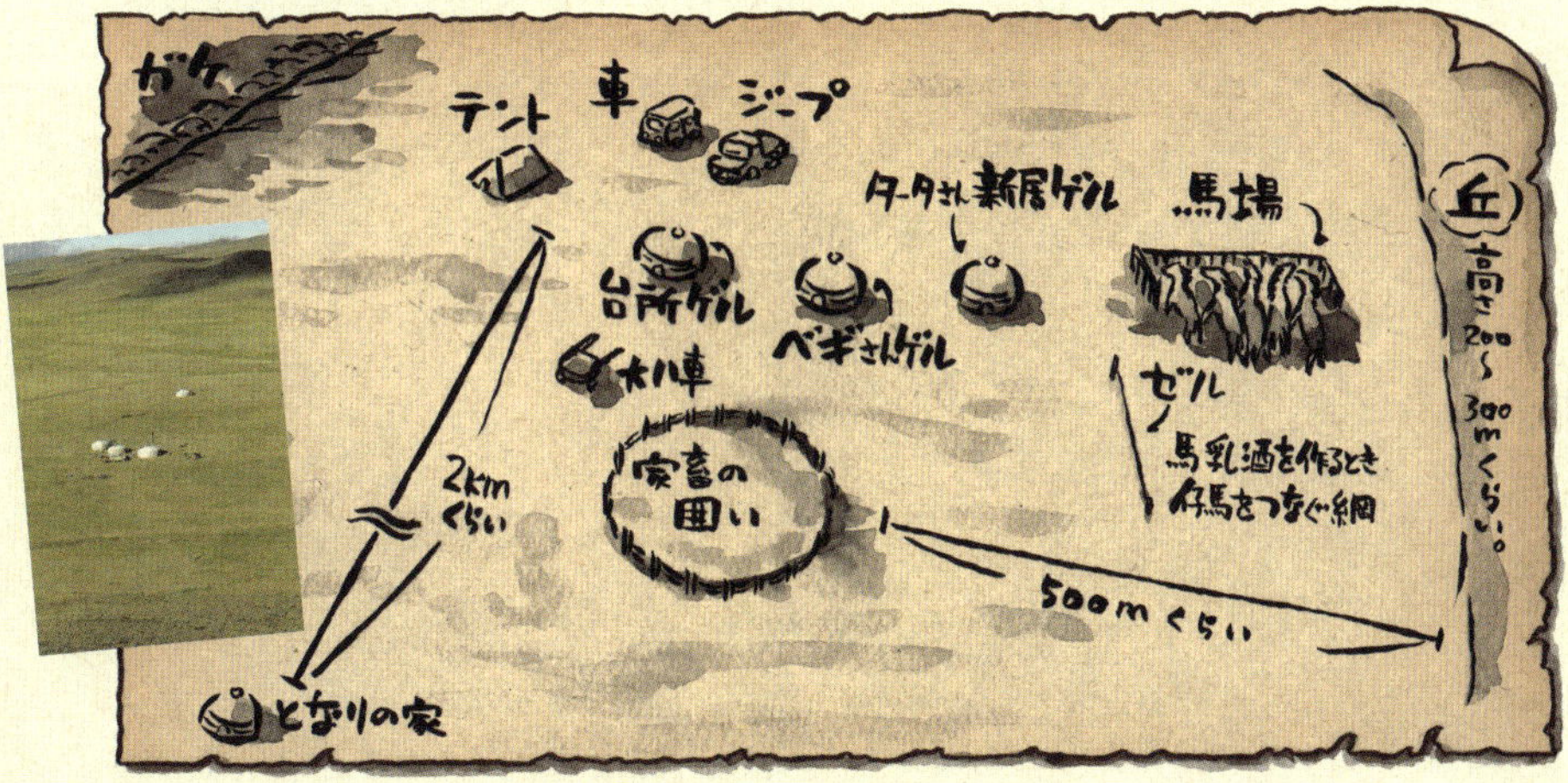

16:00
夕食はチャーハン、モンゴル風肉うどんなど。

18:00
放牧から戻る。山羊の囲い込み。

18:30
牛と山羊の搾乳。

20:30
日没。

21:00
一日の作業が終了。

21:30
なんとなく夜食＆団らん。

22:00
消灯。

野グソのシアワセ

ところでゲルにはトイレはない。

草原の、どこか適当なところで、しゃがんで済ませるのだ。

朝になると、家族の誰もが、なにもない草原を歩いていく。そして適当なところでしゃがむ。しばらくしてスタスタ戻ってくる。

我々もそうした。

とりあえず草原を歩いてみる。振り向くと、まだゲルが見える。モンゴルはどこまで行っても見通しがいい。そしてモンゴル人は、恐ろしく視力がいい。だから、どこまで行っても「丸見え」なんだが、気分的に遠くに行きたい。

かなり先に、ちょっとした丘陵があったので、そこまで歩いた。距離にしてざっと五〇〇メートル。そして山裾に隠れると、ようやくゲルが見えなくなった。安心してしゃがむ。するとタイミングの悪いことに、反対側の丘の上から、馬に乗った男が現れたではないか。軽く羞恥心を覚えたが、今となっては仕方ない。男に会釈して、やり過ごし、続きに専念した。

国の巨人

「水汲みに行くけど、行くか?」

トイレから戻ると、タータさんが誘ってくれた。

草原をジープで走ること十分ほど。小高い丘の向こうに、清水が湧き出る小さな泉があった。

簡易洗面台で快適文明生活

草原では、定期的に水を運んでくる必要がある。以前は台車だったが、最近は車で少し遠くの湧水地に行く。汲んできた水はタンクから簡易式洗面台に移され、蛇口をひねるとチョロチョロと水が落ちてくる。遊牧民の水道に対する憧れを見た気がした。

大草原の真ん中に、こんな美しい泉が忽然と現れることが、まるで奇蹟のようだ。

バケツに水を汲んで、一〇〇リットル以上入る大きなポリタンクを満たしていく。水は清冽に冷たくて、手が痺れるほどだ。タータさんはポリタンクになみなみと水を満たした。あーあ。そんなに汲んだら動かないよ。なにしろ我々ふたりがかりでもビクともしないんだから。

「よっこいしょ」

なんと。タータさんは一〇〇リットルのタンクを軽々と持ち上げ、車に載せたではないか。

「……」

私とサカグチは目をむいてそれを見ていた。

なんという怪力。同じ風貌を持ちながら、モンゴル人と日本人の、この違いはどうだ。

ナーダム（民族の祭典）恒例の「モンゴル相撲」で二度までも優勝した力士には「国の巨人」という称号が贈られるそうだ。数日前、タータさんに、

「ナーダムではモンゴル相撲に出ないんですか?」

と聞いたら、

「とんでもない!」

とかぶりを振っていた。タータさんの怪力でも、かないっこない猛者が、この国にはたくさんいるのだ。まさに「国の巨人」。日本の横綱が、モンゴル人で占められるのもムリはない。

タータさんは、ショックを受けて、へたり込んでいる我々を振り返って、ちょっと恥ずかしそうに笑った。

図々しい美徳

モンゴルの不思議〜郵便と選挙

モンゴルで気になるのが郵便事情だ。ベギさんに聞いてみると、首都ウランバートルの郵便局に私書箱を持っているそうだ。なるほど。では選挙はどうするの？　選挙管理委員が車で有権者のゲルを回るのだそうだ。なるほど。

大相撲の横綱を見てもわかるとおり、モンゴル人は一般に態度がデカイ。たとえば見ず知らずの他人の家にズカズカ入り込んで茶を飲み、食事までご馳走になっても、礼も言わずに去っていく。「ありがとう」という言葉は、よっぽどのことをしてもらったとき以外は使わない。

ゲルで子供たちと遊んでいると、突然、番犬がけたたましく吠え始めた。それに続いて馬蹄の音。そして人の話し声が近づいてきた。

「サインバイノー」

ゲルの扉が開き、見知らぬ男がふたり入ってきた。

男たちは我々を確認すると、ちょっとひるんだが、台所ゲルから様子を見に来たネルグさんを見ると安心したらしい。世間話をしながら、ちゃぶ台のアロールをいくつかつまんで、客用のベッドにゴロリと横になった。

十分ほど、そうやってくつろいだろうか。

「そろそろ行くべか」

そんなことを言って、ブラリと立ち上がり、去っていったのである。

彼らは何者だったのかといえば、ただの通りすがりの他人なのであった。我々は当然、ベギさんの親戚と思っていたのだが、どうやら違うのである。

モンゴルには「帽子をおけば我が家」という言葉があるらしい。すなわち他人の家も我が家と同じなのだ。日本人から見れば、信じられないような「厚顔ぶり」である。

怖ろしい災害「ゾド」

モンゴルでは厳冬期の寒さを「牛の角が落ちるほど」と形容するそうだ。モンゴル人がもっとも恐れる天災は「ゾド」と呼ばれる「雪害」。大雪が降って食草がなくなり、家畜の大部分が餓死してしまうのだ。大金持ちが一夜にして一文無しになることもある。英語の「stock」には「家畜」と「株」の意味があるが、遊牧は一種の「バクチ」のようなものだとも言える。

それがこの国では、ごく普通のことなのだとわかったのは、ベギさんに連れられて、隣家に遊びに行ったときのことだった。

馬に乗って、隣家のゲル(とはいっても二キロほど先だが)に近づくと、番犬が激しく吠える。犬が吠えるのは、この国ではチャイム代わりである。

隣家のオバサンが顔を出した。

ベギさんは馬を降りると、おばさんと話をしながらゲルに上がり込んだ。そして案の定というべきか、ちゃぶ台にあったアロールを、当然のように口に入れたのである。その皿を我々にも指し示して、「オマエらも食え」。

さらに、できたての馬乳酒と、パンとウルムまでご馳走になり、我々は満腹でおいとました。もちろん礼も言わずに。

そうなのだ。この国では「図々しいこと」が普通なのだ。「遠慮」という概念は存在しない。「遠慮」は、本意とは関係なく、直ちに「満足」と解釈されてしまう。

ではなぜモンゴルでは図々しいことが普通なのか。

それはこの国の厳しい自然を考えれば察しがつく。厳冬期には零下三〇度にもなるというモンゴルの大草原を馬で移動する旅人が、ゲルを見つけて熱いスーテーチャイを所望したとして、それが厚かましいことだろうか。むしろ彼を歓待しない家族のほうこそ、非難されるべきだろう。厳しい自然の中で生きている人間には、互恵関係を前提にした「厚かましさ」が生まれるものなのかもしれない。

いただきます ごちそうさま

馬乳酒、様々な乳製品、ムダのない屠畜方法。骨までしゃぶるキレイな食べ方。家畜を最大限に利用する技術を身につけたモンゴルの暮らしは、遊牧民の知恵にあふれている。モンゴル人は「羊の芸術家」だ。

ごちそう

洗面器に山盛りになって出てくる塩ゆで羊肉のでっかいカタマリこそは、モンゴル料理の代表選手だ。

一人前 1356Kcal
(写真はだいたい10人前)

ホルホグ

モンゴルのご馳走のひとつ。大鍋に肉と野菜を敷きつめ、熱した石で蒸し焼きにする。こんがりと焦げ目がついた肉は柔らかく絶品。ジャガイモ、ニンジンが入って、栄養面でも優れている。

内臓煮込み

モンゴル人がもっとも好むのは内臓。茹でただけなので、日本人には、かなりキツイ。モンゴル旅行にはコショウは必携だ。

一人前 266 Kcal

ゴリルタイ シュル（肉うどん）

モンゴル風汁麺。うどんはもちろん自家製。キャベツなど貴重な野菜が含まれるので、ビタミン、食物繊維が摂取できる。カロリーも低くてヘルシーな一品。

モモ

モンゴル餃子。肉や内臓をミンチにして小麦粉の皮で包んで蒸す。肉汁たっぷりでおいしいが、やたら手間のかかる料理。

生野菜

モンゴルの田舎では、意外にも生野菜がごちそうだ。農産物が乏しいこの国では、野菜はたいへん貴重だ。

いつもの

モンゴル遊牧民の日常食はスーテーチャイと後述するアロール。このふたつが草原の暮らしを支えている。

ミルクがゆ

おかゆに牛乳と砂糖を加えた想像通りの味。お子様向けのメニューだが、日本人にはツライかも？

野菜まぜごはん

キュウリやタマネギ、羊肉などを刻んで炊いたごはんとまぜあわせる。

スーテーチャイ

山羊乳茶。水代わりにガブガブ飲む。お茶にはエネルギーは含まれないが、山羊乳は栄養価が高いので、けっこうな栄養補給になってるはず。

89 Kcal (500cc)

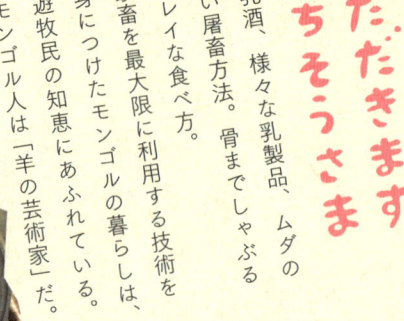

台所必須道具

鍋さえあれば

モンゴルではストーブの天板に丸い穴が開いていて、それにピタリと合致する中華鍋がセットになっている。この鍋が、モンゴルの食生活を支えているといっていい。スーテーチャイを沸かす、肉をゆでる、まぜごはんを炊く、ボーズを蒸す、野菜を炒める……ありとあらゆる料理をこなすのだ。季節ごとに移動を繰り返す遊牧民にとって、中華鍋はこれ以上のモノはないというほど便利なアイテムなのだ。

調味料、これがないとね

塩しかない

モンゴルの家庭で、塩以外の調味料を使うのを見たことがない。もちろんレストランでは、それなりの料理が出てくるけれど、家庭では「塩ゆでの肉塊」が基本だ。一度、我々がコショウを振りかけて肉を食っていると、タータさんが「それ、なんだ？」。そして肉にパラリと振りかけてひと口食って「ふうん」。たいして感動もしないのであった。我々の経験上の法則に「食事のまずい地域ほど、食事に保守的である」というのがある。モンゴルはその典型だと思う。

ベギ家のこんだて表

ベギ家では決まった時間に食事をする習慣がない。便宜上、朝食、昼食、夕食としたが、夜食も間食もフツーのことだ。

1日の摂取エネルギー（目安）

2774 Kcal

	献立	血や肉を作るもの	力や熱となるもの	体の調子を整えるもの
朝食	ミルクがゆ アロール スーテーチャイ 	ミルク （牛、山羊、馬） 羊肉	米 砂糖 油 うどん	ジャガイモ ニンジン キュウリ キャベツ
昼食	ホルホグ ピクルス アロール 馬乳酒 スーテーチャイ 			
夕食	肉うどん アロール 馬乳酒 スーテーチャイ 			

栄養士さんからのコメント

肉を食べるのでタンパク質を多く摂る食事ですが、穀物、野菜などの摂取が少なく、食物繊維が少ないです。日本でこの食生活だとメタボになりやすいですが、運動量の多い仕事なので、全体に見て悪くないと思います。

午後の搾乳

モンゴル人は所有するすべての馬、羊、牛の顔と年齢を見分け、体調を見極めることができるそうだ。我々には十把ひとからげとしか思えない羊も、彼らはその母親と兄弟姉妹、子供や孫に至るまで、ことごとく把握している。

このように牧畜を中心に生活する彼らにとって、乗馬は日常茶飯のことだ。ほとんどすべての日本人が自転車に乗れるように、モンゴル人は馬に乗ることができる。子供たちは鞍さえつけず、ハミをくわえさせただけの裸馬を楽々と乗りこなす。

かつて彼らは、この馬術でアジアを席巻し、世界帝国を建設したわけだが、両手に投げ縄を持ち、かけ声だけで馬を制御して疾駆させるベギさんの技量を、我々は目が覚める思いで眺めたのであった。

「マル（家畜）が帰ってきたよ」

乗馬の練習をしていたチョーチョーが、はるか彼方を指さす。

ひとつ、ふたつ、みっつ向こうの丘の上に、白い雲がわいてきた。白い雲はどんどん大きくなって丘を覆いつくし、ついには数百頭の羊の群れとなる。

群れが到着すると、午後の搾乳が始まる。すべての山羊と羊を、ひとまず囲いに追い込んで、乳の張った母山羊だけをつかまえて、朝と同じように数珠つなぎにして搾乳するのだ。

搾乳が終わると今度は、いったん家畜を囲いの外に追い出して、山羊と羊を分ける。

ひとつの群れを羊と山羊に分けるのは、非常に面倒な作業だ。群れをひとつの集団として管理するのは比較的簡単だが、群れを分けたり、任意の一頭を選び出すのは難しい。少し気を抜

ソーラーパネルはエライ

モンゴルでは、太陽熱は有効なエネルギー。ゲルの傍らには、ソーラーパネルが立てかけてある。もしもパネルが壊れたら、夜は真っ暗闇。いつもは荒っぽいモンゴル人も、パネルの扱いだけは慎重だ。遊牧民の家庭では、ソーラーパネルが、実は一番エライ。

モンゴルの靴

遊牧民の靴は乗馬に適したブーツが一般的。おじいちゃんは民族的な意匠のブーツだったが、若い人は実用性重視の黒い革製が一般的だ。

くと、群れがひとつにまとまろうとして動き出す。それをムチや石ころで脅しすかしながら上手に分けるのだ。

そしてようやく山羊だけを囲いに追い込むと、今度はさらに子山羊を分けて囲い込む。夜のうちに子山羊が乳を飲んでしまわないためだ。必死に逃げる子山羊をつかまえるのは、これまた厄介な作業だが、子供たちが喜んで引き受ける。

一方の羊は逃げないので、囲いの外で眠る。似たような動物なのに性質は正反対なのだ。

この段階で日はとっぷりと暮れている。

腕時計が午後九時を指すころ、ようやく一日の仕事が終わった。

日中、蓄電されたバッテリーが活躍して、ゲルには煌々と明かりが灯された。

男たちは軽くビールでも飲み、夕食の牛肉ウドンを食べて一日が終わる。この時が一日で唯一、家族全員がゲルに揃う時間だ。

数えてみると、私たちを含めて十一人。

誰かが我々を指さしてなにか言い、家族がどっと笑った。一日でもっとも和やかな時間だ。

ベギさんが「指さし会話帳」を指し示す。

「明日」「馬乳酒」

「明日は馬乳酒をつくろう」

夏のもっとも大きなイベントのひとつが、今年も始まるらしい。

ミルクとチーズ

モンゴルの短い夏は、1年でもっとも多忙な時期だ。ルーティンワークの羊の放牧に加えて、男は馬乳酒づくり、女は冬に向けた保存食「アロール」づくりが加わるからだ。だから男たちは一日中、ゲルを出たり入ったり。女たちは搾乳とチーズ作りに忙殺され、「てんやわんや」の忙しさなのである。

チーズは、乳脂肪分の「ウルム」を取った脱脂乳を醗酵させ、水分を落としたものを乾燥させて作られる。もっとも一般的なのは、カチカチに乾燥させた「アロール」。かなりカタイので、アメ代わりにしゃぶっている人が多い。「ビャスラク」はあまり醗酵させないうちに水気をとって固めたもので、カッテージチーズのような歯触り。さっくりと香ばしい味わいだ。

この時期のゲルの屋根には、天日干しするアロールがあちこちに並べてある。ひとつつまみ食いしてみると、太陽の匂いとともに、乳の香りと甘酸っぱさが口に広がった。

ウルム

山羊や牛の生乳を煮沸して、少量の小麦粉を加え、ひと晩置くと、表面に浮いてくるクリーム状の凝固物がウルム。乳脂肪分が固まったもので、もっとも貴重な乳製品である。ほんのりと甘く、子供たちの大好物。

ビャスラク

ウルムを取り除いた乳（つまり脱脂乳）をスターターを混ぜてひと晩醗酵させる。これをこし取り、残った固形物を固めたものがビャスラクだ。ソフトな歯触りで酸味もなく、食べやすい。日本人にとっては入門編という感じ。

アロール

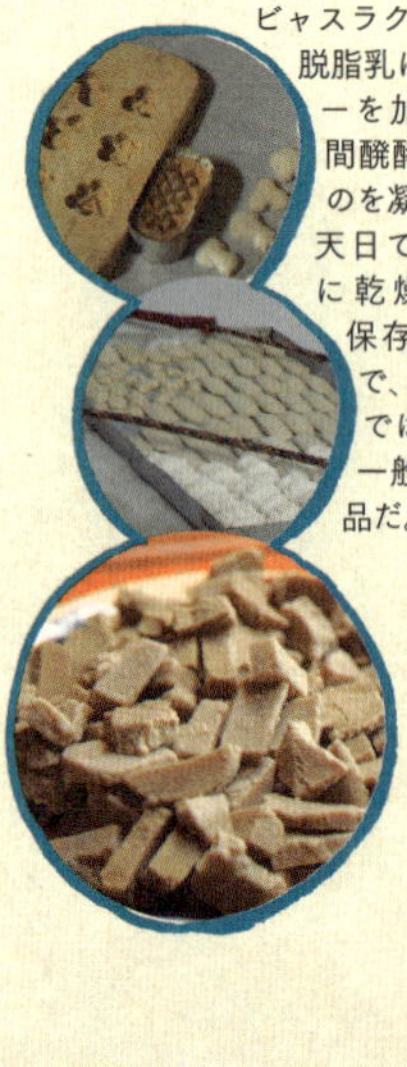

ビャスラクと同じく、脱脂乳にスターターを加え、長時間醗酵させたものを凝固させて、天日でカチカチに乾燥させる。保存が利くので、モンゴルではもっとも一般的な乳製品だ。

馬乳酒ができるまで

馬乳酒を作るのは「ホネが折れる」のひと言に尽きる。地面に杭を打ちつけ、「ゼル」と呼ばれる綱を渡して、これにギンギンにテンションをかける。次に柵に追い込んだ馬群から、絶妙な投げ縄で、大暴れする仔馬を選別し、死ぬ思いをして引っ張っていって、ゼルに結わえ付ける。仔馬を繋いでおくと、心配した母馬がそばを離れない。そのスキに乳をいただくのである。乳を搾るのは、たいがい女の役目で、これもけっこう命がけである。

モンゴル人の投げ縄技術は天下一品！

仔馬をゼルに引っ張っていくのがひと苦労

心配した母馬が近づいて離れない

そのスキに乳をいただく！

一回にとれる乳は 200 ccくらいだそうだ

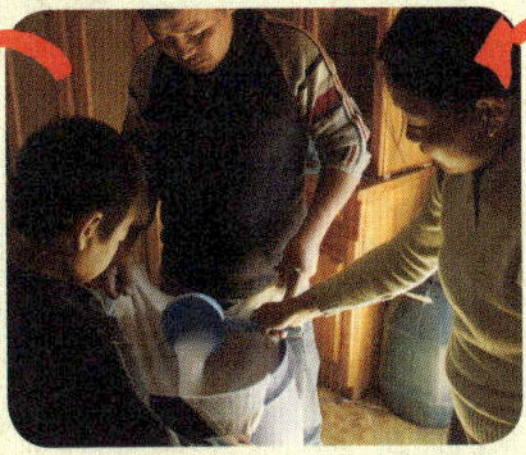

ゴミをこし取りながらタルに流し込む

1 日 10000 回、ひたすらかきまぜる

アワだつのをお椀に注いで……

お酒だけど子供もグビグビ !!

我が家をご案内

ゲル大解剖

軽量、コンパクト、機能的…あらゆる面で優れた「ゲル」こそは、長い歴史の中で培われてきた遊牧民の知恵の集大成だ。

モンゴル民族が暮らす伝統的な移動式住居。それが「ゲル」だ。「ユルク」「パオ（包）」とも言われる。構造はとても簡単で、木製の骨組みにフエルトを巡らしただけ。きわめて軽量、コンパクトで、軽トラック一台に余裕で積み込むことができる。大人2人で1時間ほどで組み立てることができ、分解はその半分くらいの所要時間ですむ。まことにシンプルな構造なのだ。

ストーブ
ゲルの中心に据え付けられ、代々家督を継ぐ末子に相続される。

燃料入れ
正式には「アルガル（乾燥牛糞）入れ」だが、なし崩しにゴミ箱にもなっている。

柱と煙突
煙突は着脱できて、冬の夜は取り外して天窓をウルフ（覆い布）で覆う。

時計と鞍
古い壁掛け時計と、普段は滅多に使わない立派な鞍。お出かけ用？

行李と写真
朱塗りの行李には大切なものがしまってあるそうだが、見せてもらえなかった。

買い物袋掛け
ちょっとしたものを引っかけるのに、ハナ（→P30）はとても便利。

床と寝床
夜は食卓を移動して、絨毯を広げ布団を敷く。子供たちと我々の寝床。

天窓
日中は開かれ、煙突が突き出している。

食卓とイス
朱塗りの食卓「シレー」。引き出しには文具などが入っている。

ベッド
かつては、おじいちゃんとチョーチョーが寝ていたが、いまは子供たちが占有。

テレビ
今どき珍しい白黒テレビ。しかも映りが悪い。

行李と仏壇
ラマ教の仏壇。昨年亡くなったおじいちゃんの遺影が飾ってある。

ベッド
新婚のタータさん夫妻用。昼は家長の上座だが、私はよく昼寝した。

ミシン
ネルグさんが使っている手回しミシンは重くて頑丈。木箱に入れて大事に保管。

戸棚
観音開きのタンスには布団が。毎朝布団を畳んでしまうのは日本と同じ。

馬乳酒と手桶
訪問客は、挨拶代わりに、かき混ぜ棒をジャバジャバやるのが慣習。

羊肉
解体した羊肉は入って左のスペースで干す。ここでもハナが活躍。

玄関扉
入る前に入り口のスノコで泥や牛糞を落とすのがエチケット。

お札
ゲルの入り口には、ラマ教の護符が張ってある。

ソーラーパネル
普段は粗雑なモンゴル人が、人が変わったように丁寧に扱うのがこれ。

ベッド
ベギさん夫妻のベッド。昼は女と子供たちが座るスペースとなる。

ゲルができるまで

モンゴルでは新婚夫婦のために「新築ゲル一式」を用意するのが習わしになっている。ベギさんの実弟タータさんの「新婚ゲル」の建設に密着した。

「ゲル」の機能性を象徴するものに、「日時計」の役割が挙げられる。トーノ（天窓）から差し込む日光の角度で、時刻がわかるのだ。たとえば「ハナ」の上部に日が当たる頃は「放牧に出る時間」。ベッドに当たる頃は「正午」、食器棚に当たる頃は「放牧から帰る時間」。「ゲル」を建てる方向と家具の配置が、どの家庭も必ず同じなので、日の差し込む角度で時間を特定できるのだ。

ハナ
ゲルの周囲を囲うラティス状の部材。伸縮自在でコンパクト。

ハナはあくまでも円く、広すぎず狭すぎず。この兼ね合いがムズカシイ。

1 下準備、場所決め、ハナを巡らす

まず扉の位置を決める。入り口は南東向き。ハナを丸く並べる。普通3～15個で、今回の「新築ゲル」は6つ。ゆがみを調整しながら円く、しっかりとヒモで結わえる。ここで大きな荷物を運び入れ忘れると、あとで悲劇が。

バガナ
ゲルの中心にあって、トーノを支える2本の柱。神聖なものとされる。

地方によってはバガナが4本の場合もあるらしい。

2 バガナを立てる

まずトーノにバガナを結わえ、トーノを上にしてバガナを立てる。トーノとバガナは、ゲルの中でもっとも神聖な部分とされる。「これらがないとゲルが倒壊するからだ」と説明されるが、構造的にはそれほど意味はない。トーノはオニに支えられるからだ。

オニ
ゲルの天井を支える支柱。全部で81本が普通。

オニは、長すぎると先端を削るので、徐々に短くなっていく運命にある。

3 オニをさす

ひとりがバガナを支え、他がオニをトーノに差し込む。この作業はなかなか難しい。ハナ（円周）やバガナ（高さ）が大きすぎると、オニの長さが足りなくなる。小さすぎると、オニが長すぎる。オニはトーノに差し込むだけなので、中央で支える人の頭上に落下し、コントよろしく周囲を笑わせるのが毎度のことである。

4
ハナを固定する

オニが完全にはめ込まれたところで初めてハナが固定される。長いヒモを、ハナの骨組みを縫うようにして円周に巡らせ、しっかりと結わえる。これでようやくゲルの骨格が確定する。

ゲルの部材はウランバートルで売っている。新品1セットで10万円くらい。

5
内布で覆い、フェルトをかける

「ツァワグ」または「ドトール・ツァガーン・ブレース」と呼ばれる白い内布をかける。最近になってフェルトからの毛や埃を防ぐために使われているという。ハナの周囲と天井を分厚いフェルト生地で覆い、ヒモで固定する。

防水布で覆うので、それほど厳密に固定する必要はない。

6
防水布・ウルフをかける

ガトール・ブレースでフェルトの上からすっぽりとゲルを覆う。扉から一周するようにヒモを3本かけ、扉の左右に3つずつ並ぶ鉄輪にがっちりと結わえる。最後にウルフという天蓋を覆う座布団状の布をかけて、上から縦横にヒモでゲル全体を引き締めて完成。

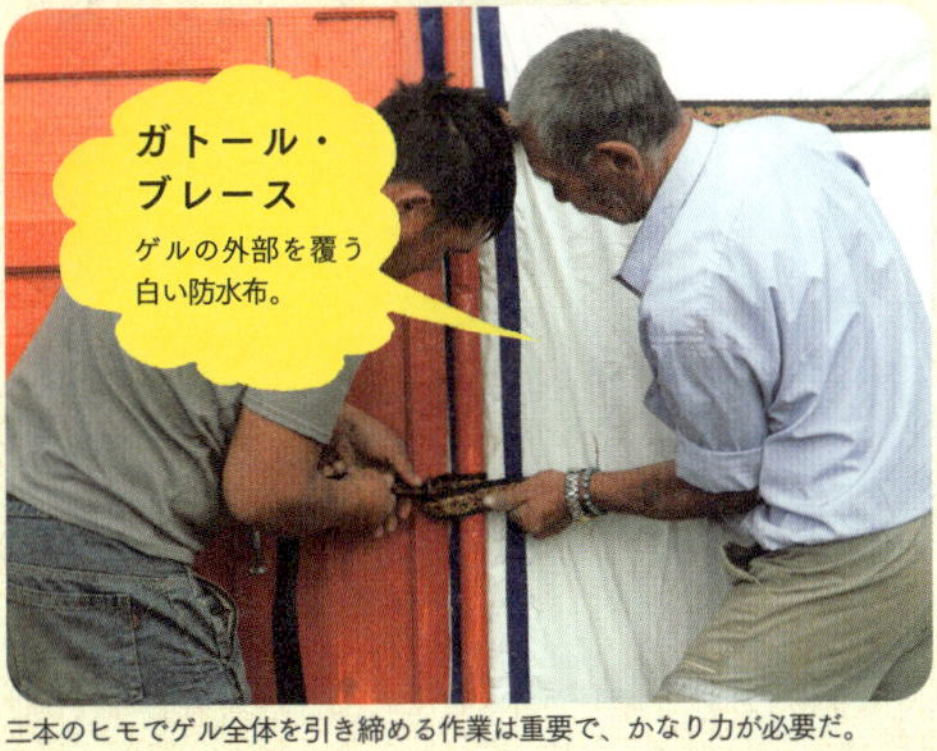
ガトール・ブレース
ゲルの外部を覆う白い防水布。
三本のヒモでゲル全体を引き締める作業は重要で、かなり力が必要だ。

完成!

1

携帯電話が普及する

二回目のモンゴル旅行の三日前のこと。私と阪口は、新宿西口のYカメラにいた。

阪口「やっぱり日本の土産といえば電化製品だよな」

中山「あそこん家（ベギさんの家）は、誰が修理しても絶対に映らないテレビしかないからね」

阪口「ラジカセがいいんじゃないかと思うんだが」

中山「CDはなくてもいいのか？」

阪口「まだカセットテープだろ」

中山「CDくらい普及してんじゃないの？カセットテープなんて持っていったら鼻で笑われるかもよ」

阪口「『DVDじゃないのか』とか言われたりして（笑）」

我々のアタマの中では、モンゴルと言えば「壊れたラジカセ」と「映らないテレビ」というイメージが巌のごとく定着していたのだった。

ところが。

二度目の再会を果たした我々の目の前で、ベギさんがフトコロから取り出したのは。おお。なんということか。それは携帯電話であった。しかも着メロはベートーベンの「第九」。

「バイノー」

ベギさんが電話しているのを、我々は目をむいて眺めていた。

この二世紀の間に人類が発明してきた、ありとあらゆる通信手段を飛び越えて「いきなり」携帯電話である。これはもう「飛脚からEメール」に忽然と進化したのと同じようなものではないか。

2

ガスコンロ。でもお湯はぬるい。

もうひとつ、前回の訪問では見かけなかった新機軸があった。

ある日、腹を壊し気味だった我々は、日本から持参したカップ麺を食おうと、おずおずとネルグさんに尋ねた。この国でお湯を沸かすには、まず火を熾すところから始めなければならない。だから私は遠慮がちにお伺いを立てたのである。

「あの、お湯を……」

「あいよ」

ネルグさんは大きな水瓶から、ナベ一杯の水を無造作に汲み上げた。そしてそれをデンと置いた先はストーブではなく、なんと「ガスコンロ」であった。ネルグさんは慣れた手つきでマッチを擦り、青白い炎が燃え上がった。我々はその様子を、口を開けたまま見守っていた。

たとえばこれまでの場合、私がお茶を所望したとすると、ネルグさんは、おもむろに牛のうんこをストーブに放り込んで、新聞紙を丸めてマッチを擦る。火は音を立てて燃え始め、30分ほどで「なんとなく」お湯になる。沸騰はさせない。おそらく燃料のムダだからだと思う。ここで磚茶の葉をひと握りぱらりと落とす。ようやくお茶が完成する。ガスコンロだと、これが「たったの5分」なのである。まさに偉大な「文明の利器」。しかしお湯が「ぬるい」のは変わらなかったが。

ともあれモンゴルといえば「牛のうんこ」なのである。それが、プロパンガスという文明の利器に取って代わられつつある。

やはりこの国は猛スピードで変わっているのだ。

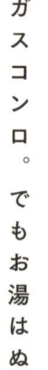

「千里眼」と「地獄耳」

しかし考えてみれば、遊牧民にとって携帯電話ほど便利なツールは、他には見あたらないだろう。彼らは恐ろしく目がいいので、とても声が届かない場所でも相手を見極めることができる。これに携帯電話があれば、「千里眼」と「地獄耳」を兼ね備えたようなもので、これはもう「鬼に金棒」ではないか。

プロパンガスにしても、ライターで一瞬にして着火するという、考えようによっては魔法のような文明の利器を人間が欲するのは、当然と言えばあまりに当然なのであった。誰も好きこのんで牛のうんこを拾い集めたりはしないのだ。

そんなわけでモンゴルがゲキレツに変貌しつつあることを、私は今回の旅行で思い知ったのである。

それに対するノスタルジーや感傷などというものは、言ってしまえば旅行者のエゴなのであって、たとえゲルの横にパラボラアンテナが立っていたとしても、我々は驚いたり落胆したりしてはいけないのである。

現場合わせでゲルが建つ

一方で、モンゴルの根強いアナクロニズムを目の当たりにしたのは、ゲルを建てるときであった。

たまたま弟のタータさんの結婚にぶつかった我々は、彼の新居ゲルを建てるのに立ち会う幸運に恵まれた。親戚数人が手伝いに来て、「ああでもない、こうでもない」と言い合いながらゲルを建て始める。

ハナ（ゲルのぐるりを囲む枠）を巡らしてバガナ（中心の支柱）を立て、そしてオニ（屋根を支える81本の棒）を差し込む段になって、問題が発生した。大半のオニの長さが足りないことが判明したのである。

日本人なら、メーカーに電話して文句のひとつも言うところだろうが、モンゴルでは当然そういう選択肢はない。

さてどうしたものか。一同頭をひねるのも束の間、タータさんがノコギリを持ってくると、バガナの下のほうを当てずっぽうに切り始めたのである。

「そ、そんなとこ切っちまって大丈夫なのか？」

心配していたのは日本人だけであった。

片方のバガナをいい加減な長さに切り落とした彼は、もう片方にもギコギコとノコを入れ、作業はあっけなく終了した。

そして肝心のオニはというと、これがなんとも不思議なことに、ピタリと収まってしまうのである。巻き尺すら誰も持っていないし、第一寸法も測っていないのに、なんとなく予定調和的に、物事が丸く収まってしまう。

そこには日本の、きっちりと計算された工業製品にはないフレキシブルさがある。チンギス・ハンのころからのライフスタイルが、現在でも脈々と受け継がれている理由でもあるだろう。

私たち日本人が、窮屈な日常から逃れるようにモンゴルにやって来る、その求めているものというのは、まさにこの「おおらかさ」なのに違いない。

携帯電話や衛星放送がどんなに普及しても、モンゴル人のこの「おおらかさ」は変わることがないだろう……と思いたい。

大家族の安心感

昼間のうちに蓄電した電灯は三時間ほどで消えてしまうので、それまでにちゃぶ台を片付けて絨毯を広げ、布団を敷く。家族が寝床に潜り込むと、突然、電気が消える。

「ああ。消えちゃった」

それが就寝の合図だ。家族十一人が布団に潜り込み、長い川の字を作って目をつぶる。誰かが寝返りを打つ音。子供たちがコソコソとしゃべる声。

たくさんの家族が、そばにいてくれるというのは、なんとも言えない安心感がある。寝息とともに、家族の愛情が伝わってくるようだ。たとえて言えば、子供のころに、田舎のおばあちゃんの家に親戚が集まり、イトコ同士でフトンに入ったときの、あの高揚感のような。

大家族の安らぎ。

それは核家族化が進んだ日本では、もうずいぶん前に失われてしまった感覚だろう。都会に暮らすモンゴル人は、夏になると、必ず実家のゲルに帰るという。彼らはゲルの暮らしを、いつも懐かしがっているという。

家族と一緒に過ごしてみて、我々は、その理由が理解できた気がした。

早朝の大草原の真ん中で、
ベギさんと初めて出会ったときのことを
今でも、良く憶えている。
通訳もガイドもいない草の海のただ中で、
僕たちは不安でいっぱいだった。
そんな僕たちに、ベギさんは
少し困ったような笑みを浮かべながら
茹でた羊の肉を差し出してくれた。
あれから六年が過ぎて、
僕たちはたくさんのご家族に
お世話になったけれど、
すべてはあの早朝の
笑顔から始まったんだな。

おじゃましました
阪口克

イエメン

YEMEN

気さくで心優しい男たちが集う「お気楽家族」

はじめまして
—イエメンA to Z—

1918年にオスマントルコから独立したイエメン王国は、イギリス植民地を経て南北に分裂。1990年に再統一が果たされた。

日本から…

日本からの直行便はない。関西国際空港からドバイ乗り換えで首都サナアまで約13時間

イエメンといえば、この人たち

シバの女王
(紀元前10世紀頃)

古代イエメンとエチオピアを治めた女王。イスラエルのソロモン王との知恵比べで有名。エチオピア帝国のハイレセラシエ王家の始祖とも言われる。

アリ・アブドラ・サレハ
(1942～)

イエメン大統領。1978年、北イエメン大統領に就任。1990年、南北イエメンを統一。2006年に再選。

ナジーム・ハメド
(1974～)

イエメン系イギリス人。90年代に活躍したボクシングフェザー級のスーパースター。変則的、挑発的なスタイルで観客を魅了した。

こんな国です

正式国名 イエメン共和国　Republic of Yemen
首　都 サナア　Sana' a
人　口 約23,580,000人(2008年)
面　積 約53万7000㎢(日本の約1.5倍)
民　族 アラブ人
公用語 アラビア語
気　候 国土の西には3000m級の山岳地帯、東には砂漠地帯という変化に富んだ地形のため気候は地方で異なる。サナアでは日中は乾燥していて過ごしやすいが、朝晩は冷え込む。
通　貨 通貨単位はイエメン・リヤル(Yemen Riyal)とフィルス(Fils)。日常生活でフィルスが登場することはまずない。1YR＝0.43円、US1$＝207YR(2009年12月現在)。
宗　教 イスラム教
国　旗 赤は独立への情熱、白は平和と希望、黒は過去の圧政からの解放と独立を表す。

大昔から「幸福のアラビア」と
言われてきたイエメン。
現在では、
石油で潤う産油国が有名だが、
かつては、緑豊かな農業国イエメンこそ
夢のような楽園だったに違いない。
最近になって、
人質事件や海賊事件が続発して、
すっかりアブナイイメージが
定着してしまったが、
実際はどうなんだろうか？

「政府」が存在しない国

実際に訪ねてみてわかったことだが、イエメンには、いわゆる一般的な「政府」がない。もちろん中央政府はあるけれど、それは対外的に「国益を代表する政権」と認められているに過ぎない。イエメンの大統領は、首都サナアを中心とした地域を支配する大部族の部族長だそうだ。彼らは首都と幹線道路周辺を押さえているが、他の地域は、別の部族が支配している。つまり首都から離れた部族地域に行くと、警察権力は及ばないのである。

だからといって無法国家ということもない。部族地域に行けば、外国人は丁重にもてなされることが多い。よくも悪くも「古き良きアラブの伝統」を保っているのがイエメンなのである。

今回訪ねたのは、イエメン中部山岳地帯のアルギャージン村。サナアで旅行代理店を営むアミン・ガシムさんの実家に遊びに行ったのであった。

「カラシニコフ」な男たち

イエメン山岳部は、標高が高く冷涼な気候。雨にも恵まれているので、アラビア半島では例外的に農耕に適した土地が広がっている。その中でも、もっとも雨の多い南部のイッブ近郊に、今回訪れたアルギャージン村がある。

村一面に段々畑が広がっていた。それは、私たちが想像していた砂漠とは、まったく異なる豊かな農村風景で、「幸福のアラビア」と讃えられた理由がよくわかった。

しかしそんな、のどかな山村でも、ドキリとする瞬間がある。村を歩く男たちが、ロシア製

アルギャージン村

標高1000m。世帯数20軒、人口220人ほどの小さな農村。住民はみんな親戚。主な作物はカート、トウモロコシ、豆など。

の自動小銃「カラシニコフ」を肩に担いでいるのだ。

この国で銃を持ち歩くことは、日本のサムライがカタナを差して出歩いたのと同じくらい一般的なことである。現在では男たちの単なるミエのような気もするが、しかしそれは本来、部族抗争の長い歴史を持ち、法律よりも部族のオキテが優先するこの国の、当然の習慣なのであった。かつての部族社会では、ラクダにまたがり、砂漠を疾駆して敵に突撃する勇敢な男が、ベドウインの誉れであった。そんな勇壮な時代を今に伝えるイエメンのダンディズムが、カラシニコフなのである。

いまひとつのダンディズムがジャンビーアだ。「J」字形の短剣を腹に差す姿は、イエメンの少年からおじいちゃんに至るまで広く見られる。現在では抜き身はステンレスのなまくらで、ヒモを切るくらいしかできないが、重要なのは鞘と束らしい。先祖代々受け継がれたジャンビーアには、数千万円の高級品もあるという。

かつては敵の首をかき切り、多くの血を流したであろう短刀だが、現在では「レジ袋をぶら下げる」という意外な実用性が発見され、大いに活用されている。平和な時代では、武器の機能も変化するものらしい。

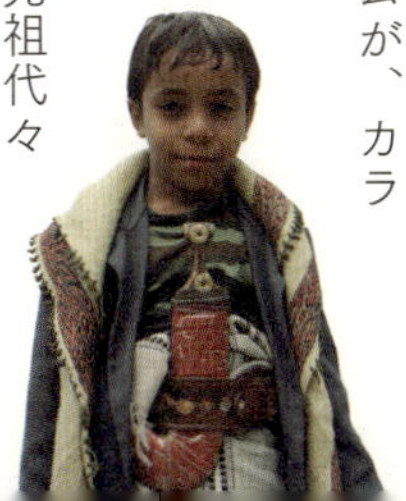

カラシニコフおじさん

アミンさんのお宅に到着して荷物を下ろすとマフラージに招かれ、まずは熱くて甘いチャイが振る舞われた。村中の子供たちが集まってきて、遠巻きに我々を覗き込む。親戚の男たちが、車座になって座り、タバコを吸いながら、物珍しそうに我々を見物した。山賊のような風体のヒゲ面の男どもが、ギョロリと目を見開いて、こちらを凝視している中で、おずおずとチャイをすする我々であった。

「怖いんですけど」

「このまま誘拐されたりして」

サカグチとコッソリそんな話をした。イカツイ男たちだが、我々と目が合うと、少々はにかんだ笑顔を見せて目を伏せた。意外とシャイらしい。そんな中で近所の畑に我々を案内してくれたのが、「カラシニコフおじさん」と、ひそかに我々が呼んでいた、アリおじさんである。軍隊に二十年も勤務していたというだけに、ガッチリした体格で、「山賊の頭領」という風貌だが、実に親切で優しいおじさんなのであった。

マフラージ

イエメンのお宅には、「マフラージ」という広々とした客間がある。絨毯が敷きつめられ、「ウィサダ」という肘掛けクッションが並んでいる。家の中でもっとも豪華な装飾が施されている。我々客人の寝室に、この部屋があてがわれたのは言うまでもない。

粋な男は持っている

ＡＫ47「カラシニコフ」。

イエメンの男たちを語るとき、このカラシニコフ抜きには語れない。イエメンはアメリカに次いで、地味に銃の所持率、世界第二位である。それもそのはず。この国の男たちにとってカラシニコフは、「男のタシナミ」であり「粋」なのである。市場で目撃した男に至っては、まるで『ランボー3／怒りのアフガン』のような重武装で、「オレの写真を撮れ！」とポーズを決めた。伊達男の必須アイテム。それがカラシニコフなのである。

ヤヒヤのランクルの助手席にも、当然のようにカラシニコフがあった。

「タマは入っているのか？」

「もちろんだ。ほれ」

ヤヒヤが抜いた弾倉には、ギッシリとタマが詰まっていた。コケオドシではないらしい。

ツアーの途中で泊まったホテルの窓から、盛大な打ち上げ花火が次々と舞い上がるのが見えた。

「そら、あれがカラシニコフだ」

よく見るとそれは、湾岸戦争でバグダッドの夜空に輝いていた閃光と同じなのであった。そして耳を澄ませてみれば、銃声らしい乾いた破裂音が、はるか遠くから散発的に響いてくるのである。

「今晩は村のあっちこっちで結婚式をやってるからな」

イスラム社会では、ラマダンがはじまる前に、駆け込み結婚が急増するといわれるが、その日は折しもラマダン前月のシャイバーンの金曜日なのであった。そして結婚式では、景気づけにカラシニコフを乱射するのが、イエメン式のお祝いなのである。

「日本で銃を持っているのは、警察とマフィアだけです」

と私が言うと、その場にいたイエメン人全員が、びっくり仰天した。

「こんなものはマーケットで、いくらでも売ってるぞ」

そして私の肩を叩いて言うのである。

「どうだ。オマエも一丁、カラシニコフを買え。ハクがつくぞ」

「……いえ、けっこうです」

アミン家入門

アミンさんの本名は「アミン・ムハンマド・ガシム・アハメド……（この間に10以上の名前が続く）……アルギャージン」。最後の「アルギャージン」は氏族名であり、この村の名称でもある。つまり「アルギャージン一族の村」なのだ。

アミン家のみなさん

アミン家は農家で、主にカートと雑穀を栽培している。もう一人のお兄さんはハドラマウト地方に働きに出ている。

父親

ムハンマドさん(61)

お父さん。
ご先祖はトルコからの
移民だそうだ。

母親

サイダさん(57)

専業主婦。
サバサバした
感じのよい人。

長男か次男

アミンさんのお兄さん

病気であまり外には
出てこない。

親戚のオジサン

アリさん

我々は勝手に
「カラシニコフおじさん」
と呼んでいた。

三男

アミンさん(33)

首都サナアで
旅行代理店を営む、
やり手の経営者。

アミンさんの奥さん

ブシュラさん(19)

専業主婦。
美人らしい。

我々のドライバー兼ガイド

ヤヒヤさん(64)

北部イエメン出身。
へんなイタリア語を
話すおじさん。

親戚の女の子

ラフィアカさん

中山の嫁と仲良くしてくれた。

お隣の親戚

ムハンマドさん

ブシュラさんの姪

セユーンさん

サナアで同居している。

ご近所の親戚たち

アミン家の1日

07:00 起床。

07:30 チャイとアラブパンで朝食。

08:00 山羊の解体。

09:00 昼食の準備。

10:00 ご近所訪問。

11:00 村内散歩。

12:00 豪華な昼食。

これは覚えなきゃ
あいさつとよく使う言葉

アラビア語には「フスハー」（正しいアラビア語）と「アンミーヤ」（方言）がある。イエメンではイエメンのアンミーヤが話されている。

こんにちは ＝ السّلام عليكم.《アッサラーム・アレイコム》

もともとは「平安でありますように」の意味。

ありがとう ＝ شكرًا《シュクラン》

主に使うのは外国人でアラブ人が使うことは滅多にない。

きっと ＝ ان شاءالله《インシャッラー》

「アッラーが思し召すならば」の意だが言い訳に使われることも。

大丈夫 ＝ ماكو مشكلة《マーフィムシケラー》

問題を起こした側が使うことが多い。

行こう ＝ ياالله《ヤッラ》

「レッツゴー」の意味。

アミン家のご近所

アルギャージン村は段々畑が広がる高台の中腹にある、風光明媚な集落だ。

13:00 カートパーティー開始。

15:00 延々とカートパーティー。

18:00 なんとなくパーティー終了。

19:00 簡単な夕食。

21:00 就寝。

00:00 ダニに刺されてかゆくて起きる。

孤食は恥のお国柄

アザーン
祈りの時間を告げる呼びかけ。イスラムでは1日5回の礼拝が義務。それぞれの町には「ムアッジン」という専門の呼びかけ人（?）がいて、美声を競う。

正午のアザーンが聞こえるころ、昼食の支度が整った。マフラージで腹をすかせて待っていた男たちが、ドヤドヤと食事の間に移動した。そこには大皿に盛られた十数人分の料理がズラリと並んでいた。

「さあさあ、オマエたちはそっちに座れ」

客人である我々は、当然のように上座に座らせられた。

「やれやれ、腹が減ったわい」

男どもは、食前の祈りも、礼儀作法もないままに、手当たり次第に料理に食らいついた。食欲の赴くままに、目についた食いものを腹に押し込んでいくのである。そこに法則を見つけるとすれば、「できるだけ、たくさんの肉を食う」という、ただそれだけであった。

男たちは談笑することもなく黙々と、滅多に食べられない羊肉を口に運んだ。

食事は素手である。スプーンやフォークは使わない。しかし熱いスープを素手ですくうわけにもいかないので、「ホブス」というアラブパンをちぎって、スープに浸すか、具をつまんで食べるのだ。直に指を突っ込むのは「アシート」だけである。イエメンには、「ひとりで食事をするのは犬と同じ」という言葉があるそうだ。「孤食は恥」というお国柄なのである。日本にも「同じ釜のメシを食った仲」という言葉があるけれど、イエメンでも、食事をともにすることは、友人として受け入れてもらった証拠なのかもしれない。

ラクチンな人々

「ああ、食った食った」

腹が満たされると、男たちは勝手気ままに席を立っていった。「ごちそうさま」も「お先に失礼」もない。アラブ人は一般的に「自分の用事が済んだら、あとはどうでもいい」と考える人が多いそうだが、腹が十分に満たされた彼らにとっては、食卓にまだたくさん残っている食物も、他に食事を続けている人たちも、すでに興味の対象ではなくなったのかもしれない。

しかしそれを行儀が悪いと決めつけることはできない。遊牧民というのは一般的に率直である。面倒な儀礼や作法もない。腹が減ったらメシを食い、眠くなったら寝る。考えようによっては、まったく気を遣わなくていいラクチンな連中なのである。

いただきます ごちそうさま

標高の高いイエメン山岳部では圧力釜が普及している。肉が柔らかく煮込まれ、調理時間も大幅短縮。

ごちそう

イエメンでは、熱した石鍋で煮込む「サルタ料理」がごちそう。多くの料理は羊の煮込みスープがベースなので、基本的な味付けは一緒だ。栄養的にはビタミンCが不足気味。トマトやジャガイモからある程度補給できるが、もしかしたらカートから摂取できてるのかも？

ホブス
小麦粉のアラブパン
スープ
羊肉と内臓の煮込み
ファッタ
シャイリア
甘く味付けしたパスタ
一人前 1561Kcal
（写真はだいたい10人前）
ピラフ
はちみつパイ
アシート
トウモロコシ粉をこねてドーナツ状に穴をあけ、中にスープを注いだもの。
サルタ
マッシュポテトにスープを加え煮込んだもの。
パスタ
ファティール
トウモロコシ粉のパン

アシート

トウモロコシ粉に熱湯を加えて、ヘラで十分にこねる。かなり力仕事だ。

ファッタ

ちぎったアラブパンを石鍋に敷き詰め、羊スープをヒタヒタに加えて煮込んだもの。

いつもの

イエメンの普段の食事は、とても質素だ。チャイとアラブパンで「おしまい」ということも少なくない。

ベンズ

豆の石鍋煮込み。朝晩は、これとアラブパンで簡単に済ます。

チャイ

たっぷり砂糖を加えた紅茶。

台所必須道具

マハベザとタンドール

イエメンの各家庭にはタンドール（素焼きの窯）が常備されている。そこでホブスを焼くときに活躍するのが「マハベザ」。表面にホブスを薄く広げ、タンドールの内側に「ぺたん！」と貼り付けるのだ。

最近はガス式の「ハイテク・タンドール」も普及しているが、不安定なのが難点。

市場で売っていたマハベザ。

調味料、これがないとね

スパイスはたくさん

イエメンの調味料で面白いのは、「ヘルバ」というマメ科の植物。すり潰すと写真のように、まるでトロロ状態のドロドロになる。これをサルタ料理にかけて 食べる。独特の苦味がありクセになる。そのほかに、カンモン（クミン）、ハワチ（コショウ）、ハイール（カルダモン）、コルンフル（クローブ）、サタル（ミントの葉）、タマネギ、ニンニク、トマトペーストなどが日常的に使われる。

アミン家のこんだて表

イエメンではメインの食事は圧倒的に昼食。夕食は軽く済ませる。カートのせいで食欲がないのも理由のひとつだろう。

1日の摂取エネルギー（目安）

2853 Kcal

	献立名	血や肉を作るもの	力や熱となるもの	体の調子を整えるもの
朝食	アラブパン（前日の残り） チャイ 	卵 羊肉 羊の内臓 インゲン豆	小麦粉 砂糖 トウモロコシ粉 ジャガイモ スパゲッティ 米 油 はちみつ	タマネギ ニンニク トマトペースト
昼食	アシート　サルタ　ファッタ シャイリア　ピラフ　スープ はちみつパイ　羊肉の煮込み ホブス　ファティール　チャイ 			
夕食	ベンズ アラブパン チャイ 			

栄養士さんからのコメント

内臓を食べるため、鉄分、ビタミンB2を豊富に摂っています。カルシウムが少し足りませんが、乳製品を食べているなら問題ないです。普段は豆とパンが主食だそうですから、ジャガイモなどと合わせて食べるとよいでしょう。

カート パーティー

ミルラ（没薬）、フランキンセンス（乳香）
アラビア半島特産の香料。香木の樹液で、熱を加えると強い芳香を放つ。エジプトの「ミイラ」の語源といわれる。

食事が終わると、男たちは待ちかねたようにビニール袋を取り出した。枝付きの葉っぱが包んである。それがイエメン名物の「カート」であった。

五十四ページ写真の男性の頬が異常に膨らんでいることに、お気づきだろうか。彼は「おたふく風邪」を患っているわけではない。カートを食っているのだ。

カートは樹高三メートルほどの木で、若葉や新芽に弱い覚醒作用があり、長く噛んでいると空腹や疲労を感じなくなる。要するに一種の麻薬なわけだが、事実上の政府公認で、誰でも手に入れることができる。カートの葉は、少しずつ噛み砕いて頬に溜めていく。するといつしか写真のように、ぽっこりと膨らんでしまうのである。

イエメンの人々にとって、カートは欠かせない嗜好品だ。すっかり飽食してマフラージに移動した男たちは、カートの枝から、おいしそうな若葉だけを器用により分けて、次々と口の中に放り込んでいく。

「ホレ、オマエたちも食え」

私とサカグチと嫁にも葉っぱが手渡された。

食えって言ったってさ……。

我々は見よう見まねで、カートの葉をちぎって口に放り込んだ。青臭い味が口中に広がる。たいしてうまいものでもないが、ゲキレツにまずいものでもない。山羊にでもなったような気分でカートを噛んでいると、

「そんな固い葉っぱは捨てっちまえ。これを食え」

アリおじさんが、自分がキレイにより分けた新芽の部分をドサッと投げてよこした。

「ホレ、ここの柔らかいのだけを食うんだ」

なるほど。確かに新芽のほうが効きは強そうだ。我々はゴッソリもらったカートの新芽をどんどん口に放り込んでいった。カートの葉っぱは食ってしまってはダメだ。あくまで片方の頬に滞留させて、その汁を吸うのである。しかし習慣的に、噛んだら、そのまま嚥下してしまう。だから「おたふく」はなかなか育たない。ヤケクソになって次々とカートを放り込んでいくと、我々の頬も、いつしか巨大なおたふくと化した。

しばらくすると、喉のあたりが腫れてシビレたような感覚になってきた。ツバを飲み込むのもツライ。そして夕方を過ぎてもまったく腹が空かない。イエメン人にはインド人なみに痩せた人が多いけれど、カートで食欲が減退するのが原因ではないかと思われた。

カートパーティーは、よほどの用事がない限り、日暮れまで続く。午後のほとんどの時間はカートに費やされるので、彼らの畑は、商品作物としてのカートと、栽培に手間のかからないトウモロコシや雑穀が、大部分を占めている。カート畑は年々増え続け、この国の希少な輸出商品であるコーヒーの畑は、そのぶん減少傾向にあり、深刻な国内問題になっているそうだ。しかしそんな問題提起もカートパーティーで行われるのであり、根本的な解決策など見つかるはずもないのであった。白熱した議論が山を越えると、今度はまったりとした時間が流れる。そのころになると、お開きの時間も近い。「さて、そろそろ……」と、男たちが重い腰を上げるころには、日はとっぷりと暮れているのであった。

カート虎の巻

カート抜きでイエメン人を語るのは、キムチ抜きで韓国人を語るのに等しい。そこでカートについて研究してみよう。

カートの起源

カートはいつからイエメンで広まったのだろうか。何人かのイエメン人に尋ねて、以下の三つの説を拾った。

・古代に、この土地をエチオピアが占領したことがある。そのときにもたらされた。

・四〇〇年前にエチオピアから攻め込んできた軍隊がもたらした。

・一五〇年くらい前にエチオピア人の商人が持ち込んだ。

古代エチオピアがイエメンに侵攻したのは一五〇〇年くらい前だそうだ。ということはイスラム教が誕生したときには、すでに人々はカートを食っていたことになる。ということはコーランで触れられていてもおかしくないが、カートについての記

カートパーティー

カートパーティーは少ないときで数人、多いときは数十人集まって行われる。たいがいは客人がある家のマフラージに、それぞれカート持参で集合し、まったりと時間を過ごす。ベドウインの話題は「ラクダと略奪と宗教と女」だそうだが、観察していると、ちょうど始まった「ヒズボラ戦争」に関する話題が多かった。

イエメン人のほとんど全員が、カートをたしなんでいるようにも思えるが、

「俺は別に好きじゃないんだけどさ、みんながやってるから食ってるって感じかな」

という人もいた。付き合いとか惰性で、タシナミ程度にやっている人も、中にはいるのであった。カートパティーは、日本における「飲み会」と、きわめてよく似た社交場なのである。

述はなさそうだ。

「四〇〇年前説」はアミンさんの説だが、そういう史実があるのかどうかは疑わしい。当時は、すでにオスマントルコの領地だったので、エチオピアが侵攻しにくい状況だったはずだ。

最後の「一五〇年くらい前」というのは、それなりに妥当な見解のような気もするが、いったいなにを根拠とする数字なのか、疑問が残るところである。

いずれにしても共通しているのは、「エチオピアからもたらされた」ということである。イエメン山岳地はエチオピアと同じく標高が高く、緯度も近いし、似たような気候だろうから、カートの栽培地としても適していただろう。エチオピア、ソマリアからケニア、タンザニアにかけては、現在もカートを食う習慣が残っているという。

さて、この問題についての解答は、『コーヒーが廻り世界史が廻る』（臼井隆一郎／中公新書）に書かれていた。コーヒーが嗜好品としてアラビアに広まったのが十五世紀後半のこと。イエメンのイスラム神秘主義者「スーフィー」の間で、その覚醒効果が瞑想に利用されていたものが、一般に普及したのだという。『食事の文明論』（石毛直道／中公新書）によると、習慣性のある嗜好品（ナルコティックス）が広まるのには大きく三段階あるという。初期は宗教儀礼や医薬品として、次に嗜好品化し、そして最後に常用品として普及する。コーヒーも、まさにその段階を踏んで広まったわけだ。

そしてここからが注目である。実は彼らが最初に知ったのはコーヒーではなかった。それは、

「カフタという木の葉から作るカートという、興奮作用をともなった飲み物であったという」

つまり初期には、カートが飲料として飲まれていたのだ。しかしなにかの原因でカートが欠乏した時期があり、その代用品としてコーヒーが飲まれるようになったという。コーヒーノキはカートと同じくアカネ科の植物である。おそらく栽培方法も同じだろう。ティハーマ地方の山村では、カートとコーヒーを同じ畑で栽培していた。カートがいつごろから「飲む」のではなく「噛む」ようになったのかは不明だが、質実剛健のイエメン人のことだから、「面倒くせえから、そのまま食っちまえ」

となったのかもしれない。

　コーヒーが世界的に広まった一方で、カートがイエメンとアフリカの一地方だけに止まったのは、おそらく決定的に鮮度が重要だったからに違いない。カートの場合は、摘み取って二、三日が限度であるからだ。そう考えると、カートはコーヒーよりも、ずっと高級な嗜好品であるとも言える。保存がきかない以上、現地で試す以外に方法がない。カートはイエメンとアフリカの一部の人たちだけの贅沢なタシナミとも言えるのではないだろうか。

右か、左か？

　噛んだカートは口の中で左右どちらかの歯茎の外に押しやって、少しずつ溜めていくわけだが、よく観察していると右の頬、左の頬どちらもいるのである。アミンさんの実家のマフラージでは、圧倒的に左派が多かった。私も無意識に左側に溜めていたが、嫁は右側であった。サカグチは左である。しかしある程度溜め込んで効き目が現れてくると、反対側に「引っ越し」をさせる人もいるそうで、特にどちらかにこだわっている人はいないようだ。

　その後、サナアで結婚式にお呼ばれしたときに、参列者の頬におけるカートの位置「右か左か」について追跡調査してみた。任意の（ていうか目に入った人、片っ端から数えただけなんだけど）五十人について調べてみると、以下のような驚くべき結果になった。

右…………12人（24％）
左…………38人（76％）

もう圧倒的に左なのである。76％というのはかなり有意な数字であるといえよう。さてそこで、次の大きな問題が発生するのである。

「なんで左なのか。なぜ右ではいけないのか」

　ここでまたしてもアミンさんに尋ねてみると、

「右から左にカートを移し換えると、効きが悪くなるんだ（アミンさんは少数派の右派）」

のだそうである（ホントか?）。噛み疲れて途中で反対側に移し換える人も確かにいるが……。もうひとりの意見を聞いてみよう。

「いやあ、左の歯が虫歯でさ。痛えんだよ」

なるほど。生理的な理由もあるわけだ。もうひとりの意見は、もっと生理的であった。

「オレの口の中は右側のほうが狭いんだ」（なんだそりゃ?）

彼の場合は、大量にカートを食う日は左頬に溜め、少ないときは右頬に溜めるという「使い分け」をこなしている珍しい例であった。

カートに関する法令

カートには税金がかかっている。作付け面積に対してかけられるのではなくて、売りに出したカートの数量に対してかけられる。税務官（?）がカート市場に待機していて、売りに来たカート生産者に対して5〜8%の税金をかけるそうだ。

イエメン政府は、いままで三回、カート禁止令を出したことがあるそうだ。午後のほとんどの時間をカートに費やしてしまう人が多いことを考えたら、その経済的損失は莫大なものであり、為政者がその無駄な習慣を改めようと考えるのは当然である。しかし案の定と言うべきか、そのいずれもが失敗に終わった。なぜなら取り締まるべき警察官が他でもない、カートの愛好者であるからだ。たびたびの法令も、ただの紙切れとなって、裸になったカートの枝と一緒にゴミ箱に捨てられ、ウヤムヤになってしまうのが毎度のことなのである。

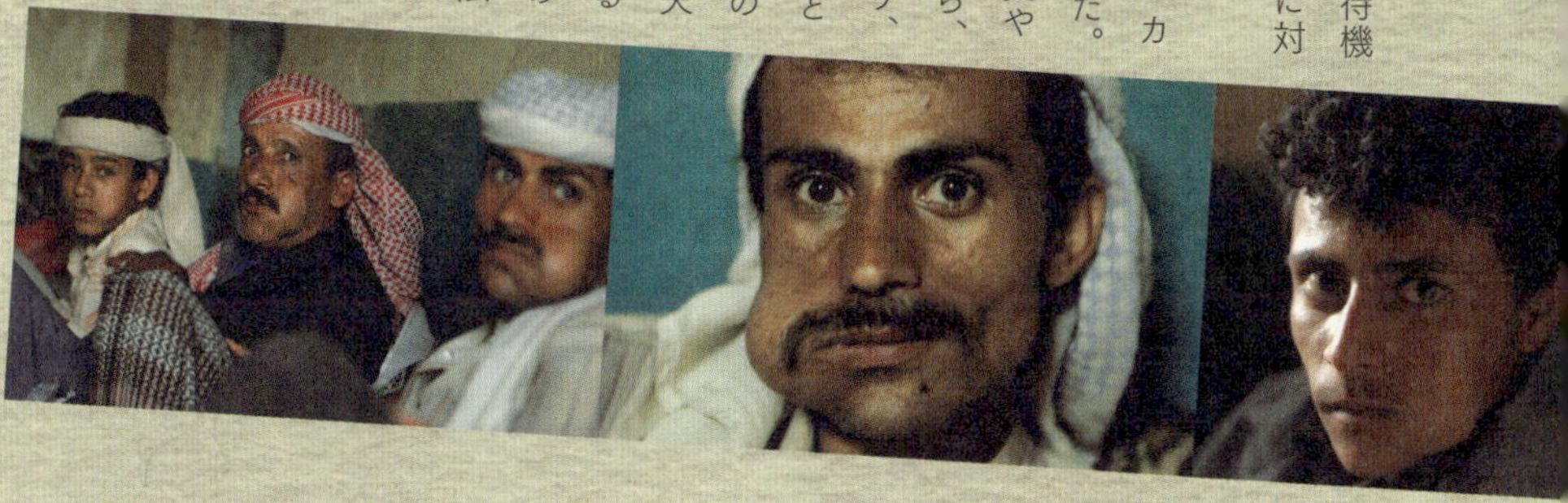

イエメン男の「粋」

イエメンの男はお洒落である。純白のアラブ服に革のベルト。腹にはアラブ男の魂ともいうべきジャンビーアを差し、さらりと背広を着こなす。モスル織りのマシャダ（ターバン）は頭に巻かずに軽く肩にかける。そしてカラシニコフを粋に担げば、伊達男のできあがりだ。

カート
イエメン人のタシナミ

ヒゲ
口ヒゲは成人男子の象徴。若者のあごヒゲは生意気とされる。

カラシニコフ
闇市場で数百ドルで入手可。

背広
標高の高いイエメンは年中涼しいので、上着は必須。

ジャンビーア
先祖代々の高級品もある。お土産に最適。

マシャダ
アラファト議長の「白黒バージョン」がオーソドックスだが、最近はカラフルになった。

ガラベーヤ
白い筒状のワンピース。ネクタイはしない。

サンダル
裸足にサンダルが基本。

ブルカは究極のチラリズム

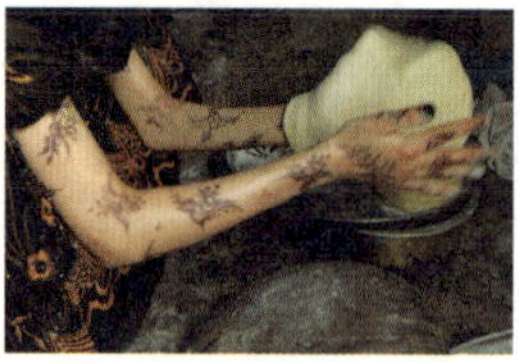

ヘンナ
ヘンナの木から採った染料で、西アジアを中心に、女性が腕などに模様を描いて楽しむ。4日くらいは落ちない。

アラブの女たちが、男たちの前に出るときに「ブルカ」と呼ばれる覆面で顔を隠すのは有名な話である。イエメンはイスラム諸国の中でも保守的な気風が強いので、滞在中、我々は若い女性の素顔を一度も見たことがなかった。村で素顔を目撃したのは、年端もいかぬ少女と、アミンさんのお母さんだけである。アミンさんの奥さんには、何度もお会いしたが、もちろん素顔を見せてくれることはなかった。しかし同行した私の嫁の話では、男どもがいなくなると、さっさとブルカを外して、実に気さくに応対してくれるのだそうだ。しかも大変な美人らしい。

なんとか見せてはもらえぬものかと考えるのは、我々だけではあるまい。

「ねえ、アミンさん」

「なんだい？」

「アミンさんの奥さん、見せて欲しいんだけど」

「オマエ、死にたいのか？」

アミンさんは壁に立てかけてあるカラシニコフを指さして言った。

ここでひるんではいけない。我々はさらに食い下がる。

「じゃあさ、もしもオレたちが偶然、奥さんの素顔を見てしまったら、どうするの？」

「偶然なら別に問題ないな」

「じゃあさ、もしもこっそり盗み見たら？」

「……ぶん殴る」

というわけで、我々の欲望は挫折してしまった。

女性の午後

男たちがカートパーティーに興じている午後は、女たちにとってもくつろぎの時間だ。嫁さんが、別に設けられた「女たちの部屋」のカートパーティーに招かれた。部屋には装飾がほとんどなくて、窓が閉め切られ薄暗く、カートは品質の劣ったもので、およそ男たちの豪華なカートパーティーとは比較にならない貧相なものだったらしい。ラジカセの大音量の音楽にあわせて嫁は踊らされ、とても困ったという。

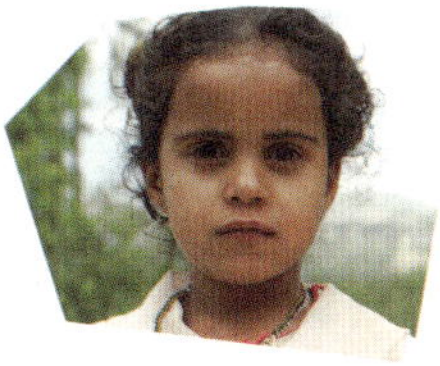

イエメン以外のイスラム諸国には、「女性の顔出しＯＫ」の地域もたくさんあるが、たとえ友人の奥さんでも「美人ですね」などと誉めるのは禁物だという。「オレの妻の、どこを見ているんだ」と旦那が怒り出すのである。アラブ社会の習慣というのは、まったく我々異教徒には理解しがたいモノがあるようだ。

ところでイエメンの女性は、いったい何歳からブルカをつけるようになるのだろうか。村人に尋ねると、たいがいの少女は小学校高学年くらいから自主的に身につけるようになるという。ブルカをつけないと恥ずかしいと感じるようになるらしい。そういう心の動きは、これまた我々の理解を超えるものだが、イスラム圏に入って以来、ずっとブルカを身につけていた嫁によれば、「ブルカに守られている」と感じたという。こちらからは相手が見えるが、相手からはこちらが見えないことに、妙な優越感を覚えたというのだ。

いずれにしても男たちは、それ以降、彼女たちの目だけしか見えなくなるのだが、しかしこの「目だけ」というのが、意外にもセクシーであることを、我々は初めて知った。彼女たちの「目だけ」を見ていると、どの女性も例外なく美人に見えるのだ。アラブの男たちは、ブルカの内側に隠された彼女たちの妖艶な素顔を、想像力をめいっぱい逞しくして、思い浮かべているのに違いない。「ブルカは究極のチラリズム」なのである。

我が家をご案内

イエメン南部の典型的な農家、アミン家をご紹介。

アミン家は12畳ほどの部屋が4室の石造りの平屋。周辺には2階建て、3階建ての住宅が多いので、比較的小さいほうだ。特徴的なのが壁の厚さで、60センチほどもある。そして窓が小さい。部族戦争時代の名残だろう。建物の西側に隣接して、アミンさんの叔父さんの家が建っている。奥さんのブシュラさんの実家でもある。女たちのカートパーティーはこちらで催されていた。台所は屋上で、料理は外階段を通って運ぶことになるので、けっこう面倒である。面倒なので、天気のいい日は屋上で食べることもある。台所にはプロパンガスやガス式のタンドールも完備している。「客人（我々のこと）が来た」ということで、近所の叔母さんが手伝いに来てくれて、連日炊き出しのような忙しさだった。

09

トイレ

トルコ式のしゃがみトイレ。ポリタンクに水が汲んである。ドアの代わりにカーテン一枚。

屋上

天気のいい日は、ここで朝食を食べたりする。村の結婚式では、ロウソクを並べてお祝いする。

10

01

家の右となり

ちょっとした菜園になっている。

02

プライベートルーム

アミンさん夫妻と両親が寝る部屋だが、覗かせてはもらえなかった。

03

食堂

食事のときはビニールシートを敷く。

古いタンドール
主にお母さんが、ファティールを焼くのに使う。

蛇口
沢の水を引き込んでいる。

水場
広いスペースがとってある。

08 台所

棚
缶詰や調味料が並ぶ。

新しいガス式タンドール
ブシュラさんがホブスを焼くのに使う。

プロパンのガスコンロ
標高が高いので圧力釜は必須。

07 家畜部屋
夕方になると山羊や羊が戻ってくる。

06 家の左となり
ブシュラさんの実家。アミンさんの叔父さんの家。

作りつけの棚
壁が厚いので、くり抜いても平気。

05

マフラージ
床置き式のマットレスが「コ」の字型に並んでいる。来賓席は窓側。

カラシニコフ

絨毯
わざわざ絨毯を敷いてくれたが、ダニの温床になっており、身体中刺された。

04 ランタン
電気がないので、夜は灯油式ランタンが活躍。

アッラーの思し召し

犬と猫
犬はアラブ世界ではバカにされるが、猫はイスラム教祖のムハンマドがかわいがっていたので、好ましいとされる。アラブ諸国では野良ネコをよく見かける。

アラブ人とモンゴル人は、同じ遊牧民であるせいか、気質がよく似ている。厚意を受けても礼を言わないところなどは、そっくりだ。

モンゴルでは、キビシイ自然環境での互助精神が、その理由だと思われるが、アラブの場合はイスラム教が影響しているようだ。「インシャッラー」（神の思し召し）という便利な言葉があるように、彼らから言わせれば、失敗したり他人から厚意を受けたのは「アッラーの思し召し」と考えるのだ。神様が望んだんだから自分のせいではない。他人から善意を受けたのも「アッラーのおかげ」と理解するわけだ。我々がアミン家を去るとき、アミンさんに家族への心付けに五〇ドル紙幣を手渡したが、

「あっそ。あとで渡しとくよ」

謝辞のひとつも期待していた我々のアテは、見事にハズレた。人情の機微にやかましい日本人にとっては、なんとも薄情な連中である。

しかし一方で、彼らは他人の失敗を、決して非難したりしないのである。

「アッラーの望んだことだ。気にしなさんな」

その一言に、粗相をしてしまった私たちは、なんとも救われた気分になる。アラブ人の寛大さは、まさに「アッラーの思し召し」なのであった。

少々ガサツで、むさくるしいけれど、率直で、お人好しで、形式張ったことが嫌いな、心優しい男たち。それが我々の、イエメン人の印象なのである。

ヤヒヤ
アミンさんが僕らに付けてくれた
ドライバーの名前だ。
お世話になったアミンさんと
そのご家族には悪いけれど
イエメンの思い出は、こいつとともにある。
恐ろしく怪しい英語とイタリア語を話し、
トヨタのランクルを操るこの男と、
何度ケンカをしたことか。
危うく、崖から突き落としそうにもなったけど
変な色気と愛嬌のあるヤヒヤは、
今でも酒を飲むと思い出話に出てくる
なんとも愛すべき男なんだな。

おじゃましました
阪口 克

パプアニューギニア

PAPUA NEW GUINEA

同じ人類とは思えないけど、とっても親切な「男の家」

はじめまして

―パプアニューギニア A to Z―

パプアニューギニアは英、独、豪の植民地を経て国連信託統治領となり、1975年に独立した。現在もオーストラリアの多大な経済援助を受けている。

日本から…

成田国際空港から
パプアニューギニアの
首都ポートモレスビーまで
約6時間半（直行便）。

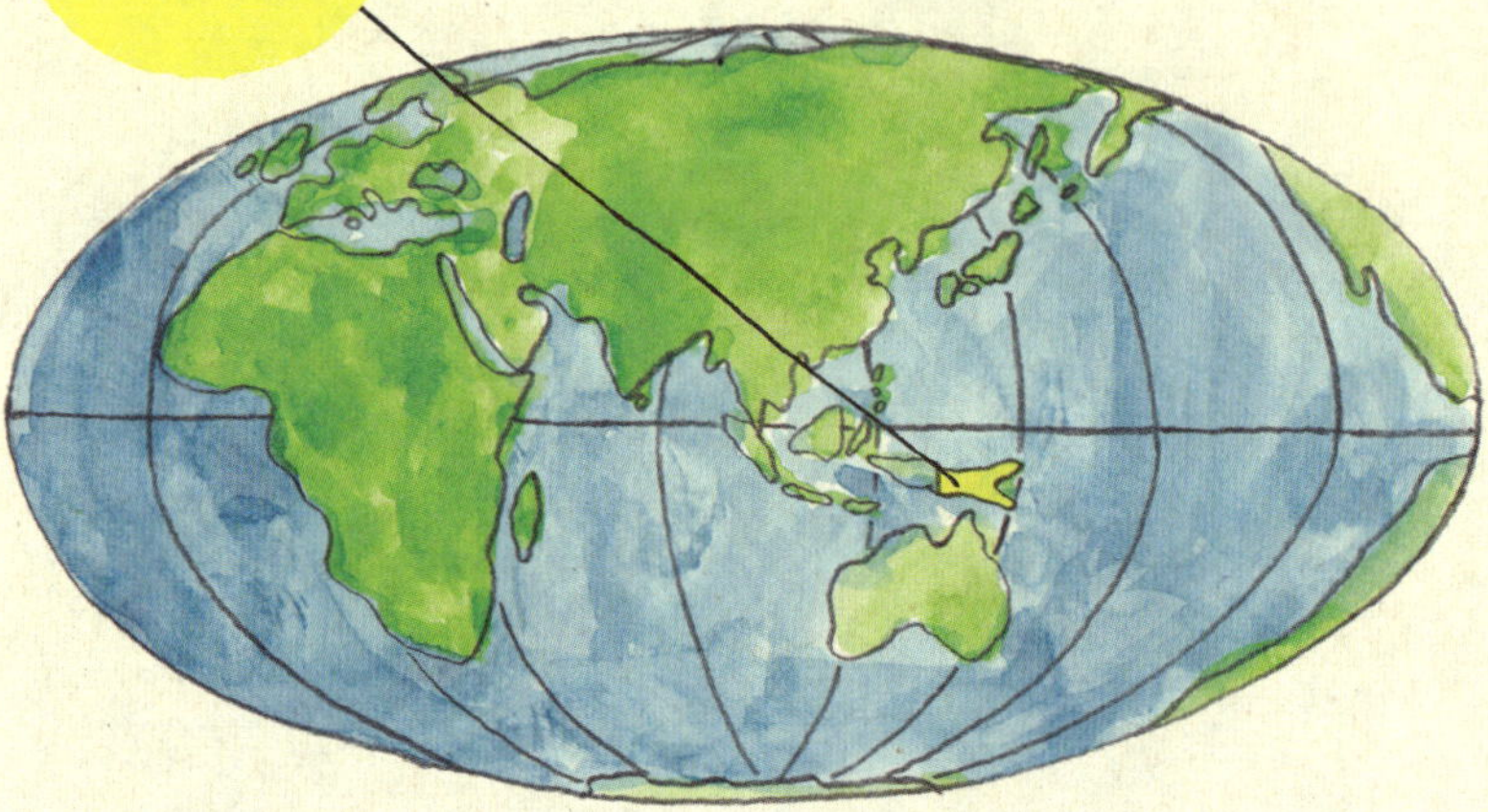

パプアニューギニアといえば、この人たち

マイケル・ソマレ
(1936〜)

首相兼外務貿易大臣。75年に初代首相に就任以降、国政を握る。ラバウル島出身。50PGK紙幣にも肖像が描かれる「建国の父」。青年時代に日本を旅して回ったこともある親日家。

アサロ・マッドマン

アサロ渓谷の部族。身体中に泥を塗りつけるユニークなシンシンで有名。真っ白く亡霊のように見えるその姿で敵を脅えさせ、戦わずして勝つのが作戦なのだとか。

エミ・マリア
(1987〜)

2009年にメジャーデビュー。7オクターブともいわれる歌声を持つR&Bシンガーソングライター。パプアニューギニア人の父、日本人の母の間に生まれ5歳までパプアニューギニアで過ごす。

こんな国です

正式国名 パプアニューギニア独立国
Independent State of Papua New Guinea

首　都 ポートモレスビー　Port Moresby

人　口 6,732,000人(2008年)

面　積 約46万2000㎢(日本の約1.25倍)

民　族 メラネシア人、パプア人、ネクリト人、ミクロネシア人、ポリネシア人など。

公用語 英語（公用語）、ピジン語、モツ語など（その他約800の言語）。

気　候 国土のほとんどが熱帯気候で、気温は年間を通して大きな変化はなく、平均気温はポートモレスビーで27℃くらい。雨も多い。5月〜11月が乾季、12月〜3月が雨季。

通　貨 通貨単位はキナ（Kina）とトヤ（toea）。1PGK≒約34.2円、US$1≒2.63PGK(2009年12月現在)。

宗　教 主にキリスト教。民族ごとの伝統的信仰も根強い。

国　旗 赤は輝く太陽を、黒は国民を象徴する。右上の黄色の鳥は、この国に生息する幸せのシンボル“極楽鳥”を、左下の5つの星は南十字星を表わす。

20世紀前半に「発見」された
ニューギニア高地人は、
その石器時代に近いライフスタイルで、
世界に衝撃を与えた。
今回我々が訪ねるのは、
「ウィッグマン」（ヅラ男）で名高いフリ族。
ウワサによれば今でも、
「弓矢、腰ミノ、裸足」らしい。
とはいえ、パプアニューギニアは、
「地球の歩き方」が発売されていない
珍しい国のひとつだ。
情報が限られる中、
ドキドキしながら飛行機に乗りこんだ。

おじゃまします
中山茂大

ワン・トーク

パプアニューギニアには「ワン・トーク」という言葉がある。この国の公用語は、言語学でいうところの「ピジン語」で、現地向けに極端に単純化した英語だが、この他に七〇〇ともいわれる部族が、それぞれ独自の言葉を持つ。この地元言語を話す者同士の関係を「ワン・トーク」というのである。つまり「言葉が通じる＝同じ部族、仲間」というわけだ。彼らは「ワン・トーク」と、言葉が通じない者、つまり「ツー・トーク以上の者」を、かなり明確に区別する。自分が帰属する「ワン・トーク」以外は「よそ者」で、状況によっては戦闘や強盗の対象になりうる。逆に「ワン・トーク」の間では、食べ物の分与やお金の貸し借りなど、強い相互扶助関係が成り立つという。それは時に、警察権力よりも優先されるのである。

今回、我々が訪ねたニューギニア山岳地帯では、現在も部族紛争が頻発しており、つい数日前にも、近所の市場で死体が発見された。しかしこのような殺人事件について警察が関与することは少ないという。警察の捜査よりも、犯人かもしれない身内の安全のほうが優先されるからである。つまりよそ者（警官）よりもワン・トーク（身内）のほうが大事なのだ。この「ワン・トーク」こそが、この国を理解するキーワードになりそうだ。

「駅前」飛行場

ニューギニア高地の中継都市タリの飛行場は、砂利敷きの一本の滑走路だった。週に二便、首都ポートモレスビーからの双発機が離発着するだけなので、この程度でいいのかもしれない。

ミッション

オーストラリア人との接触以降、高地ではキリスト教会が進出し、現在では人口の7割程度がキリスト教徒である。

ムッとする熱気と草深い匂いが顔を撫で、我々はタラップを下りる。滑走路には、用のない人が入れないように、有刺鉄線と金網が張り巡らしてあった。その金網に、無数の人がへばりついて、こちらを凝視していた。数え切れないほどの好奇の視線が我々を注視する。それは飛行機という文明の利器から降り立つ人間に対する、畏敬と嫉妬が入り交じった視線であった。金網の向こうからこちらを見つめている数百人の人々は、ただ飛行機を見物するためだけに十数キロの道のりを裸足で歩いて来るのだという話を、我々は後から聞いた。

ニューギニア高地人は、一九三五年になって、ようやく世界に「発見」された。それまで石器時代に近かった人々の暮らしに、怒濤のような現代文明が雪崩れ込んだ。そこでは道路や鉄道といった面倒なインフラ整備は行われず、平坦な台地に滑走路を造って、飛行機で一気に物資を運ぶ方法がとられた。だから飛行場周辺が、町でもっとも賑わう「駅前」の役割を果たすという、珍妙な現象が起こるのだった。

ワリリ村へ

二度目の日本人

以前、日本大使館の職員がバードウォッチングに来たことがあるそうだ。

タリ一帯を支配しているのは「フリ族」だ。英語版のガイドブックには「フリ・ウィッグマン」と紹介されている。直訳すると「フリのヅラ男」。その名の通り、フリ族の男たちにとって、極楽鳥の羽根その他で頭髪をハデに飾り立てるのが「粋」なのであった。

飛行場で出迎えてくれたのは、フリ族の部族長のひとりであるスティーブン・ワリさんだ。ワリリ村の村長で、州議会議員でもあるスティーブンさんは、ジーパンにポロシャツ、カウボーイハットという風貌で、流暢な英語を話した。自宅を改装した外国人用ゲストハウスのオーナーでもあり、我々は、そこに世話になる二度目の日本人であった。

なぜかフロントガラスに金網が張ってある、いすゞのトラックに乗りこみ、胃袋が逆流しそうな、ひどい悪路を走った。ワリリ村までの、たったの二十五キロを二時間近くもかけ、しばらく見えていた電線も途切れて、ずいぶん経ったころ、ようやく村が見えてきた。

スティーブンさんの家は小高い丘の上にあった。周囲に深さ三メートルほどもある堀を穿《うが》ち土塀を盛り、まるで要塞のようである。出入口には切っ先を鋭くとがらせた板が並び、いつでも切って落とせる橋が架けてある。この地域では、今でも部族抗争が行われていて、たとえば二年前の戦争では、スティーブンさんの属するイラリ・ホパレプ・パルカ族が、敵対するパルカ・パヤリ族を滅ぼしたそうだ。まさに日本の戦国時代のような状況なのだ。そういえばタリの市内では、スティーブンさんが、やたらと立ち話をするので、なかなか先に進めずに閉口した。ほんの少しでも面識がある人に出会うと、親しげに挨拶して握手を求めるのだ。その人々

とは、おそらく敵と味方の中間に位置する「グレーな人々」なのである。ひとりでも多く友人を作ることは、そのまま一族の安全に直結する。だから彼らは、地元の有力者と仲良くし、親交を深めようと努めるのだ。

戦闘司令官

鼻の「穴」
鼻を貫通する穴は子供のころに開けるそうだ。「クスクス」と呼ばれるネズミの前歯を使うという。「オレも開けてるよ。ホレ」スティーブンさんの鼻の「穴」も、もちろん開いていた。

橋を渡った内部には手入れの行き届いた芝生が広がっていた。茅葺きのかわいらしいコテージがあり、水洗トイレや浴室まで整っていた。お茶を一杯いただいてから、さっそく「男の家」に案内してもらった。植物の繊維を編みあげ、ワラを葺いただけの簡素な小屋である。入口にドアはなく、布を垂らしてあった。窓がないので、家の中は漆黒の闇だ。覗き込むと同時に、するどい体臭が鼻を突いた。奥にボンヤリと人影が見える。暗さにだんだん慣れてくると、その人物の鼻に、横一文字に貫通した白い茎が浮かんできた。頭をなにかたくさんの羽根で飾っているようだ。なんだアレは……。すると突然、その人影のまわりからボワーッと白い煙が上がった。それは巨大な竹筒でタバコを吸う、半裸の男性であった。

その姿を目撃した瞬間、私は走って逃げようかと思った。正直、「とって食われるのではないか」と思ったのである。それが「首狩り戦闘司令官」こと、トゥクバ・ジャウェニさんとの出会いであった。

ワリリ村入門

村とはいっても、ジャングルを切り開いた国道沿いに、民家が点在するという感じだ。周辺は未開の熱帯雨林が広がっていて、ポツリポツリと墓地が見える。ワリリロッジから国道を歩いて20分ほどの橋のたもとが、村の繁華街。雑貨屋やビリヤード小屋が数軒、並んでいる。

ワリリ村のみなさん

ワリリロッジは「男の家」なので、住んでいるのは全員、男。我々の食事の世話も男性スタッフがしてくれた。女性はそれぞれの「女の家」に暮らしている。

スティーブン・ワリさん

ワリリロッジのオーナーで州議会議員でもある。地元の名士。

スティーブンさんの奥さん

普段は「女の家」で暮らしているが、今回はムームーのご相伴にあずかりに来たらしい。

チョロマ・アンガペさん

ワリリ村の長老。推定年齢 85 歳。フリ族が文明と接触したころから生きている。

ご近所のヅラ職人

ポヤニさん

村の男たちのヅラを一手に管理する。なかなか儲かっているらしい。

トゥクバさんの奥さん

「女の家」で子供たちと暮らしながら野良仕事をしている。たまにトゥクバさんがメシを食いに顔を出す。

トゥクバ・ジャウェニさん

通称「コマンダー」。「トゥクバ」は「首狩り」の意味。

ワリリロッジの

スタッフのみなさん

トゥクバさんの息子さん

お母さんと一緒に暮らしているが、あと数年で「男の家」に引き取られる。

森に暮らす人々

ハピヤくん(推定年齢 20 歳)

アヤクさん(推定年齢 40 歳)

ヒリワコさん(年齢不詳)

ワリリ村の1日

07:30 起床。

08:00 朝食。

09:00 近所の散歩。森のつり橋を見に。

12:00 昼食。

13:00 市場へ散歩。一時間ほど歩く。

15:00 ブタを購入。

これは覚えなきゃ
あいさつとよく使う言葉

パプアの「ピジン英語」は、英語を平易にしたものなので、非常にわかりやすい。たとえば「考える」は「シンクシンク」、「忘れる」は「シンクシンク　ルージン」（lose＝失う）となる。

	フリ語（現地語）	ピジン語	
ありがとう ＝	areme《アレメ》	tenkyu《テンキュー》	「サンキュー」でも通じる。わりと頻繁に使用。
おはよう ＝	ekarapaki《エカラパキ》	gut moning《モーニン》	興味深いことにインドネシア語では「スラマ・パギ」という。
こんばんは ＝	alendo《アレンド》	apinum《アピヌン》	「アフタヌーン」が転訛したものだと思う。
おやすみ ＝	mbiraka《ムビラカ》		「goodnight」でも通じてしまうが。
トイレ ＝		liklik haus《リクリク・ハウス》	リクリク・ハウスを見たのは、スティーブンさん家だけ。
食べ物 ＝		kaikai《カイカイ》	レストランは「カイカイ・ハウス」という。

ワリリ村周辺

ワリリロッジは村の中心から少し離れている。周辺は自然が豊か。というより密林のジャングルだ。

16:00 村に戻る。帰りはトラックで。

16:30 ブタの解体。ムームーの準備。

20:00 夕食。

22:00 消灯。ノミに刺されてかゆくて寝られず。

02:00 激しい下痢と腹痛。何度もトイレに。上から下から。

我が家をご案内

まるで砦のようなスティーブンさんの家。高台にあるので眺めもスバラシイ。

19 ブタの屠畜現場
草を食っているブタを指さしてスティーブンさんが言った。「彼のラストディナーだ」。

01 湯沸かしドラム缶
焚き火で沸かしたお湯は、ホースを通ってシャワーへ。

02 給水タンク
土手の上に設置してあり、高低差を利用して蛇口へ。

03 ムームーの現場
浅く土を掘る傍らで大量の石を焼く。

04 トイレ
ちゃんと水洗である。

06 ヒクイドリの骨
編み上げの壁には、もの掛け代わりにヒクイドリの骨が差し込んであり、トゥクバさんのアクセサリーがかけてある。

05 シャワールーム
ウラの湯沸かしドラム缶につながっていて、ホットウォーター完備。

もっとも大きな建物はダイニング。30畳ほどもあり、天井も高くて広々。奥はキッチンで、ガスコンロやシンクも完備。蛇口からはちゃんと水が出る。渡り廊下を行くと、トイレ、シャワールームへ。洗濯機もあった。小径を挟んで反対側の高床式のコテージが、ゲストルームとスティーブンさんの寝室。「男の家」は目立たない感じで建っている。

18 **ダイニング**
三度の食事はここでとる。

17 **囲炉裏**
中央に大きな囲炉裏を切るのがニューギニアの建築様式。

16 **ブタのアゴの骨**
いままで解体したブタのアゴの骨がぶら下がっている。多いほうが家格が上がるらしい。

14 **シンク**
バケツがぶら下がっていて、スタッフが水を汲んできてくれると蛇口から水が流れる仕組み。

15 **スティーブンさんの家**

13 **客室**
ダブルルーム一室、ツイン一室、三人部屋が一室。

12 **門**
切っ先が鋭く尖った板が並んでいる。

11 **手作りの橋**
いつでも切り落とせる。

10 **壕**
水はないが、深さは3メートルはある。

09 **トゥクバさんの定位置**

08 **男の家**
屋根の造りは日本の「入母屋」とそっくり。中央に大黒柱を立て、梁と桁、棟を組みあわせ、垂木を打つ建築方法も、まったく同じだ。内部には、木を組んで板を渡した簡易ベッドが3つ。板の上にごろりと横になって眠る。

07 **ヅラスタンド**
ヅラを置くためだけにある。

フリのヅラ男

部族戦闘において、イラリ・ホパレプ・パルカ族の戦闘司令官を勤めるのがトゥクバさんの仕事である。それだけに、オシャレで有名なフリ族の中でも、トゥクバさんは際立っていた。ことに極楽鳥の羽根で飾られたハデなヅラは相当なものだ。

しかし我々は最初、それをヅラだとは思わなかった。地毛の頭髪を、ある種のパーマのように加工して、あんなヘアスタイルにしてるものと考えていたのである。しかし、その日の夕方に、再び「男の家」に遊びに行ったとき、それが大いなる誤解であることが判明した。小屋の中は真っ暗だった。焚き火がチロチロと燃えており、囲炉裏端でイモを食っているトゥクバさんの姿が浮かび上がった。

なんと、ハゲ頭ではないか。あのキレイに飾った立派な毛髪はヅラだったのだ。そして懐中電灯を奥に振ってみると、専用の「ヅラスタンド」に安置してある件のヅラが、キラリと輝いた。スティーブンさんが耳打ちした。

「フリの男にとって、ヅラは非常に重要なものだ。ヅラを装着していない父親を覗き見た子供は失明するという言い伝えがあるくらいだからな」

ハレ着ヅラ

フリ族の男たちは、一般にふたつのヅラを愛用している。「普段着ヅラ」と「ハレ着ヅラ」である。ヅラには自分の毛髪を使用する。数年間、手入れを怠らずに育てていくと、頭髪は、ま

シンシン
「シンシン」はパプアニューギニアー帯で行われる祭り。部族によって様々な意匠が施された装束で踊る。フリ族では極楽鳥を模して、派手なペイントで着飾った男たちが、太鼓とかけ声にあわせて飛び跳ねる勇壮なものだ。

るで日立製作所の「この木なんの木」のように、こんもりと茂ってくる。これを頭皮にそってジョキジョキと切り離し「スポッ」と取り上げると「普段着ヅラ」ができあがる。再度、伸ばしはじめる。今度はこれを「ヅラ屋」に持っていって「ハレ着ヅラ」に整えてもらう。この場合は「この木なんの木」の二倍もの毛髪が必要だという。この「ハレ着ヅラ」は、シンシン（お祭り）や部族戦闘などの「ハレ舞台」で活躍することになる。「既製品」（つまり誰かのヅラ）も売りに出ており、新品のハレ着ヅラで五〇〇キナ（一五〇〇〇円！）もする。最近は、これでカネを稼いで婚資にする若者も珍しくないという。

　フリ族の間では、アタマを触ったりつかんだりすることは、たいへん失礼な行為で、一説によると七〇〇〇キナ（二十六万円！）もの罰金が科せられるそうだ。最近の若者の間では、嘆かわしいことに「ヅラ」を装着する者が減少しているが、代わりに帽子をかぶっている男が多い。

　その理由を若いスタッフに尋ねてみると、

「いやあ、アタマになにか載っていないと落ち着かないもんでさ」

　なんと、ヅラの後遺症を引きずっているのである。スティーブンさんが説明してくれた。

「アタマはとても重要なんだ。なんてったってダタガリワペ（フリの神様）はいつもアタマを見ているからな」

「へえー。じゃあ女性のアタマも重要なんですか？」

「女は二十五％くらいかな」

　なんだか不公平な神様である。

ヅラ男のスタイル

本文にもあるとおり、フリ族のヅラには2種類あり、ひとつは「普段着ヅラ」で、もうひとつはシンシン用の「ハレ着ヅラ」である。スティーブン氏は20年前に300キナで新品を買い、現在もポヤニさんにメンテしてもらいながら愛用している。もちろん普段着ヅラも大切に扱われる。

普段着ヅラの成長過程

マッシュルームは大きくなりすぎると自重を支えきれないので、ある程度まで育つと、枝をよるなどしたフレームで支えることになる。上の写真ではイパキチャ（→98ページ）の先輩アヤク氏（推定40歳）が、後輩のハピヤくん（推定20歳）のマッシュルームの手入れをしている。このように櫛で縮れ毛を美しく保ちながら育てていき、ある程度まで大きくなると、キノコの周辺を、枝やよった糸などで整える。「ホントに地毛なんですか？」という私の質問に、「ホントだよ、ほら」といって、マッシュルームをめくって見せてくれたハピヤ君であった。ヅラが完成すれば、イパキチャの卒業も近い。

ヅラの手入れを専門にする「ヅラ職人」のポヤニさん。新品のヅラを2、3週間で仕上げるそうだ。

1日5、6回、聖なる泉の水を振りかけると、髪の毛が茶色になるという。

男の誇り「ヅラ」
雨対策か、ヅラの上には枝葉をかぶせ、その上に草花をちりばめる。

↑ヅラはヅラスタンドに、まるで「端午の節句の兜」のように安置してある。
←シンシンバージョンはこんな感じ！

まえ

極楽鳥の羽根で装飾

弓矢

額には細かく編みこまれたハチマキ

ビールやジュースの空き缶を加工した装飾品

クスクスの毛皮はヅラからぶら下がっている

鼻に通した植物の茎

目の下や頬などに黒い化粧を施す

細かいビーズの首飾り

貝殻を束ねたネックレス

巻き毛が生えたお腹

ブタの毛などで装飾した腰ミノ

裸足
足の裏は、燃えさかる炭火を踏んづけても大丈夫なほど頑丈。

うしろ

トゥッカーノ（オオハシ）の嘴とキナの飾り細工

傘

ズタ袋

ヒクイドリの大腿骨でつくった短刀

気になる！
チョロマさんのズタ袋の中身

これ

煙草の葉
パイプ
サツマイモ
お金
水筒
クシ
石鹸
タオル
ゴム
ブタの骨 など

食物の繊維で編んだズタ袋は、男たちの必須アイテムのひとつ。ヅラの手入れに欠かせないクシはもちろん、水筒代わりの空のペットボトルや食料、お金など、非常時に備えたモノが入っている。

キナ

「キナ」とは「貝殻」のことで、ニューギニア高地ではアコヤガイが通貨の役割をしていたこともある。現在「キナ」はパプアニューギニアの通貨単位になっている。チョロマさんのキナは相当高価なものらしい。

シンシン

シンシンは部族戦闘などで踊られる「戦いのダンス」が起源だそうだが、現在では観光向けのアトラクションになりつつある。それでも男たちは専用のヅラと衣装を用意し、化粧とボディペインティングを入念に行う。赤は酸化鉄が入った土、黒は木炭、黄色はパパイヤの汁、白は粘土で色を出すという。

ティギビ市場

近所の市場に散歩に出かけた。ダートの国道が唯一の道だが、意外にもたくさんの人が歩いている。彼らはみんな、タリに向かっていた。タリまでは二五キロもある。しかし彼らにとって、それはたいした距離ではない。一〇キロ程度は日常的に歩く距離なのだ。

ティギビ市場は人であふれていた。老若男女、いろいろな人がいるが、よく見ると、その役割は、それぞれまったく違っていた。路上で商いをしているのは例外なく女である。その周りをサトウキビをくわえた子供たちが走り回る。ダーツやビリヤードの掘っ立て小屋があり、若い男たちが遊んでいる。年配の男たちは店先の地べたに座り込んで賭けトランプに夢中になっている。ビンロウヤシを噛みながら立ち話をする男。タバコを吸いながら我々を凝視する男。いずれも手ブラで、働いている様子はない。そう言えば、ここまで歩いてくるときも、女たちは、なにかしらの荷物を運んでいたが、男はみんな手ブラであった。

「仕事はしないんですか?」

私は、そんな男のひとりに尋ねた。すると、

「我々は常に戦闘態勢を整えていなければならないのだ」

だから働かなくていいのだという意味らしいが、戦闘に備えているようにはとても見えない。

一方の女たちは地味で、いつも重そうなズタ袋を担いで黙々と働いている。男がオシャレに浮き身をやつし、女は野良仕事に精を出す。不公平である。しかしこれについても、

「それでいいのだ。なにしろ極楽鳥はオスが美しく、メスは地味だからな」

と、なんだかよくわからない説明であった。

ビンロウヤシの実

タイの「キンマ」、インドの「パーン」で知られる。石灰を混ぜ、キンマの葉で包んで噛む嗜好品。口の中が真っ赤になる。

女たちが売っているのはビンロウ、バナナ、サトウキビ、自家製パン、卵、落花生、サツマイモ、タバコの葉、バラ売りの紙巻きタバコ、マッチ、食用油。主に畑で穫れた野菜を売って、生計を立てる。男はその「アガリ」から、小遣いを捻出しているようだ。

落花生を買ってみた。一握りほどの山が二〇トヤ（約六円）。生乾きで、少々青臭いけれど、香ばしくてうまかった。横に座っていた男が、もう一山を掴み上げ、手渡してくれた。男は「食べろ」という仕草をしながら我々を見上げ、売り子の女を指さして言った。

「オレの女房だから気にするな」

携帯電話

ポートモレスビーでは普及しているが、ワリリ村では、まだ未整備。いずれトゥクバさんの所持品にケータイが加わる日が来るかもしれない。

ローストポーク

市場近くの家でブタを一匹買った。ブタは、この地方では唯一の財産なので、滅多に売り買いされることはないそうで、二〇〇キナ(約六〇〇〇円)もした。

村に持って帰ると、ブタのウワサはあっという間に広がったらしく、知らない男たちがたくさん集まってきた。ブタを食える機会は年に何度もないのだ。蒸し焼きにしている間に、切り取った肉の一部を焚き火で焼いた。直火であぶるので、表面は黒こげ、内部は生という状態である。「ブタは火を通さないとヤバイ」というのが日本では常識だが、そんなことをここで説明するのは釈迦に説法というものだ。寄生虫が怖い。しかし食わないわけにもいかない。なぜなら客人の我々が食わないと、他の連中が食えないからだ。しかも腹が減っているので、残念ながらうまそうだ。我々はボソボソと相談した。

「どうするよ」「食うしかないだろ」「大丈夫かな」「わかんない」

そして口に運んだレアのローストポークは、ほっぺたが落ちるほどうまかった。たっぷりと肉汁が滴り落ちる、トロリとピンク色の肉は、口に含むと柔らかく、ほんのりと甘味が広がる。味付けは少量の塩だけで、それがまた肉のうまみを引き出すのだ。ブタの生肉を食ったのはこれが最初で最後だが、これほどうまいものとは思わなかった。

最初の兆候が出たのは、その日の深夜であった。サカグチは何度もトイレに足を運び、私は腹痛を抱えて朝まで眠れなかった。翌日も体調不良は続いた。

「どうした。具合でも悪いのか?」

我々の三倍は食っていたスティーブンさんはケロリとした顔で言った。

どうしたもこうしたもねえよ……我々はゲッソリした顔で、力なく微笑んだ。
「なに、下痢？　それは昨日、食ったキンマだな。アレは不衛生だからな」
我々は心の中で叫んだ……ブタに決まってるじゃないか！

ごちそう

ブタの丸焼き「ムームー」を食べよう！

最近では金属鍋の普及で、煮炊きが普通に行われているが、かつては地中に掘った穴での「ムームー」（石蒸し焼き）が主な調理方法だった。中でもブタのムームーは、滅多に食べられない大ごちそうだ。我々が用意したブタは、村の男たち総出で蒸し焼きにされ、屠畜から４時間近くかかって、ようやくできあがった。柔らかく火が通った肉は、ほどよく脂も落ちていて、うま味が凝縮されていた。肉は手伝いに来たすべての男たちに「おすそ分け」されたが、女子供には、ほとんど行き渡らなかったらしい。

ブタのプロフィール

性別　メス
年齢　１歳
体長　85センチ
体重　25キロ
飼主　ピラペさん（ハリンダ族）
値段　200キナ（6000円）

ブタの生肉への不安

豚肉には、有鉤条虫、E型肝炎、豚ヘルペス、トキソプラズマ、カンピロバクター、リステリアなどの寄生虫、感染症、食中毒の危険があり、生食は絶対避けるべき。

いただきます ごちそうさま

オーナーのスティーブンさんは、フツーの西洋料理を食べているが、トゥクバさんが食べているのはイモ。イモ。イモ……。

スタート！

撲殺！

解体

穴掘り

石焼き

バナナの葉を敷く

肉とイモを敷きつめる

バナナの葉をかぶせる

焼け石を投げ込む

土をかぶせる

肉の一部とレバーは、ローストポークにして食う。

３時間待つ

完成！

腹痛＆下痢！

いつもの

ニューギニア地方の主食はイモ。それ以外の選択肢は、ほとんどない。特にサツマイモの普及は、この地域の食糧事情に大きく貢献した。

イモ

サツマイモは南アメリカ大陸原産だが、ニューギニアには、古くからあったともいわれる。ゆでたり石焼きイモにして食べる。トゥクバ氏は夕食に4個も食べていた。

タコノキ

「マリタ」と呼ばれるタコノキの果実で、脂肪分が多くて珍重される。女にはタブーとされ、男だけが食べることを許される。

ピットピット

ススキに似た草で、茎が食用になる。国道沿いにいくらでも生えている。生で食べると青臭い。

調味料、これがないとね

また、塩しかない

ニューギニア高地では、塩は貴重品だったので、ほとんど味付けしなかった。塩を得るために、かつては20キロほど離れたマガリマ村の塩湖まで行っていた。湖に木を沈めて、待つこと5日。引き上げた木を燃やして「塩灰」（塩味のする灰）にする。塩灰は重要な交易商品でもあった。

台所必須道具

熱帯でも囲炉裏！

ムームー以外では、囲炉裏は唯一の加熱調理器具である。とはいっても鍋でイモをゆでるか、皮をむいたイモを炭火であぶったり、灰に埋めて「焼きイモ」にしたりする程度。だからマッシュポテトやイモモチのような簡単な料理すらない。囲炉裏はまた、唯一の暖房器具でもある。標高2000mの高地は、意外と寒いので、囲炉裏の火は一日中、絶やすことがない。

ワリリ村のこんだて表

ニューギニア人はイモしか食べないのに、筋肉質の男性が多いことは、栄養学的なナゾとされているそうだ。

1日の摂取エネルギー（目安）

2850 Kcal

	献立	血や肉を作るもの	力や熱となるもの	体の調子を整えるもの
朝食	タロイモ サツマイモ 		タロイモ サツマイモ	マリタ
昼食	タロイモ サツマイモ 			
おやつ	マリタ 			
夕食	タロイモ サツマイモ 			

栄養士さんからのコメント

極端に脂質とビタミンAが不足しています。油脂を食べないとバランスが悪いです。それ以外は意外とちゃんと摂れています。サツマイモには穀物と野菜の栄養分が含まれますから、一日に3キロ食べれば、とりあえず生きていけます。

1 「仕返し」の文化

スティーブンさんと話していて、「payback」とか「compensation」という単語を、やたらと耳にした。いずれも「仕返し」とか「賠償」とかいう意味である。「やられたらやり返す」のが高地人の考え方で、それは現在も十分に正当である。この国で人身事故を起こしたら、とりあえず逃げろといわれている。車を停めて被害者を介抱しようものなら、彼の親類一同に囲まれて袋だたきに遭ってしまうからだ。仕返しの対象は、必ずしも事故を起こしたドライバーとは限らない。「彼が属する部族の誰か」であり、その中には「同乗者」も含まれ、外国人も例外ではない。

ニューギニア高地人は非常に誇り高く、政府が独立したときには積極的に納税に訪れる人が多かったという。逆に言うと「メンツ」が潰された場合の反動も大きいということで、部族の誰かがケンカに巻き込まれると、それが部族間の抗争に発展してしまうのだ。抗争は数年にわたって続くこともあり、国会議員などの有力者が仲裁に入って休戦となる。その際には財産のブタが「手打ち」に使われるという。

ところで近所のお墓を見物に行った。フリ族では、以前は3メートルほどの高さの櫓を建て、そこに死者の遺体を埋葬したという。「埋葬」という言葉はおかしいので「空葬」としよう。この「空葬」はキリスト教が普及して以後は、衛生上の問題から法律で禁止されるようになった。

「すごい臭いがしたんじゃないですか？」

「そりゃオマエ、すごいなんてもんじゃないよ」

スティーブンさんは顔をしかめて言った。禁止されてはいるが、現在でも密かに「空葬」を続ける人々もいる。櫓の下には3人の女性がいた。中央に立っているのは亡くなった男性の妻で、まるでオバケのように顔を白く塗り込め、布を頭から被り、伏し目がちにじっとしている。顔を隠しているのは死んだ夫に連れて行かれないためだそうだ。両脇で胸を隠して恥じらっているのが、娘たちである。彼女たちのペイントは戦闘のためのもので、父親を殺した犯人に対する示威行為だという。葬られている男性は、2年前にケンカで殺されたそうで、彼女たちは犯人への仕返しが成就されるまで、このようにして1日数時間、墓守をするのだ。

2 パプア名物「ラスカル」

ラスカルとは「強盗」のことである。アライグマではない。

ラスカルが活動する日や時間帯は決まっている。ひとつは雨の日の夜。家屋に侵入する音が雨音でかき消されるからとも、足跡が消されるからともいう。ラスカルの被害にあっても、被害届を出す人はほとんどいない。警察が取り調べに来ると、家の備品が、さらに紛失する可能性があるからだ。

もうひとつはペイデイ（給料日）の夜である。ペイデイは2週間ごとの金曜日であるが、この日に給料をもらえない人々がラスカルに豹変する

だからこの国の在留邦人が挨拶するときは「ごきげんよう」ではなくて「お気をつけて」なのである。

3 戦中派のおじいちゃん

「男の家」には五人の男が住んでいるが、その中に村の長老、チョロマ・アンガペさんがいる。チョロマさんは1935年の西洋人との「ファーストコンタクト」のとき、12歳だった。

「昔は外国人と距離があったもんだが、今はこうやって一緒に座って話ができるんだから、これほどうれしいことはないよ。50年前は、道も車も、トラックも飛行機もなかったから、生活がたいへんだった。白人の文化がやってきて、すべてがラクになった。しかし多くの若者がダメになってしまった。働かず学校にも行かず、町に出て悪いことをする連中が増えた」

そういえば、ワリリロッジに着いて荷物を開けてみたら、サカグチの荷物からは現金3万円が、私の荷物からは歯ブラシとアーミーナイフが、見事に紛失していた。空港の預け荷物から盗まれたらしい。首都のポートモレスビーは、ひどく治安が悪い。地方からの出稼ぎ労働者がスラムを形成しているのだ。

この国では酒に酔うことを「スパークする」というが、ポートモレスビーの酒場は、スパークした男たちのケンカが絶えないという。もともと酒づくりを知らなかったニューギニアの人たちは、アルコールに弱い。エスキモーやアボリジニが、アルコールでダメになってしまったので、この国ではビールよりも強い酒の販売は禁じられている。

生活が豊かになる一方で、人々のモラルは低下する。

チョロマさんの言葉は、この国が抱える深刻な問題を反映していた。そしてそれは現代の日本社会が抱える問題と、不思議に一致しているのだった。

イパキチャの人々

高地人の足
ワリリ村の多くの人は裸足で、靴を履いている人はお金持ちの文明人とみなされるらしい。

森に暮らす独身男の集団がいるというので行ってみることにした。

『イパキチャ』っていうんだけどな。ミッション（キリスト教会）が来る前までは、男はみんな、そこで育ったもんだよ」

スティーブンさんによれば、「イパキチャ」は「水の力を蓄える人」という意味で、森の中で集団生活して、森で生きる術を身につけるという、ある種の学校のようなものらしい。かつては中学生程度の年齢から、すべての男子はイパキチャに入っていたが、ミッションスクールが普及した現在では小中学校に入学する子供たちが半数を占めるという。

イパキチャに入門した子供たちはハロリ（隠れている人）と呼ばれ、里村に下りてくることはほとんどない。山深いブッシュの中で、先生とともに一定期間を過ごすのだ。

ワリリ村の裏から森に入った。踏み固められた山道が続いていて、ズブズブにぬかるんでいる。高地人の足をよく見ると、非常に幅が広く扁平足である。そして全体に指が長い。その長い五本の指を大きく広げて、地面をつかむようにして歩くのだ。固い地面よりも、柔らかいぬかるみのほうが歩きやすいのに違いない。

十五分ほど歩くと、ブッシュの中に清流を溜めた「聖なる泉」があった。しばらく待っていると、イパキチャの人々が現れた。ヒリワコさん（年齢不詳）というイパキチャの先生だ。ヒリワコさんは、ハロリたちに、森での暮らしの知恵を伝授している。たとえば、野鳥の羽根で装飾する方法や、マッシュルームヘアの手入れの方法、森での戦闘や狩猟の方法などだ。イパキチャの人たちは、森から出ることはほとんどない。女性と目を合わせると力が失われるから

だ。夜明け前に起き、森の中で活動して、木を枕に寝る。生徒たちのマッシュルームヘアが大きく育つことが喜びだと、ヒリワコさんは言う。

「日本人でも参加できるんですか？」

「もちろんだ。オマエも一年くらい修行してみたらどうだ？」

スティーブンさんが冗談半分に言った。

最終日、再びトゥクバさんの「男の家」に遊びに行った。質素な小屋の中には、家具らしいものはほとんどなく、中央の囲炉裏で焚き火が燃えていた。トゥクバさんは、相変わらずイモを食っていた。ニューギニアの食事は、一日一回サツマイモなどをゆでておき、腹が減ったら食べるというスタイルだ。

トゥクバさんの持ち物を見せてもらった。傘とヒクイドリの骨でつくったナイフ、背嚢の中には、煙管と煙草の葉、非常食のイモ、それに小銭が少々。これに「女の家」で飼っているブタ数頭をあわせたのが、おそらくトゥクバさんの、すべての財産だろう。

着の身着のままの彼らの暮らしぶりは、日本人には考えられないほどシンプルだ。しかしそれでも人間は生きていけるということが、我々には新鮮だった。

現地の人々が自前の民族衣装を着ている姿は、どこの国でもサマになるものだ。しかしジーンズとTシャツを着たとたん、なぜかみすぼらしく映ってしまう。それは所詮、借り物の文化だからだろう。トゥクバさんのライフスタイルは、原始的ではあるが簡素で力強い。そしてカッコイイ。フリ族の男は、やっぱりオシャレでないといけないのである。

おじゃましました

阪口 克

「澄んだ瞳をした、純朴な人たち」
そんなきれいごとを言うつもりはない。
カメラマンは俗な生き物で、
口ではカッコいいことを言いつつも、
結局は「絵」になる被写体を
ファインダーにとらえる快感がすべてだ。
そんな人間にとってこの国は、
とても美味しい場所だった。
あの刺激的な人たちとの出会いは、
かけがえのない財産になったと思う。
司令官や森の人たちの暮らしが、
これからどう変わっていくのだろう。
長老の泰然とした笑顔が忘れられない。

インドラダック

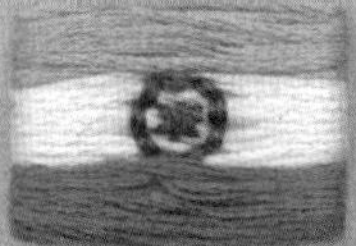

INDIA

チベット仏教の信仰篤い「ほのぼの家族」

Ladakh

はじめまして

―インド ラダック A to Z―

インド北部、チベット文化圏の西端に位置する山岳地帯。本土チベットが中国政府の同化政策でゲキレツに変化しつつある中、「チベットよりもチベットらしい」といわれる。

日本から…

日本からの直行便はない。
成田国際空港から
首都ニューデリーまで
約9時間。
デリーで乗り継ぎをして
レーまで約2時間半。

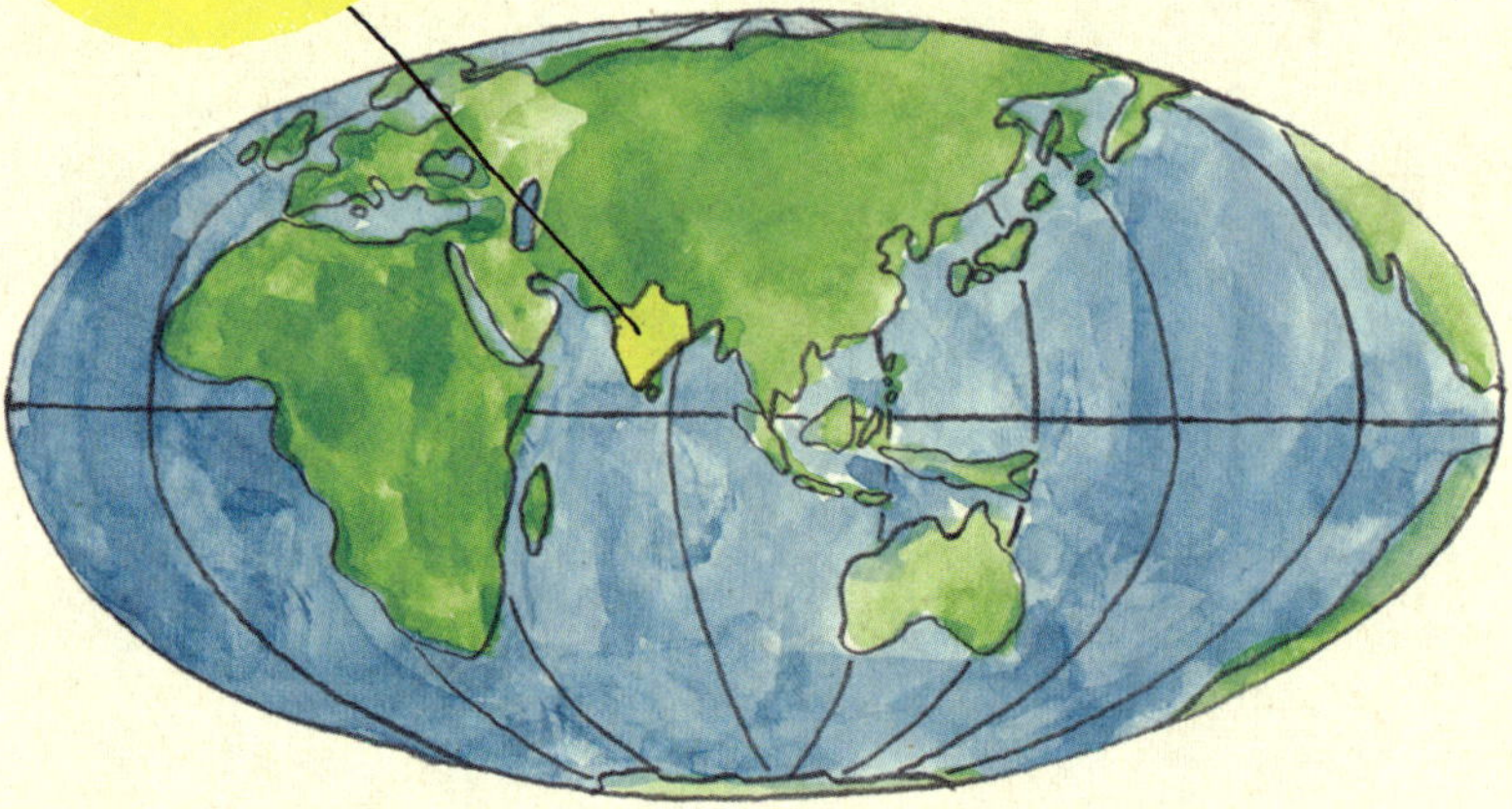

インド ラダック といえば、この人たち

ダライ・ラマ14世
(1935～)
チベット法王。インド、ダラムサラに亡命政府を置き、チベット独立を目指して精力的に活動。1989年ノーベル平和賞受賞。

ソンツェン・ガンポ
(581頃～649)
チベット王。チベット全域を統一して吐蕃を建国。チベット文字を制定するなど文化振興にも努めた。

ヘレナ・ノーバーク・ホッジ
スウェーデンの言語学者。1975年にラダックに入り、十数年にわたってフィールドワークを行う。著書「ラダック　懐かしい未来」は30カ国語以上に翻訳された。

こんな国です

正式国名 インド共和国　Republic of India
首　都 ニューデリー　New Delhi
人　口 11億2987万人(2007年推定)
面　積 約3,287,590㎢
民　族 インド全体でみると、トルコ・イラン、インド・アーリヤ、スキト・ドラヴィダ、アーリョ・ドラヴィダ、モンゴロ・ドラヴィダ、モンゴロイド、ドラヴィダの7種。ラダックの住民の大半はチベット系民族のラダッキが占める。
公用語 ヒンディー語　英語
気　候 広大な面積のインドではそれぞれの地方によって気候も大きく異なる。その中でラダック地方は、降水量の少ない乾燥した気候。年間降水量もデリーと比べるととても少ない。冬は気温が－20℃以下、夏には30℃を超える日もある。6～9月が夏で、残りは長い冬となり、春や秋はとても短い。
通　貨 通貨単位はルピー(Rupee)とパイサー(Pise)。1Rs ≒ 1.9円、US$1 ≒約47Rs(2009年12月現在)。
宗　教 インド全体でみると、ヒンドゥー教が大半。他にイスラム教、キリスト教、スィク教。仏教を含むその他の宗教は少数。ラダックではチベット仏教が大半。
国　旗 サフランと白、緑の3色の横じま。サフラン色は勇気と犠牲、白色は真理と平和、緑色は大地と誠実を表す。中央に印された法輪(チャクラ)は古代文明を象徴している。

ラダックは、バックパッカーの間では
一目置かれる存在だ。
ヒマラヤの奥地にまで、
足を運ぶ旅行者は少ないからだ。
私も今回が初めてのチベット文化圏で、
どんな人たちが暮らしているのか、
興味津々だった。
標高は3500メートル。高山病が心配だ。
風の旅行社のNさんに予防薬をもらって
成田空港に向かった。
いったいどんな暮らしをしているのか。
長年のギモンが、ようやく解けそうだ。

おじゃま
します
中山茂大

王族の末裔

菓子袋がパンパンに！
デリーの空港で買ったスナック菓子の袋が、こんなに膨張した。

タラップを降りて深呼吸すると、冷たい空気が肺を満たした。思ったほど標高を感じないのは、数時間前に高山病の予防薬を飲んだせいだろう。

ラダックは、ヒマラヤ山脈の西端に位置する。一年の半分は雪に閉ざされ、下界との交通もままならない。そのおかげで、伝統的なチベット文化が残っているといわれる。中心都市レーの空港で出迎えてくれた今回のガイド、スタンジン・ワンチュクさんは、実は地元王家の姻戚にあたる名家の出身だ。車に乗り込み、荒涼とした土漠の中を走り出す。雪を頂いた荒々しい山々、風化しつつある岩々、立ち枯れた木々……なんとも寒々しい風景である。

レーの周辺は、標高六〇〇〇メートル近いヒマラヤとカラコルムの、名もなき山々が取り囲み、その間を縫うように、若干白濁した青緑色のインダス川が、豊かな水量をたたえて流れる。この流れを遡れば、チベットの聖地で、ヒンズー神様シバのリンガ(要するにおちんちん)といわれるカイラスに、下っていけば、バルチスタンの砂漠を経てインド洋に辿り着く。この大河に沿って、何千年にもわたるチベットとインドの往来があった。対岸をよく見ると、人間が踏み固めた細い細い桟道が、ほとんど消えてしまいそうに、しかし延々と続いている。かの三蔵法師も、あんな心許ない細道を、天竺(ガンダーラ)目指して訥々《とつとつ》と歩いていたに違いない。「そこーにゆけばあああああ」……おっと、これ以上はJASRAC的にマズイ。

今回私たちが訪ねるのは、レーからインダス川を遡ること車で一時間のニンモ村。ワンチュクさんの親戚の家だ。王族の末裔だけに、家も古くていかめしい。家族でさえ入ったことがない部屋もあるというくらいの大邸宅なのである。

インド　ラダック

アタマ！

ラダックの気候

ラダックの湿度は30%以下。われわれ日本人にとっては、乾燥、薄い空気、ホコリの三重苦である。

ワンチュクさんの家族が、最初に私たちに投げかけた言葉。それは、

「アタマ！」

へええ。ラダックにも「アタマ」という言葉があるのか。チベットには舌を出して挨拶するという奇習があるそうだから、「アタマ」にも「こんにちは」みたいな意味があるのかもしれないな……などと憶測していたら案の定、違った。「アタマ」は、文字通り「頭」だった。

「え？　なに？」と振り返った瞬間、側頭部に激しい衝撃を受けた。目の前が真っ暗になるような激痛に、頭を抱えてうずくまる。

この家に滞在した一週間の間に、鴨居に「アタマ」をぶつけたこと二十三回。そのうち火花が散るほど激しく強打したこと三回。ここの家人が「アタマ」という日本語を最初に覚えたのは、そういう外国人の気の毒な姿を、何度も目撃しているからに違いない。

実際チベット建築では、戸口がずいぶん小さく造られている。敷居も高く（「入りづらい」という意味ではない）、大きくまたがないといけない。だから戸口を通るときには、かなり前屈みになりながら、しかも大股で敷居をまたぐという、窮屈な姿勢を強いられることになる。この姿勢は、夜間に小用に立ったときなど辛い。あるいは急いでいるとき。「アタマ」のことなどまったく失念しており、数秒後には、戸口の前で頭を抱えてうずくまっていることになる。戸口が小さい理由は、主に断熱の意味が大きいようだ。鴨居が低いのは暖かい空気を逃さないため、敷居が高いのは冷たい外気を遮断するための工夫だ。戸口は小さければ小さいほど熱効率がいいのであり、そのぶん私たち外国人は「アタマ！」に気をつけねばならないことになる。

「ラダック語」の不思議な親近感

ベジタリアン
ワンチュク家はベジタリアンで、食べられるのは卵と乳製品まで。プッティットさんに日本のカップメンを勧めたら、「肉は入ってないのね？」「エビは大丈夫？」「ホントに入ってないのね？」何度も念を押していた。

「アタマ」は日本語だったが、不思議なことにラダックには、どことなく日本語と近しい言葉が多いのだ。チベットで好んで飲まれる「バター茶」。お茶に塩とバターを加えた飲み物である。ラダックの人々は「グルグル・チャ」と呼ぶ。細長い筒でグルグルかき混ぜるからだとか。チベットでは、有名な「ツァンパ」を主食にしているが、グルグルチャとこねて食べたりする。夕食のとき、私たちがツァンパに手を伸ばすと、お母さんが言った。

「ドンドン！」

ああそうか。「ドンドン食え」ということか。ここの家族はホントに日本語をよく知ってるなあ……感心してたら違った。「ドンドン」は「召し上がれ」の意味だった。さらに、お母さんが言う。

「ゼンブ？」

ああそうか。「全部食ったら、おかわりがあるから、遠慮なく食え」と。そういう意味か。やはりここの家の人は日本語をよく知っている……違った。「ゼンブ？」は「おいしいか？」の意味だった。夕食が終わって、自家製どぶろく「チャン」を飲む。お父さんが言う。

「クレ！」

さっき注いだばかりじゃないか。もう飲んじゃったのか？　確かにお父さんは飲んべえだが、それにしてもホントによく日本語を……違うのである。「クレ」は「ゆっくり」の意味なのだ。「高山病が心配だから、ゆっくり飲め」と、そういう意味だった。

やたらと日本語とのニアミスが多いラダック語なのである。

インド・ラダック

ワンチュク家入門

今回訪ねたのは、ニンモ村のスタンジン・ワンチュクさんの家族と、その親戚一族。ワンチュクさん一家の本宅はニンモ村から山ひとつ隔てたザンスカール地方にあるが、冬の間だけ親戚一家の隣の小さな家に暮らしている。我々がお世話になったのは、親戚のプンツォガンモさん一家が住む大豪邸だ。

ワンチュク家のみなさん

ワンチュクさんとプンツォガンモさんのお宅は隣同士。我々は大豪邸に寝泊まりしつつ、主に昼食はワンチュクさん宅で、朝食と夕食は親戚のお宅でお世話になった。

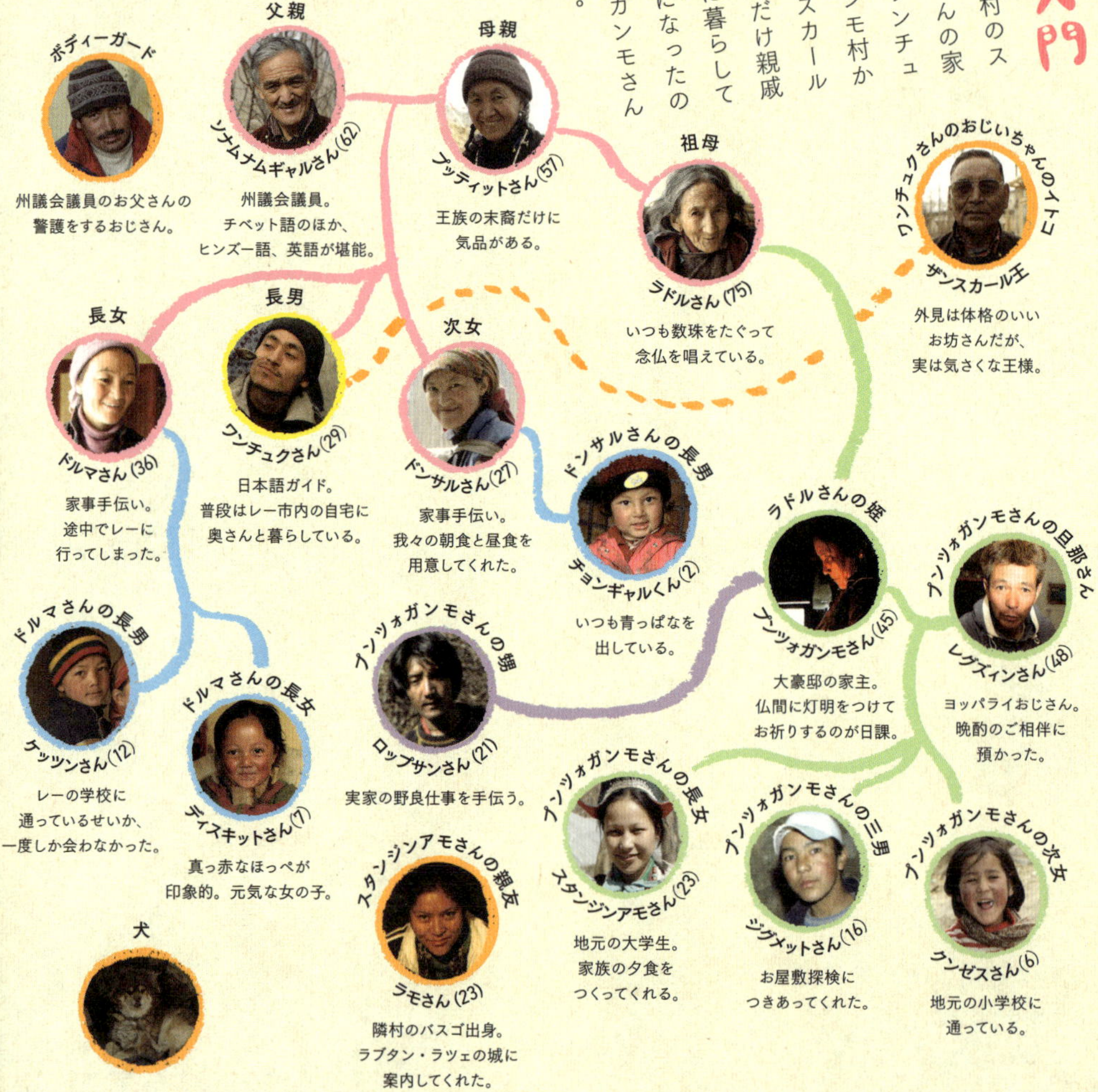

ボディーガード
州議会議員のお父さんの警護をするおじさん。
父親
ソナムナムギャルさん(62)
州議会議員。チベット語のほか、ヒンズー語、英語が堪能。
母親
プッティットさん(57)
王族の末裔だけに気品がある。
祖母
ラドルさん(75)
いつも数珠をたぐって念仏を唱えている。
ワンチュクさんのおじいちゃんのイトコ
ザンスカール王
外見は体格のいいお坊さんだが、実は気さくな王様。
長女
ドルマさん(36)
家事手伝い。途中でレーに行ってしまった。
長男
ワンチュクさん(29)
日本語ガイド。普段はレー市内の自宅に奥さんと暮らしている。
次女
ドンサルさん(27)
家事手伝い。我々の朝食と昼食を用意してくれた。
ドンサルさんの長男
チョンギャルくん(2)
いつも青っぱなを出している。
ラドルさんの姪
プンツォガンモさん(45)
大豪邸の家主。仏間に灯明をつけてお祈りするのが日課。
プンツォガンモさんの旦那さん
レグズィンさん(48)
ヨッパライおじさん。晩酌のご相伴に預かった。
ドルマさんの長男
ケッツンさん(12)
レーの学校に通っているせいか、一度しか会わなかった。
ドルマさんの長女
ディスキットさん(7)
真っ赤なほっぺが印象的。元気な女の子。
プンツォガンモさんの甥
ロップサンさん(21)
実家の野良仕事を手伝う。
プンツォガンモさんの長女
スタンジンアモさん(23)
地元の大学生。家族の夕食をつくってくれる。
プンツォガンモさんの三男
ジグメットさん(16)
お屋敷探検につきあってくれた。
プンツォガンモさんの次女
クンゼスさん(6)
地元の小学校に通っている。
スタンジンアモさんの親友
ラモさん(23)
隣村のバスゴ出身。ラブタン・ラツェの城に案内してくれた。
犬

ワンチュク家の1日

07:30 起床。スタンジンアモさんが寝床に朝食を運んでくれる。

09:00 裏の畑で野良仕事。

11:00 昼食の準備。グルグルチャをグルグルかき混ぜる。

12:00 昼食。

13:00 休憩。

14:00 チャンを仕込む。

これは覚えなきゃ

あいさつとよく使う言葉

本文に書いたとおり、チベットの言葉は日本語とのニアミスが多くて楽しい。

こんにちわ ありがとう	=	འཇུ་ལེ།	ジュレー	かなりの頻度で使用する。
オムマニペメフム	=	ཨོཾ་མ་ཎི་པདྨེ་ཧཱུྃ།	オムマニペメフム	もっともポピュラーな念仏。
おいしい	=	ཞིམ་པོ་	ジンプー	「おいしくない」は「ジンブミンドゥ」。
ゆっくり	=	ག་ལེ་ག་ལེ་	クレークレー	「カリーカリー」がホントらしい。
大丈夫	=	འགྲིག་ འགྲིག་	ディックディック	「アタマ大丈夫？」「ディックディック！」

ワンチュク家のご近所

周辺は畑。石塀で囲われた細い道をたどっていくと、雑貨屋や食堂が軒を連ねる国道に出る。

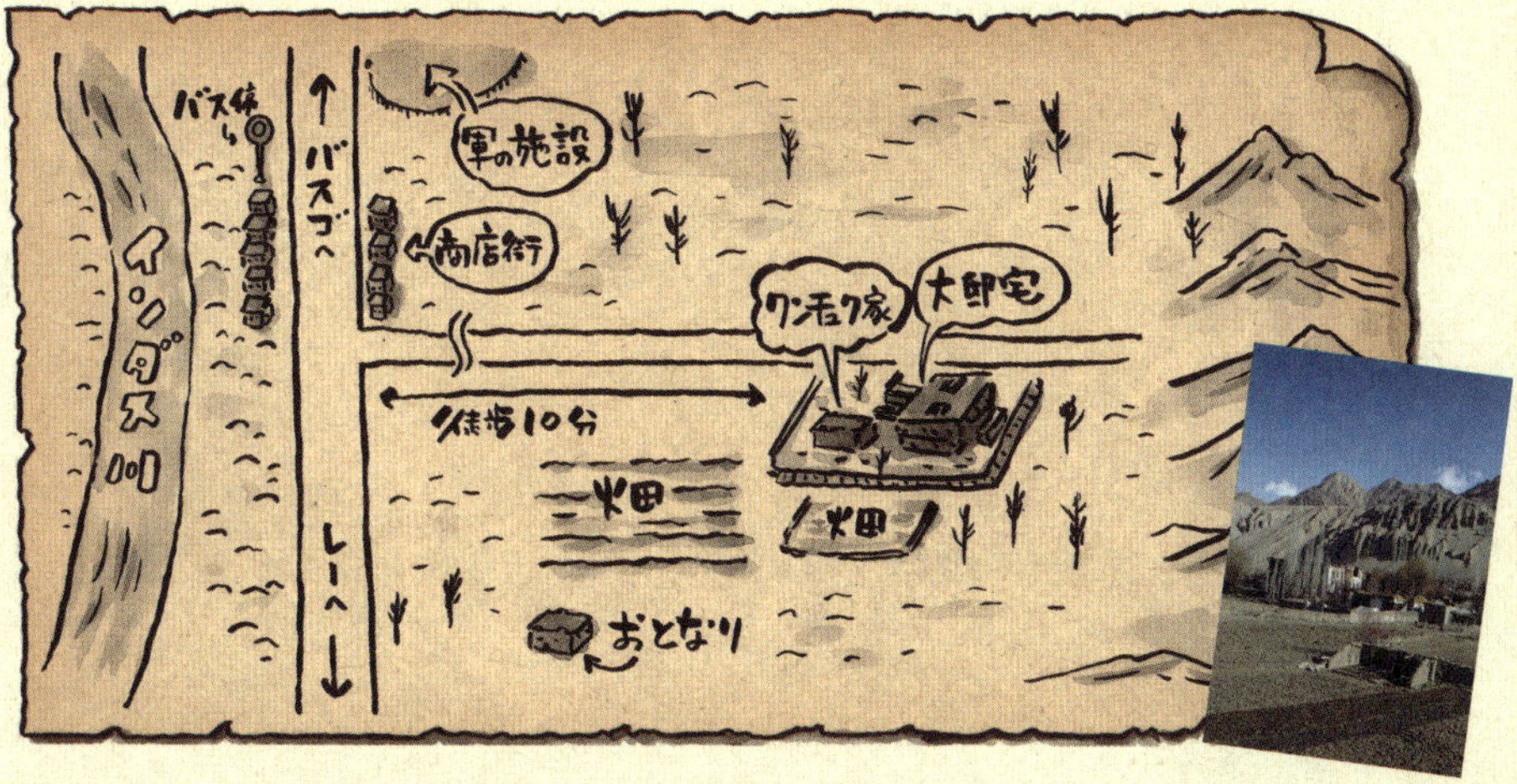

16:00　家畜の干し草を運ぶ。

18:00　夕食の支度。

19:00　父ちゃんとチャンを飲み始める。

20:00　夕食。

21:00　引き続きチャンを飲む。

22:00　部屋に引き上げる。

23:00　寝袋にくるまって就寝。

ハイテク マニコロ

タルチョとオボ

「タルチョ」は経文を印刷した旗で、大漁旗のように派手。「オボ」は峠や山頂などに石を積み上げたもの。

チベット人は信心深い。年寄りは経文のひとつくらいは暗誦でき、仏壇の前で数珠玉をたぐりながら、長々と念仏を唱える。村の周辺には、いくつものゴンパやラカン（僧院、寺院）があり、仏前におかれたロウソクの火で真っ黒に煤けている。家々の屋上には色鮮やかな「タルチョ」が万国旗のようにはためき、路肩の石や山頂の「オボ」には、もっとも一般的な念仏「オムマニペメフム」が彫り込んである。

中でもマニコロというのは、彼らが考え出した、もっとも合理的なシステムだ。内部に、ありがたい経典が格納されており、軸をクルリと一回転させるだけで読破したことになるという非常に便利なツールである。「安易だなあ」と笑ってはいけない。日本の親鸞聖人が「南無阿弥陀仏」と唱えれば極楽にいけると説法したのと、たいして変わらないのである。

しかしこのマニコロ、日本の技術をもってすれば、たいへんな「ハイテクマニコロ」が開発されるに違いない。たとえば一分間に数万回転する「超高速回転マニコロ」。あるいはソーラーシステムで半永久的に回転し続ける「ソーラーマニコロ」。最近の健康ブームにあやかって、ペダルを踏むだけで徳が積まれていく「御利益マニコロ自転車」や、気がつけば徳がアップしている「マニコロ万歩計」など、大ヒット間違いなしだろう。しかしそういうセコい商業主義が横行しないところに、チベット人のおおらかさを感じるのである。

我が家をご案内

総部屋数22室！ トイレは9室！ ザンスカール王家の末裔の大邸宅を探検してみよう！

大邸宅DATA

東西	20m
南北	18.5m
床面積	388.5㎡（117.7坪）

※1階のみ。総床面積は3倍。

トイレ	9
（そのうち使ってないトイレ2カ所）	
キッチン	3
（そのうち使ってないキッチン1カ所）	
仏間	2
食料貯蔵室	4
納戸	4
寝室	3
客間	1
総部屋数	22室

01 旗

02 門

プンツォガンモさんの家は、迷子になるくらい大きくて、その一部の部屋は、鍵がどこかに行ってしまったらしく「開かずの間」状態である。また電気がない時代に建てられた家なので、吹き抜けの明かり取りがあちこちに工夫されていて、屋上を歩いていると、けっこう危ない。トイレは、高いところから落とすのが基本らしく、必ず二階か三階にあり、一階で回収して堆肥にする。食糧倉庫があちこちにあるのも特徴だ。

ワンチュク家とプンツォガンモ家では、共同でゾ(牛とヤクの交配種。ゾがオスでゾモがメス)を2頭、ゾモを1頭、牛を7頭、ロバを1頭、羊を15頭、そして犬1匹と猫3匹を飼っている。大邸宅の前庭が広い家畜スペースで、ちょうどサカグチがしゃがんでいる下が、巨大な飼料倉庫になっている。チャンの発酵小麦を運んだのもここだ。庭の中央にはカラフルなタルチョがはためいていて、なんとなく日本の鯉のぼりを思わせる。また庭は大人の背丈ほどの石垣で囲まれ、通用口には観音開きの頑丈な扉がしつらえてある。

家畜小屋と干し草倉庫

03

居候探検隊

ザンスカール王家末裔の大邸宅の巻

ウチはホントに広いんだ。家族の誰も入ったことのない部屋もあるんだよ。おばあちゃんの部屋も、今は誰も使ってないしね。じゃあ、迷わないでついてきてね。最初は地下の食料庫から出発！

ジグメット隊長

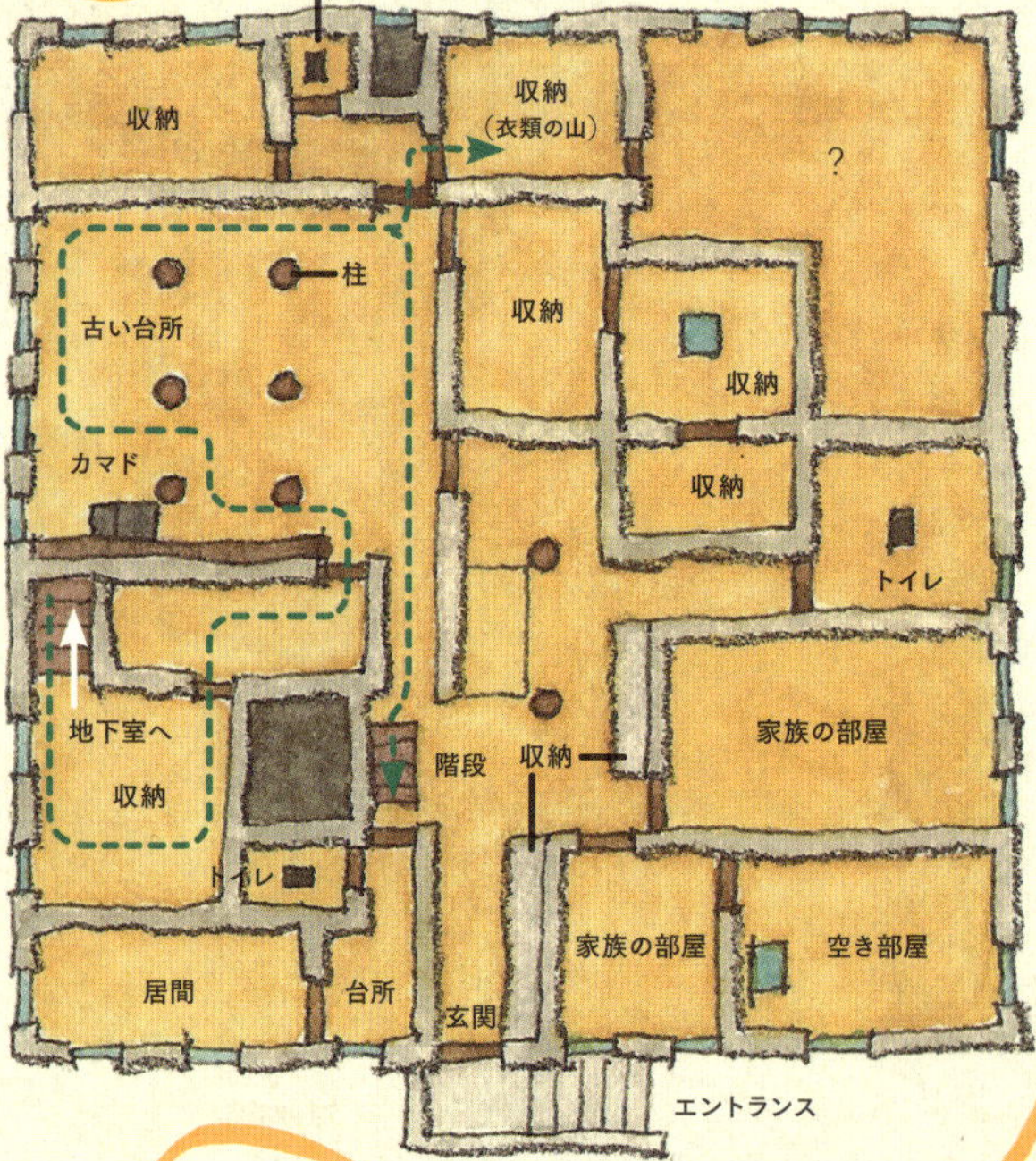
1F
トイレ
収納
収納
（衣類の山）
?
柱
古い台所
収納
収納
カマド
収納
トイレ
地下室へ
収納
階段
収納
家族の部屋
トイレ
居間
台所
玄関
家族の部屋
空き部屋
エントランス

スタート！

地下室

ここは食料庫だよ。今は使ってないけど。暗いから足元に気をつけてね。

古い台所の床下にある穀物庫

深さは3メートルくらいあるよ。穴から覗いてみて。広いでしょ。昔はここに麦を貯蔵したんだって。

真っ暗衣類の山

ここは物置だけど、今は使ってないよ。古い家具とか服がたくさんあるでしょ。ホラ、昔の猟銃もある！

ジグメット隊長おすすめ
1階の見どころ

大きなカマド

ウチのカマドはとっても大きいんだよ。幅1m、長さ2m、高さ1mくらいあるんだ。大きな一枚岩からできてるんだよ。ホラ見て。チベット仏教のキレイな飾りも彫ってあるでしょ。今は新しいキッチンにガスコンロがあるから、ほとんど使うこともなくなっちゃったんだけど、ホントはこっちのキッチンのほうが広くて立派なんだよ。

2F

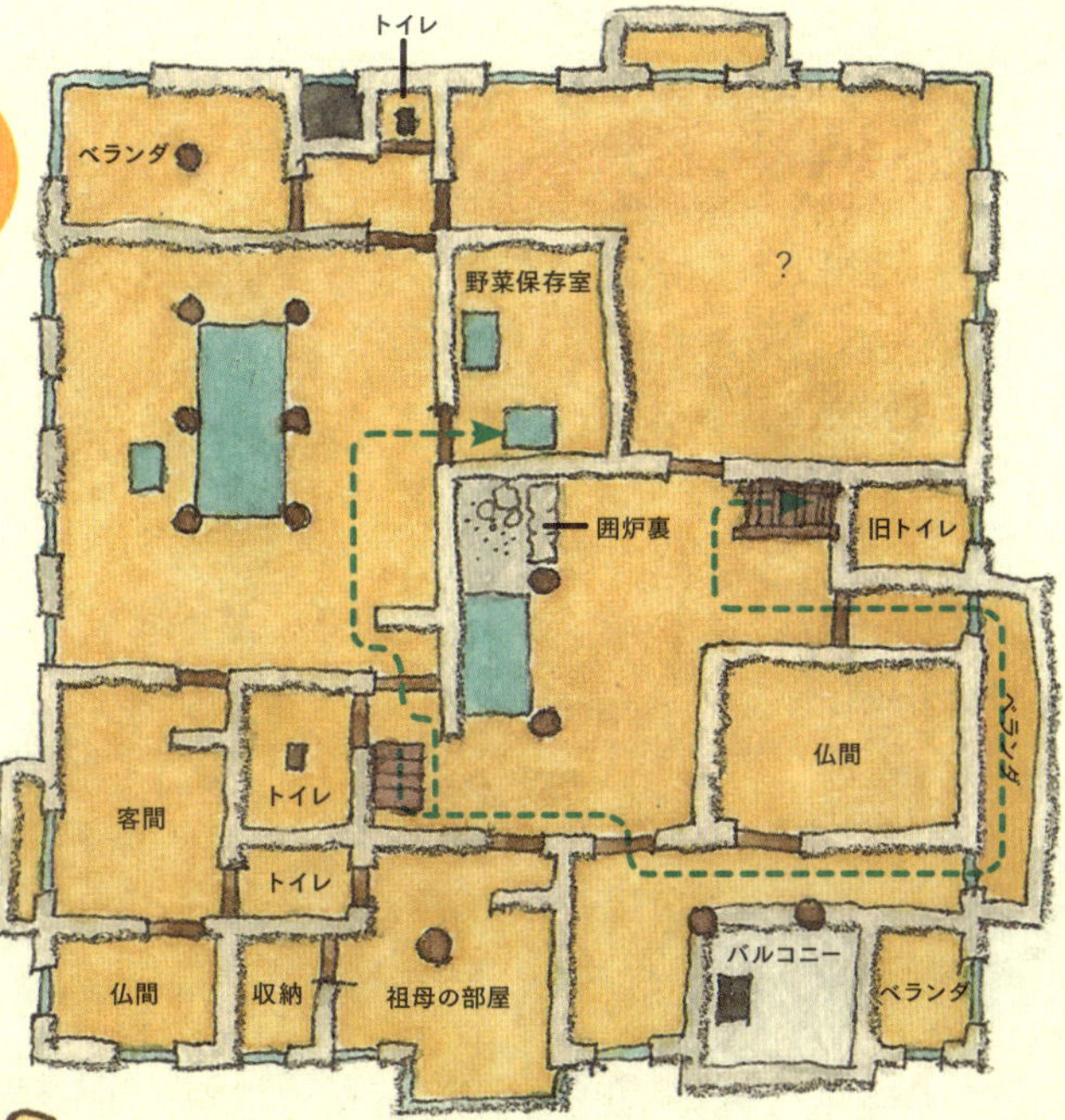

トイレ
ベランダ
?
野菜保存室
囲炉裏
旧トイレ
ベランダ
仏間
客間
トイレ
トイレ
仏間
収納
祖母の部屋
バルコニー
ベランダ

ゴール!

屋上

ハシゴを登ったら屋上。とってもいい眺めでしょ。明かり採り穴に気をつけて歩いてね。

仏間

立派な仏壇でしょ。お坊さんが来たときは、ここでお経を上げてもらうんだ。普段はカギがかかっていて入れないんだよ。

ベランダ

格子の飾り窓がキレイでしょ。夏は気持ちいいんだよ。

タマネギ部屋

ここは野菜を保管する食料庫だよ。タマネギがたくさんぶら下がってるでしょ。天窓があるから明るいね。

ジグメット隊長おすすめ
2階の見どころ

トイレ

トイレの使い方を説明するよ。まず穴のそばで用を足す。終わったら、そこのスコップで土ごと、うんこを穴に投げ入れるんだ。だからウチのトイレは必ず二階か三階にあって、土がたくさん置いてあるんだ。ちょっとホコリっぽいけど我慢してね。

2Fへ!!

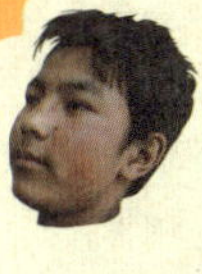

いただきます ごちそうさま

ラダックは標高が高いため、作付けできる作物も限られ、おまけに不殺生の仏教徒が多いので、全体に食事のバリエーションは貧しい。冬期は陸路が閉鎖され、物資輸送は空路に頼るので物価が値上がりする。

ごちそう

敬虔な仏教徒のワンチュク家では、肉魚などのナマグサモノは食べない。中華風の饅頭やモモなどがごちそうだ。

モモ

チベット風餃子。アンはニンジン、キャベツなど野菜ばかりで少々味気ないが、栄養豊富で、それなりにエネルギーも摂れる。

一人前 662Kcal

トゥクパ

ジャガイモ、ニンジン、青菜などと煮込んだ汁麺。うどん、すいとん、両方ある。

マントウ

蒸し饅頭。ほんのりと甘味があって、やわらかく美味。

いつもの

チベットの主食はツァンパ。ほかにガラムマサラを使ったインド風カレーや野菜の炒め物などベジタリアンな食事が一般的。

グルグルチャ

バター茶。お茶とバターを専用の筒に投入して、グルグルかき混ぜる。バターのおかげで脂質は摂れるが、ビタミンが不足気味。

ツァンパ

チベットの主食。チンコー麦を炒って挽いたもの。そば粉に似た、こうばしい香りがする。グルグルチャと混ぜて手でこねて食べる。ビタミン以外の栄養はそれなりに摂れる。

一人前 239Kcal

ダルバート

豆の煮込み（ダル）と白飯（バート）と野菜炒め（サブジ）の三点セット。インド、ネパールの一般的な食事。ミネラル分も多く、比較的ビタミンも摂取できる理想的な食事。

台所必須道具

ドンモ

グルグルチャを攪拌するのに使う筒。かき混ぜ棒を上下させてジャボジャボ攪拌するが、けっこう力仕事である。都市部では電動ミキサーに取って代わられつつある。一説によるとチベット人は一日に50杯以上バター茶を飲むといわれる。

調味料、これがないとね

ギー

ゾモから搾った乳を攪拌して分離して取り出したバター。ギーは高価なもので、グルグルチャに加えられるほか、新品のモノや口をつける前のチャンの器など、初めて使用するモノに、ちょっとだけ載せたりする。仏様への感謝のしるしだ。かつては仏壇の灯明もギーだったそうだが、さすがにモッタイナイので大豆油を使っている。

酒！乾杯に国境なし！

チャン

チャンは雑穀を発酵させて醸造したもので、チベットで広く飲まれる自家製酒だ。発酵の進んだ雑穀に水を浸して、ザルで濾しとり、器に注いで飲む。赤みがかった白濁色で、アルコール度数は数％程度。甘酸っぱい味わいだ。各家庭で微妙に味が異なるので、飲み比べると楽しい。

ワンチュク家のこんだて表

主食のツァンパとグルグルチャ以外は、野菜中心のメニュー。

1日の摂取エネルギー（目安）

1927 Kcal

	献立	血や肉を作るもの	力や熱となるもの	体の調子を整えるもの
朝食	ツァンパ グルグルチャ 野菜スープ ほうれん草煮込み 	厚揚げ 小豆	チンコー麦粉 バター 油 小麦粉	グリーンピース ニンジン タマネギ ホウレン草 キャベツ トマト
昼食	サブジ（野菜の煮物） ダル（豆の煮物） ごはん 			
夕食	モモ トマトサラダ グルグルチャ どぶろく 			

栄養士さんからのコメント

菜食主義のためビタミンB2が不足していますが、食物繊維は摂れています。エネルギーが不足してますから、油脂を含んだ料理を食べると改善されます。ツァンパは栄養価が高いですが、それだけだと少々問題アリです。

1 モノを大事にする

ラダッキは、とにかくモノを大切にする。私たちが持参した「赤い〇つね」と「緑の〇ぬき」の容器を捨てようとしたら、「食器にするから」と言って大事にとっておくくらいだ。だからニンモ村では、ゴミが落ちているのを見たことがない。

彼らは決して貧乏ではない。だって、ザンスカールの王族の末裔なんだから。それでも徹底した倹約家なのである。ラダックという厳しい土地だからこそ、あらゆるモノをムダにしないことが、彼らの生活の知恵として根付いたに違いない。「もったいない」という言葉は、英語にはないそうだ。ラダックにあるかどうか聞きそびれてしまったが、それに近い意識はある。

2 文化の融合

スタンジンアモさんを見ていると、私たちとよく似た顔立ちだが、どこかアジアを飛び越えた、西洋のフンイキを感じる。レーの街を歩いていても、青い目をしたペルシャ系の血を引く人がチラホラいる。このことは、かつて交易で栄えたラダックの歴史と深い関係があるだろう。ラダックは、西がイスラムのトルキスタン、北が仏教圏の中国、南がヒンズー教のインドと、各文化に囲まれ、交易で栄えてきた。だから文化も民族も融合した。ラダックの主食はツァンパだが、インド式のダルバートも食べるし、モモやトゥクパのような中華料理もある。イスラム教徒はシシカバブも食べる。面白いのはラダックの茶器だ。湯飲みは中国製、受け皿は西洋のソーサー、フタはインド製の金属製品で、水差しはペルシャ風だった。交易の中継地として栄えたラダックの特質を見事に象徴しているのだ。

しかし近代になってインドとパキスタンが分離独立し、印中関係が緊張すると、国境は閉鎖され、交通は途絶えてしまった。いままで交易の中継地だったレーは、辺境の田舎町になってしまった。しかしそのおかげで、人々の信仰心は篤いまま保たれている。

「マスオさん」の悲哀

インド軍

レーはパキスタン国境に近いジャンムカシミール地方にあるため、軍隊が駐屯している。しかしおかげで、アンズ、リンゴ、クルミ、ジャガイモなどの野菜が軍需品として売れる。

チベットでは、かつては「一妻多夫制」という、世界でも珍しい結婚が行われていた。兄弟でひとりの妻を娶《めと》ることも行われたという。チベットは土地が痩せているために、ひとりの男性では収入を維持するのが難しかったためだという。土地が貧しいことが、チベット独特の風習を生み出したのである。またチベットは母系社会で、夫が妻の家に婿入りするのが普通だ。そのせいか、お父さんのレグズィンさんの肩身は狭いようだ。

「おお。いいところに来た。さあさあチャンを飲もう」

レグズィンさんは午後になるとブラリと出かけて、日が暮れるころに帰ってくる。すでにホロ酔いで、我々を見つけると、子供たちにチャンを運んでくるように言いつける。レグズィンさんは学校の先生だが、現在は失業中だ。周辺の畑は奥さんのプンツォガンモさんの土地なので、食糧はまかなえるし、余分にできたジャガイモなどは、国境警備の軍隊に売れる。庭にはアンズやモモの木がたくさん植わっている。ゼイタクしなければ、働きに出なくても食べていけるほどの余禄《よろく》があるのだ。

「この家にはボクラ・リンポチェが泊まったんだ。知ってるか、ボクラ・リンポチェ？　有名なお坊さんでな、あれは確か……」

レグズィンさんは、もう何度も聞いた話を繰り返しながら、我々にチャンを勧めた。お父さんも入り婿のハズだから、いろいろと肩身が狭いのだろうか……我々はヒソヒソと話し合った。

「これもカルマだな」

レグズィンさんは、あきらめたような顔で、チャンをすするのであった。

土地の概念

王族とはいっても、普段の生活は庶民と変わらない。

朝早く起きて、ゾを使って畑の土を起こす。燃料になる薪を拾いに行き、家畜たちの干し草を運ぶ。使用人を使っているわけでもない。自分たちの耕せる範囲で生きていく、慎ましい暮らしである。

ラダックでは、耕作可能な土地が、各戸の所有する土地なんだそうだ。耕作が可能なのは、ひとりあたり〇・四ヘクタールほどだが、家族で賄える耕地が、その家の所有する土地となるわけだ。それ以上の土地は不要である。耕すことのできない土地を所有することには、なんの意味もないのだ。

このチベット人の無欲な考え方は、土地が投機的に売買される日本と対照的だ。あるいはラダックの土地が不毛で、人口も少なく、世界でも辺境に位置しているせいかもしれない。近所にショッピングモールができて、いきなり地価が高騰すれば、彼らも私たちと同じように土地の売買を始めるかもしれない。

しかしそういう心配は、あと何十年かはないだろう。それに多くのラダッキは急激な変化を好んでいない。日本人から見て、どんなに不便な暮らしでも、彼らにとっては生まれ育った土地であり、そしてもっとも住みやすい土地なのである。

ポプラ

ポプラはヨーロッパ原産なので、近年になって植樹されたものだろう。それまではきっと、一本の木も生えていなかったに違いない。

水道がない

「ニンモ村で不便なことって、なんですか？」

プッティットさんに尋ねてみた。

「そうねえ。水汲みかしらね」

柔和な表情に気品のある笑顔を浮かべて、ワンチュクさんのお母さん、プッティットさんは答えた。ニンモ村では、電気は毎日、午後六時くらいから供給され、午後十一時になると、いきなり消える。上水道が普及していないのは、おそらく電力不足によるものだろう。水汲みは重労働なので、水道がないのは、なるほど大いなる不便に違いない。そう思ってたら違った。プッティットさんは続けて、こう言ったのだ。

「ザンスカールの家には、毎日、川が流れてますから」

つまりこういうことなのだ。ニンモ村では、水は村で管理されていて、三日に一度、数時間だけ、庭の小川に水が流れるように割り当てられている。しかしザンスカールの家では、小川の水が途絶えることがないので、いつでも水汲みができるというのだ。

プッティットさんの発想は水道以前の話だったわけだ。

ラダックが一番

プッティットさんは、インド各地の仏教遺跡を巡礼し、ドイツにも滞在したことがある。だから先進国の文明社会も、もちろん知っている。

廃品回収業者

一度、スリナガルから来たムスリムの廃品回収業者がやって来た。スリナガルはムスリムが多い地域である。

ニンモ村とザンスカールの特産品

ニンモ村ではリンゴやアンズなどの果物が、ザンスカールではチーズやギーが特産品。写真はアンズのジャム。

「ラダック以外で住みたいと思ったところはありましたか？」

「いいえ。ラダックが一番いいです」

プッティットさんは、なんの迷いもなくそう答えた。どんなに土地が痩せていても、水道や電気が整備されていなくても、冬の寒さが厳しくても、彼らにとってはラダックが一番住みやすい土地なのだ。私は、物質的に恵まれた欧米や日本のほうが暮らしやすいという前提に立ってぶしつけな質問をした自分を恥じた。

プッティットさんの言葉は、モノと情報があふれた大都会の東京で、忙しく毎日を送る我々に重く響いた。「シアワセとはなんだろうか？」というギモンを、私たちにぶつけてくるのだ。

ニンモ村では、とてもゆるやかに時間が過ぎ、人々はゆっくり老いていくように思えた。ヒマラヤの荒涼とした景色の中で、人々は信仰篤い仏教に帰依し、十年一日のごとく畑を耕す。忙しいことに慣れている日本人にとっては、アクビが出るような暮らしである。

「ノンビリしていて、いいですねえ」

私が何気なくいうと、お母さんはかぶりを振って答えた。

「とんでもない！　ニンモ村は仕事がたくさんあって忙しいのよ。ザンスカールのほうが、ずーっとノンビリできて、いいわあ」

「はあ？」

どんだけノンビリしてるんだ、ザンスカール。

3 ラダックの地酒「チャン」の作り方

ワンチュク家のチャンの作り方を見せてもらった。

まず午前中に大麦をゆでておき、火が消えても午後まで放っておく。人肌くらいに冷めたところで、膨らんだ麦をザルにあけ、ゴザの上に広げる。ここでプッティットさんが取り出したのは、繭玉のようなフワフワした白いカタマリである。「パッパ」という麹カビの一種だ。マナリ（＊１）から運ばれてくるという。プッティットさんは、パッパをすり潰して粉末にし、ツァンパと混ぜ合わせて、広げた麦にまんべんなくまぶした。そしてドンサルさんと手分けして、よく混ぜる。南京袋に麦を流し込み、炭をひとカケ放り込む。その重い袋を、家畜小屋の隣の飼料倉庫に運ぶ。そして干し草の中に埋めて、上にムシロをかけて保温する。おそらく干し草に酵母がくっついているらしい。その状態で二日間発酵させ（＊２）、バケツに移して二週間ほどで飲みごろになる。「ホントは一ヶ月発酵させたほうが、おいしいチャンができるんですよ」とワンチュクさんが説明してくれた。

＊１　マナリ…インド北部、チベット文化圏への入り口。標高 2000m。

＊２　酒の発酵…パッパ（麹）によって麦のデンプンが糖化される。さらに酵母が糖を分解して、アルコールと二酸化炭素が生成される。

4 チベットのビールはまずい

ラダックで飲むビールはおいしくない。理由はいくつかある。

標高が高い……気圧が低いせいで、炭酸が抜けてしまう。

寒い……ラダックは真冬にマイナス 20 度まで下がる酷寒の地である。寒いとビールはおいしくない。

ビール自体がまずい……「ゴッドファザー」という銘柄のビールはカシミール州の地ビールだが、インドでも屈指においしくない。

インドでは一般に、飲酒は悪弊とされているので、酒屋を探すのがけっこうムズカシイが、苦労して見つけたビールがまずいと、失望の度合いは甚だしく大きい。

ザンスカール王に謁見

ワンチュクさんのお父さんは、州議会議員で、地元の名士である。さすがザンスカール王のイトコだけに、チベット服をパリッと着こなし、威厳をたたえている。流暢な英語で、

「ラダックはいかがですか」

「ノンビリしていて、いいところですね」

我々は少々緊張して答える。

その日は居候最終日で、家族とお別れしてレーに向かうことになっていた。

「では私の公用車で送りましょう」

ということで、ご好意に甘えることにした。家族と記念撮影して、車に乗り込むと、親戚のおじさんが運転席に座っていた。いつも薪割りなどの家の仕事を手伝っていたおじさんである。

「彼は警察官でね。私のボディーガードなんだよ」

「へ？　そうだったんですか？」

さすが政府要人である。そして四駆車でレーのホテルに到着した我々は、なぜかスタッフに丁重にもてなされた。ロビーの上座に座らされてお菓子まで出てきたのだ。最近のホテルはサービスがいいなあ。感心しているとワンチュクさんが耳打ちした。

「今からザンスカール王が来ます」

なんと。いつの間にか王様への謁見がセッティングされていたのだ。どうりでサービスがいいわけだ。しばらくすると僧侶姿の、体格の大きなおじさんが登場した。なんとなくダライラマに似ている気もする。ホテルの従業員が総出で出迎え、五体投地でも始めそうなイキオイで

慇懃に挨拶する。我々も思わず立ち上がった。

「やあやあ。ようこそお出でくださいました」

「いえ、あの……どうもすいません」

ジーパンにトレーナーというイデタチの我々は、アタマをかきながらザンスカール王と握手した。実はそのあとのことは、ほとんど覚えていないのである。覚えているのはひとつだけ。

「ラダックはいかがですか？」

と尋ねられて、

「毎日天気がいいですね」

というマヌケな答えをしたあと、

「ホコリっぽくて喉がやられました」

と言ったら、王様が一瞬、黙ってしまったことである。しかし全体には、ワンチュクさんのお父さんの進行で面談は滞りなく進み、王様は主にお父さんと雑談して、我々は隣で菓子をかじっていたのであった。そして最後に「では記念撮影でも……」という段になったところで、ワンチュクさんの携帯が鳴った。

「中山さん！　風の旅行社から緊急連絡です！」

な、何事だ。しかもこんな大事なときに。

「お疲れ様です！　Nです！」

雑音が混じる中、聞こえてきたのは、風の旅行社のチベット担当Nさんの声である。

「どうですかラダックは？」

「ノンビリしていて、いいところですね」（何度目だこのセリフは）

「そうですか。ところでラダックの干しアンズ、お土産に買ってきてもらえませんかね？」

「なんだ。そんな用事ですか」

「他にいいのがあれば、それでも……」

「すいませんけど、王様、待たせてるんで」

早々に電話を切った私であった。いろいろと不手際がありながらも終始、気さくに応対してくださったザンスカール王であらせられました。

おじゃましました
阪口克

希薄な空気と戦いながら、
迷路のような、この大邸宅の中で、
何度、頭をぶつけたことだろう。
そんなお馬鹿な日本人を
この家の人たちは温かく歓待してくれた。
厳しい土地にいくほどに
そこで暮らす人たちは
信仰深くなるように思う。
仏壇に灯明を捧げ、
規律正しく、慎ましく、暮らす人たち。
そんな彼らに畏敬の念を感じつつも、
砂洗浄の便所と乾燥した空気にやられた
我がお尻の穴を憂う、俗なわたし。
なかなか気高くは生きられないなぁ。

モロッコアトラス山麓

アトラス山麓の緑豊かな土地で、ベルベル人の「あったか農家」に居候

MOROCCO

The foot of the Atlas mountain

はじめまして

―モロッコ アトラス山麓 A to Z―

アトラス山脈は、モロッコからチュニジアに広がる、長さ2000キロを超える山脈。モロッコ側がもっとも高く、最高峰はツブカル山（4,167m）。

日本から…

日本からの直行便はない。成田国際空港からヨーロッパの主要都市、ドバイ、カタールなどで乗り換えして首都ラバトまで約13～15時間

モロッコといえば、この人たち

ムハンマド6世
（1963～）
モロッコ国王。1999年7月23日即位。父親のハッサン2世よりも開明的といわれ、国民の人気が高い。自ら車を運転して、お忍びで医療機関を慰問するなど、水戸黄門のように慕われている。

イブン・バトゥータ
（1304～1368）
北部タンジール出身の旅行家。1325年、21歳の時にメッカ巡礼に出発。その後20年以上かけてユーラシア大陸を遊歴。モンゴル帝国の大都（北京）まで訪れたとされる。「三大陸周遊記」を著す。

ムスタファ・ハッジ
（1971～）
サッカー選手。ヨーロッパリーグで活躍。98年のワールドカップでモロッコ代表として出場。アフリカ最優秀選手に輝く。「ロレーヌの真珠」の愛称がある。

こんな国です

正式国名 モロッコ王国　Kingdom of Morocco
首　都 ラバト　Rabat
人　口 約3086万人（2007年）
面　積 約45万9000㎢（日本の約1.2倍）
民　族 アラブ系65%、ベルベル系35%。
公用語 アラビア語。フランス語も広い範囲で通じる。
気　候 様々な地形を持つモロッコでは、地域により気候も異なるが、平均して気温は温和で過ごしやすく、降水量は極めて少ない。今回訪れたモロッコ中部、アトラス山脈の南側の地域も雨はほぼ降らないが、アトラス山脈から流れてきたドラア川の豊かな水があるため、農業も盛ん。
通　貨 通貨単位はディルハム（Dirham）。1DH≒11.6円、US$1≒7.9DH（2009年12月現在）。
宗　教 イスラム教
国　旗 預言者モハメットを表す赤に、イスラムの伝統色・緑でアラーの加護を意味する「スライマンの星」が表されている。

おじゃまします
中山茂大

モロッコの第一印象は、
「ここはアフリカだ！」ということだった。
女性の衣服は色あざやかに変わり、
旧市街の白亜の壁と、
ドアのブルーが美しかった。
カサブランカは原色の街だ。
中近東の、どことなく沈うつで、
思索的なアラブとは違い、
アフリカらしい快活なフンイキが
みなぎっていた。
気持ちが高く飛んでいきそうなほど
青い空の下、
フセインさんのお宅に向かった。

カスバ街道

アトラス山脈

「アトラス山脈」の名は、ギリシア神話に登場する巨人に由来する。標高4000メートルを超える山々は、その名の通り、ローマの人々にとっては天嶮であったに違いない。

「アラブの砂は強く握っていないとバラバラになる」

という諺がある。遊牧民であるアラブ人は独立志向が強くて、英雄的な指導者でなければ統率が難しいという意味だ。歴史家のイブン＝ハルドゥーンは「遊牧民の王朝は三代、一二〇年以上続かない」と断言した。モロッコの歴史は、あまりにたくさんの王朝が複雑に入り乱れ、外国人にはさっぱりわからない。それだけ離合集散を繰り返してきたのが、モロッコを含めたアラブの歴史なのであった。

フランスが統治するまで、モロッコでは部族抗争が日常茶飯事だった。だから人々は自衛のため、一族ごとに、まとまって暮らした。モロッコでよく見られる「カスバ」は、そんな工夫の中から生まれたものだ。アトラス山脈の南端には、およそ一〇〇〇ものカスバが点々と残されているが、なぜこれほど、たくさんのカスバが建てられたのかというと、村人たちが遊牧民の襲撃に対抗するための砦が必要だったからだ。アトラス山脈から流れる水が豊富な土地の人々は、必然的に、砂漠の遊牧民の襲撃を受けることになったのである。現在はモロッコの観光名所のひとつになっている「カスバ街道」は、こうして発生したのだった。そのカスバ街道の中継都市カラアトムゴナ市の薔薇農家、フセインさんのお宅が、今回の居候先である。

アーモンドとサクラ

アーモンド

アーモンドの花は、真っ白でほのかにピンク色で、サクラとそっくりだ。

フセインさんの村は、カラアトムゴナの市街から車で十分ほどのタゴニート村。行政単位で上から言えば「ワルザザート県カラアトムゴナ市アイテヒヤ町タゴニート村」となるだろうか。人口三〇〇人。四〇世帯。村の高台に建つ給水塔が目印の小さな村である。

日が暮れるころ辿り着いたフセイン家では、さっそくパンと、自家製バターと自家製オリーブオイルの軽食が出された。

「さあさあ、食べてください」

遠慮なくいただく。フレッシュなバターが非常においしい。腹いっぱい食ってしまったところで、なんとその後に、本格的な「羊肉のタジン」が用意されていたのであった。

「さ、先に言ってくださいよ……げふ」

初日から大満腹のフセイン家であった。

翌朝はゆっくりと八時に起床。

軽い朝食とカフェオレをいただき、長靴に履き替えたフセインさんに連れられて畑へ向かった。午前中の作業は、用水路を開いて麦畑に水を流し込む。麦畑には二週間に一度、水を入れるだけでいい。麦は踏みつけたほうが強くなると言われるくらい強い植物だ。日本のように、放っておくと雑草で手に負えないということもない。ノンビリとしたものである。

畑のあちこちに植わっている木は、桃、イチジク、オレンジ、オリーブ、そしてモロッコの特産であるアーモンド。そして忘れてはいけないのが薔薇の木。カラアトムゴナは薔薇の産地で、日本に「薔薇水」を輸出するほどなのだ。

フセイン家の収入

間食をいただいていると来客があった。イチジクの買い付け商人だそうだ。おじさんにくっついて、旧館の二階ベランダに上がっていく。今年穫れた乾燥イチジクが、山のように保管してあった。一斗缶ほどのバケツに山盛りで三七ディルハム。五杯で南京袋がいっぱいになるから、南京袋ひとつが一八五ディルハム、およそ二六〇〇円になる。全部で十袋になった。これは質のいいイチジクの場合で、この他に、少し質の落ちる「並」が七袋。全部で二五〇〇ディルハム（三五〇〇〇円）の儲けだそうだ。イチジクはマラケシュのスークに運ばれ、南京袋ひとつが二四〇ディルハムで売れるという。

イチジク商人のおじさんは、ズボンのお尻が破れて縫い合わせてあったのが、なんだか印象的だった。農家からイチジクを買い取ってマラケシュのスークに卸すだけで、そんなに儲けはないのかもしれない。オジサンは一斗缶に、これでもかとイチジクを盛り上げて、南京袋に流し込んでいく。パパ・ムハンマドが様子を見に上がってきた。フセインさんが商人に買いたたかれるのが心配だったようだ。

フセイン家は、モロッコでも比較的裕福だそうだ。弟のユセフくんも妹のマハジューバさんも、ちゃんと学校に通っているし、自家用車まで持っている。モロッコはガソリンが非常に高いので、車を持てるのは、お金持ちに限られる。フセイン家の年収は、家業の農業ではアーモンドやイチジク、オレンジなどの売り上げ、カスバ街道沿いで経営している、薔薇水などを販売する土産物屋の売り上げ、さらにフランスに出稼ぎに行っている兄からの仕送りなどをあわせて、合計二十五万ディルハム、およそ三百四十万円だそうだ。

フセイン家入門

アトラス山脈沿いのオアシス、カラアトムゴナで農業を営むフセインさん一家は、160年前に、タゴニート村に移り住んだベルベル人の一族だ。現在、およそ2ヘクタールの土地で、小麦やトウモロコシなどを栽培している。地下18メートルの井戸から汲み上げる豊富な水のおかげで、緑豊かな畑が広がっていた。

フセイン家のみなさん

フセインさんの兄はパリ、姉はマラケシュ在住で、ちょうどお母さんはお姉さんのところに遊びに行っていて留守だった。

フセインさんのおばあさん

ゾホラさん(94)

パパ・ムハンマドのお母さん。
近所に住んでいる。
編み物が趣味。

父親

ムハンマドさん(70)

パパ・ムハンマド。
隠居生活で悠々自適。
愛車のプジョーのバイクで
出かけるのが日課。

ムハンマドさんの弟さん

近所に住んでいる親戚を
代表して遊びにきてくれた。

フセインさんの兄の長男

ムハンマドくん

チビ・ムハンマド。
フランスに出稼ぎに
出ている兄に代わって
家族で面倒を見ている。

次男

フセイン・ベン・ラフォアイルさん(28)

ムハンマドさんの次男。
家を継いで農業を営む。

三男

ユセフさん(18)

高校生。
いつも遊びに出ていたので、
あまり会うことがなかった。
サカグチのマッキントッシュに
興味津々。

フセインさんの奥さん

メリカさん(22)

フセインさんの母方の
イトコ。なかなか写真を
撮らせてくれない。

フセインさんのイトコ

ムハンマドさん

メルズーガまでのドライブに
一緒に行ってくれた。

長女

マハジューバさん(15)

中学生。
いつも勉強している、
まじめな女の子。
将来は「お金持ちに
なりたいです」

お手伝いさん

ザハラさん(19)

住み込みで働いている。
メリカさんと一緒に
家族の食事を賄う。

犬

親戚

フセインさんの隣の畑で
作業してた親戚のおばさん

これは覚えなきゃ
あいさつとよく使う言葉

モロッコではモロッコ方言のアラビア語が話される。フセイン家ではベルベル語も話していたが、我々には違いがよくわからなかった。

OK！	＝	واخا	ワッハ！	もともとは「たたく」「殴る」などの意味だったらしい。
十分	＝	بركة	バラカ	もともと「祝福」の意味。「もっと食え」「バラカ、バラカ」と使う。
ダメ、ダメ	＝	لا لا	ラ、ラ	「NO」の意味。「バクシーシくれ」「ラ、ラ」と使う
ゆっくり	＝	بشوية	シュワイヤ	「少しずつ」の意味でも使われる。
ロバ	＝	حمار	フマール	イスラム社会では「のろま」「バカ」の意味で使われる。

フセイン家のご近所

小さな村だが、雑貨店、肉屋、ケイタイショップなどが数軒ある。

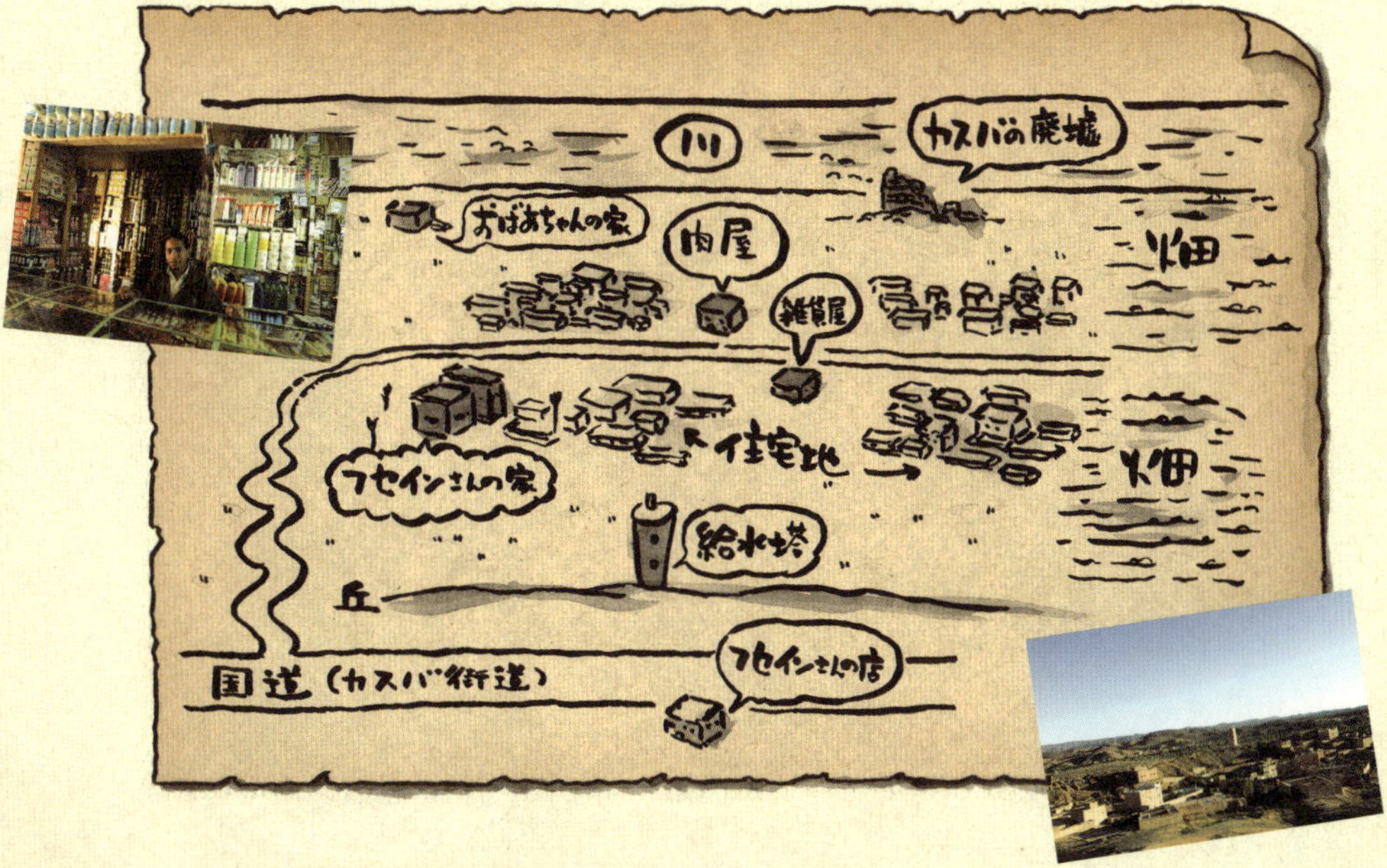

フセイン家の1日

フセイン家を訪れたのは3月の農閑期なので、仕事は午前中で終わり。午後はのんびりチャイを飲み、おしゃべりして過ごす。ここではモロッコのフツーのご家庭の一日をまとめてみた。

08:00

おはよう!

起床

中山と嫁は個室のダブルベッド。サカグチはマフラージで寝た。

15:00

おしゃべり、昼寝

昼下がりの一番暑い時間は、日陰でおしゃべりか昼寝。我々は洗濯など。

17:00

散歩

ようやく日差しが弱まったところで近所の散歩に。雑貨屋でジュースを買ったりする。

19:00

テレビ

なんとなく家族がマフラージに集合。テレビを観る。

20:00

夕食

そのうちメリカさんが夕食を運んでくれる。昼食の残りのタジンなどで軽く。

21:00

テレビ

再び団らんタイム。マハジューバさんは宿題に忙しい。

08:30

朝食

自家製のバターとオリーブオイルが、たいへん美味！

09:00

野良仕事

麦畑に肥料を撒いて、水を流し込む。午前中で仕事は終わり。

11:00

間食

朝食と同じメニュー。メリカさんは昼食の支度に取りかかる。

11:30

市場に買い物

フセインさんの車で、近所の市場に出かける。果物など購入。

14:00

昼食

1日でもっとも豪華な食事。タジンかクスクスが定番。

22:00

家族消灯

我々も部屋に引っ込み、ひそかに酒盛り。

23:30

おやすみ…

就寝

ムハンマドさん

マグレブ
「マグレブ」とは、アラビア語で「日の沈む方角」の意味だ。一日五回のうちで最も重要な「日没のお祈り」のことを「マグレブのお祈り」という。

アラブ人には、イスラム教の開祖にあやかって「ムハンマドさん」が多いが、モロッコには「長男には必ずムハンマドと名付ける」というオキテがあるらしい。だからお父さんはムハンマドさん。フセインさんのお兄さんもムハンマドさん。ムハンマドさんの長男もまた、ムハンマドくんである。

子だくさんのアラブ社会では七人、八人兄弟は当たり前だが、フセインさんは珍しく、子供は三人でいいという。理由を尋ねると、

「教育費にお金がかかるからね」

という現実的な答えだった。たくさん子供がいるよりも、少ない子供にたくさんお金をかけたいというのだ。現代的な若者の一面であった。一方で、将来の夢を聞いたら、

「子供が無事に大きくなってくれることかな」

という、日本と変わらない答えが返ってきた。

ダブル・ムハンマド

金曜日の午後。パパ・ムハンマドがチビ・ムハンマドを連れて出かけるという。

「お出かけですか?」

「モスクに礼拝に行くんだよ」

パパ・ムハンマドは、かわいい孫の手を引いて、のんびりとモスクへ歩いて行く。その後ろ

イトコ婚

メリカさんは隣村の母方の従姉妹だ。アラブ社会ではイトコ婚が多いけれど、その理由は、マハル（持参金）が安く済むことや、子供を産んでくれる女性が他部族に嫁ぐことは、一族の損失と考えられるからだともいわれる。

姿は、なんとも平和で幸せそうだった。

我々もモスクの中を覗いてみた。おじさんがひとり、ゴロリと横になって昼寝をしていた。その横でおしゃべりをしている、おじいちゃんの輪がある。その向こうでは体操をしている人がいて、その隣ではキブラ（メッカの方向）に向かって実に丁寧にお祈りをしている人がいる。みんな、てんでバラバラなことをしていた。いかめしいウラマー（宗教指導者）の説教もないし、強制的にお祈りをすることもない。それぞれが実にくつろいでいる。モスクは単に宗教施設というだけではない。アラブ社会では、モスクはコミュニティの中心であるという。チャイ屋もない田舎では、モスクは、おじいちゃんの社交場でもあるのだ。そしてパパ・ムハンマドがチビ・ムハンマドを連れ出す、格好の口実にもなるのであった。

ベルベル人イエメン起源説

ベルベル人の起源には、いろいろ説があるが、その中に「イエメン起源説」がある。その根拠は、彼らのカスバとイエメンの塔状住宅との類似性だ。試みにイエメンのサナアの塔状住宅とカスバを比較してみよう。似てないこともない？

肉はあとから出てくるもの

モロッコのご家庭では肉は最後に出てくる。最初に肉を出すと不経済なのである。最初の野菜タジンは適当に済ませて、肉が出てくるのを辛抱強く待つのである。

食事の「オキテ」

モロッコの食事は遅い。昼食は一日でもっとも重要な食事で、一番手間をかけた料理が出される。夕食はたいがいその残りである。自家製パンも昼食に向けて焼かれる。モロッコ料理は大皿に盛られて出てくるので、家族はそれを囲んで、それぞれ手を伸ばして食べる。タジンでもクスクスでも、食べ方にはいくつかのオキテがある。そのひとつは、「自分の領域を守るべし」。

大皿の中心点を目安にして、「ピザ」の要領で、各自の領域がなんとなく決められるのである。それを越えて食べるのはマナー違反である。例えば大皿の反対側に好物のニンジンの切れっ端があったとしても、手を伸ばしてはいけない。自分の領域を逸脱してはいけないのである（この場合は自領域の食物との「トレード」が行われることになる）。もうひとつのオキテは、「肉を勝手に食べてはいけない」。

肉は家長が切り分け、下々の者が好き勝手に食ってはならない。食事がある程度まで進むと、家長であるパパ・ムハンマドが、おもむろにナイフを取り上げ、肉を切り分け家族に分け与える。家長の威厳がもっとも発揚される瞬間だ。知らずに最初から肉を食っていたのは、東洋から来た異国人だったが、寛容なフセイン一家は、あえてその不躾を咎めることはなかった。

逆におおらかな部分もある。フセイン家では、どんなにこぼしてもお構いなし。たとえ皿から自分の口までに「こぼれた汁の道」ができようと、いっこうに構わない。こぼすのはマナー違反ではない。それに食卓にはビニールクロスがかけてあるので、あっという間にキレイになる。こぼすのが前提になっているのは、あるいは砂漠での暮らしの名残なのかもしれない。

いただきます　ごちそうさま

モロッコの市場は野菜、果物が豊富。沿岸部ではイワシやイカも食べられる。イスラム社会では、買い物は主に男性の仕事で、フセイン家でもパパ・ムハンマドが、バイクを飛ばして買い出しに出かける。

ごちそう

なんといっても羊。内臓からアタマまで、漏れなく食べてしまう。

プロシェット

ラム肉の串焼き。スパイスを効かせて臭みがなく、とても柔らかい。絶品！

一人前 552Kcal
（写真はだいたい４人前）

アタマの煮込み

羊の目玉や脳みそは、とれる量が少ないだけに珍重されるらしい。ウムム……。

内臓煮込み

胃袋に臓物を詰め込んで、小腸でクルリと巻いて煮込む。日本人には少々キツイ。

いつもの

モロッコ料理といえば「タジン」と「クスクス」。

クスクス

小麦粉を粟粒ほどの大きさのツブツブに練り、蒸したもの。

一人前 719Kcal
（写真はだいたい７人前）

ハリーラ

トマトや豆などをトロトロに煮込んだ濃厚スープ。地方によって味付けが異なる。

タジン

野菜と肉などの煮込み料理で、独特のタジン鍋で供される。

クスクスの作り方

クスクスはマグレブ地方の郷土料理だが、見物していると、けっこう手間がかかるのだ。

1 まず乾燥クスクスをザルにあけ、水に浸してよく揉む。

2 ふるいにかけてまた揉んで、せいろにかけて蒸す。

3 熱が通ったら、一度鍋から降ろして、水と油を混ぜもう一度揉む。

4 煮込み料理の蒸気を利用してクスクスを２時間蒸す。

5 皿にあけ、再び水と油と塩少々を混ぜて揉む。とても熱い！

6 蒸し上がったクスクスを大皿に盛り、下鍋の煮込みをかけて完成！

台所必須道具

二段重ね鍋

モロッコでは、クスクスを蒸すために二段重ねの鍋が使われる。下段ではクスクスにかけるスープが煮込まれ、その湯気を利用して、上段のセイロでクスクスを蒸すという、とても合理的なシステムだ。隙間には水を絞った布が挟み込まれて蒸気が逃げるのを防ぐ。

調味料、
これがないとね

自家製オリーブオイル

オリーブは地中海一帯で広く一般的な食材だが、フセイン家でも、よくタジンの具材に使われていた。畑で穫れたオリーブの一部は、近所の工場で圧搾して自家製のオリーブオイルにする。パンに浸すと「エクストラバージン」もかなわない濃厚な味わいが楽しめる。

フセイン家のこんだて表

フセイン家ではほとんどの食材が自家製。とてもヘルシーな食生活だ。

1日の摂取エネルギー（目安）

2971 Kcal

	献立	血や肉を作るもの	力や熱となるもの	体の調子を整えるもの
朝食	パン バター ジャム オリーブオイル モルタデラ（ハムの一種） カフェオレまたはチャイ 	ミルク（牛） モルタデラ 羊肉 インゲン豆	小麦粉 砂糖 ジャガイモ 油 オリーブ油	イチジク ニンジン タマネギ トマト パセリ
昼前食	パン バター（自家製） ジャム（自家製） オリーブオイル（自家製） モルタデラ（ハムの一種） カフェオレまたはチャイ 			
昼食	タジン パン クスクス チャイ 			
夕食	タジン クスクス（昼食の残り） パン チャイ 			

栄養士さんからのコメント

比較的バランスのいい食事です。日本の給食でもOKかも。もう少しパンを増やして、タジンの量を加減すれば、もっとよくなると思います。また昼食がメインの食生活は身体にもいいです。

カスバ

「カスバ」と「クサル」

モロッコの旧市街を「カスバ」というけれど、実際は城壁で囲った集落は「クサル」と呼ばれる。カスバは独立したひとつの建築物で「砦を兼ねた住宅」とでも表現するほうが正しい。

近所のおばあちゃんの家を訪ねた。古いカスバが残る大きな家である。一階は家畜小屋で、二階が住居、三階は広いテラス。確かにイエメンの塔状住宅と似ている。

中を覗いてみた。一階は真っ暗で、家畜の臭いがする。土作りの急な階段を登っていくと、建物全体がグラグラと揺れ、崩落するのではないかとヒヤヒヤする。明かり採りの小さな窓がついていて、うっすらと明るい。二階は三十畳ほどの大きな広間になっている。カマドがあり、全体に煤けていた。さらに階段を登ると、屋上のテラスに出る。四方に見張り塔があるのはベルベル人のカスバの特徴だそうだが、今ではすっかりハトの巣になっていた。

家族は、同じ敷地に新築した現代住宅に住んでいて、古いカスバは廃屋になっているが、かつてはここに一族全員が住んでいた。パパ・ムハンマドは、ここで育ったという。

このカスバは築二〇〇年だそうだ。雨が少ないこの地方では、土造りのカスバも長持ちする。村の外れの川沿いには、このようなカスバの廃墟がいくつも、朽ち果てたまま打ち捨てられている。かつては川沿いは好立地だったんだろう。部族戦争もなくなった現在では、国道近くに村は引っ越し、生活はずいぶん便利になったに違いない。

フセイン家の要塞住宅

フセイン家は大きく四つの部分に分かれている。玄関から入って左のドアを開けると、一番古い旧家屋である。高くて頑丈な土壁に囲まれた広いパティオが印象的だ。我々が洗濯をして、

イード

イスラムには年にふたつの大きな祭（イード）がある。ひとつは「断食明けの祭」、もうひとつがメッカ巡礼の最後に行われる「犠牲祭」である。

水浴びをした水場もここにある。左手の壁の向こうは親戚の家である。

新キッチンの前を通って、ドアを開けると旧キッチンに出る廊下がある。右に曲がると、築一〇年の増築部分に出る。ここは現在、母家になっていて、家族はこの三棟を寝室に使っている。

表通りに面した部分は、四年前に新築したばかり。我々が泊めてもらったのは、この部分である。フセイン家でもっとも豪華なマフラージがある。真新しいトイレと、お湯は出ないがシャワー室もある。

母家の北側を通り抜けた奥に厩舎がある。羊はイード（お祭）のときに必要だし、牛は日々の乳製品を生み出してくれる。家畜はフセイン家の財産である。右手のドアを出ると、隣家との隙間に出る。ここで羊の解体をした。

旧家屋は、まるで要塞のように無骨で堅牢だが、新築部分では、頑丈さよりも「オシャレ」が強調され、ずいぶん開放的な造りに変わっているところに、時代の流れを感じるのであった。

アラベスク

イスラムの美術様式。教義によって人物画が禁止されたイスラムでは、非常に複雑な幾何学的文様が発達し、装飾の主流になっている。

我が家をご案内

モロッコの民家は、広々とした中庭（パティオ）が印象的。壁と部屋で中庭を囲い、外敵から家族を守る造りになっている。

16 牛小屋
牛は2頭いる。

17 飼料小屋

20 **21** 寝室3・4（2F）

18 **19** 寝室1・2（1F）

男は寝室に入れない！

アラブ社会では、女性の部屋に入れるのは女性と家族の男性だけ。だからフセイン家の寝室は、ヒミツのベールに包まれているのだ。

01 新パティオ
中央にはパラボラアンテナが。

02 新マフラージ
中心に広いパティオを設けるモロッコ式建築では、部屋はこのように細長ーくなる。絨毯を敷き、壁に沿ってマットレスを並べるのがアラブスタイル。

03 新ベランダ

04 客間2
夕食はここで。テレビもある。

07 トイレ
トイレはアラブ式の「しゃがみスタイル」。紙は使わず水で。

06 シャワー
湯沸かし器は壊れていた。

05 前庭
ブドウの木を植える予定。

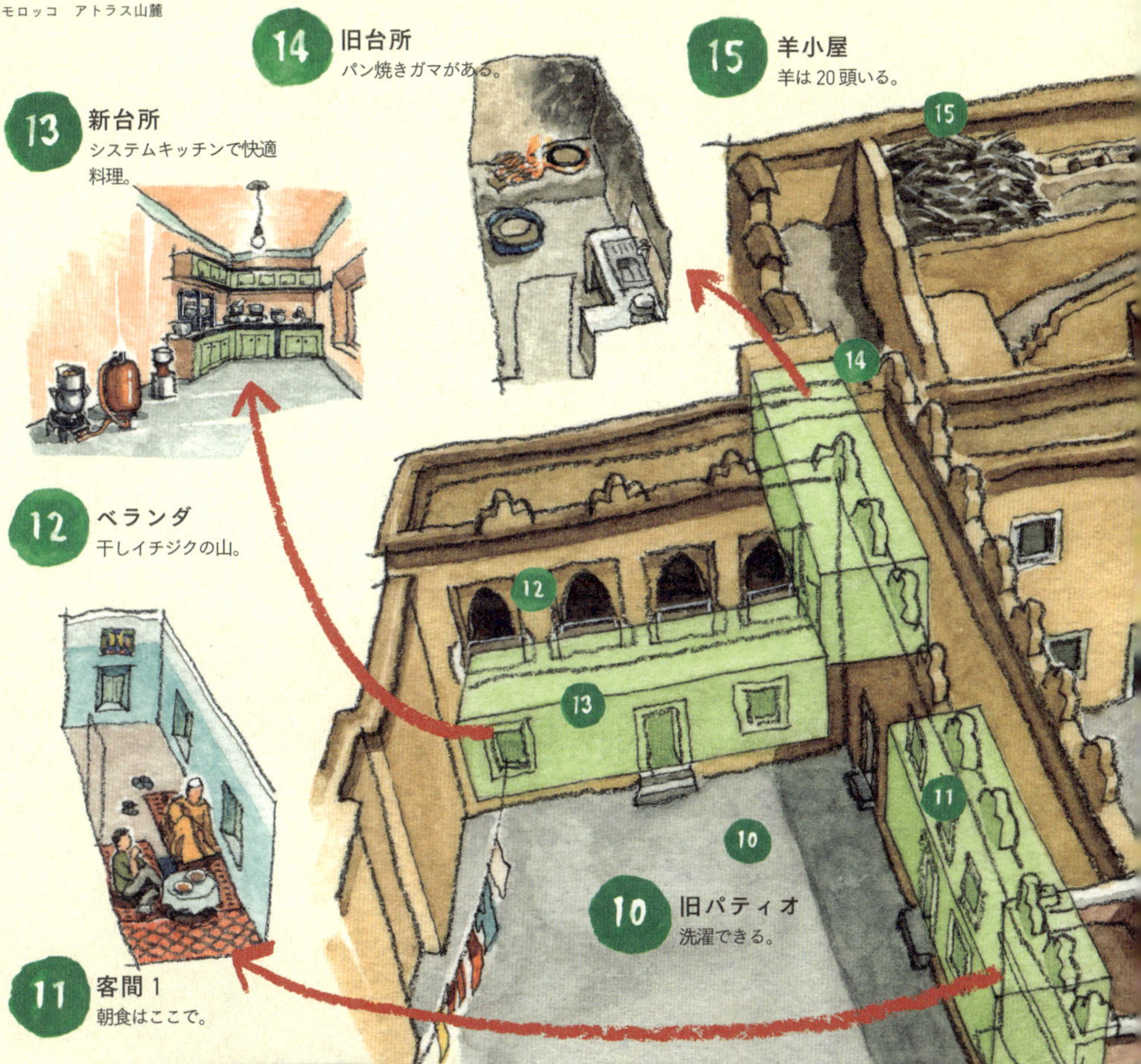
14 旧台所
パン焼きガマがある。
15 羊小屋
羊は 20 頭いる。
13 新台所
システムキッチンで快適料理。
12 ベランダ
干しイチヂクの山。
10 旧パティオ
洗濯できる。
11 客間 1
朝食はここで。
15
14
12
13
11
10
08

フセインさんのお宅は2回の増築を経ている。もっとも古いのが築 60 年の旧家屋。そして築 10 年の新家屋。そしてつい4年前に新築した客間とテラス。最新部分は開放的だが、旧家屋は高い塀に囲まれていて堅牢そのもの。カスバの流れをくむ建築になっている。

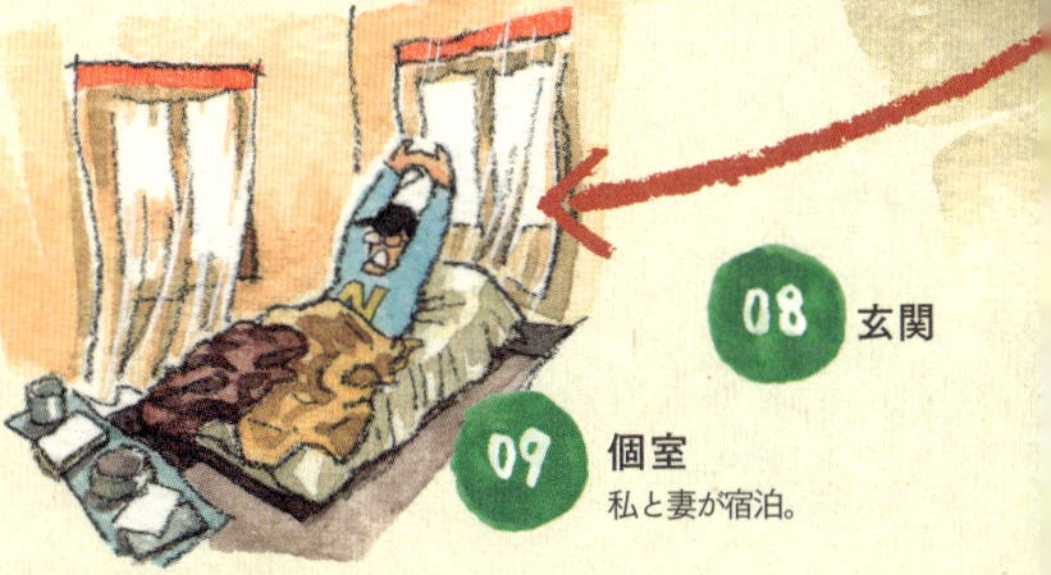
08 玄関
09 個室
私と妻が宿泊。

不思議なホウキ

フセイン家はいつも清潔に保たれているが、その秘訣はメリカさんが使う、この不思議なホウキにあった。

洗濯日和

午後はとくに仕事もないので、久しぶりに洗濯をすることにした。旧館のパティオの水場で、タライに水を流しこみ、溜まっていた洗濯物をジャンジャン放りこんだ。

途上国では洗濯はゼイタクである。洗濯機が普及している家庭はまずないので、お母さんが手洗いするわけだが、途方もない時間と労力を費やして、家族全員の汚れ物を洗うことになるので、それだけで半日がかりの大仕事になってしまうのだ。

午後の強い日差しも、日陰に入ると、ひんやりと心地よく、実に気持ちがいい。うれしそうに洗濯している我々を、ティータイム中のメリカさんと、お手伝いのザハラさんが、笑いながら眺めていた。

白い壁に洗濯物がヒラヒラと揺れるのは、なんとも爽快な気分だ。二〇年近く前、アルジェリアのタマンラセットという町で洗濯をしたことがある。固く絞ったTシャツは、ほんの十五分ほどでカラカラに乾いてしまった。八月のサハラ砂漠は、恐ろしく乾燥していた。

カラアトムゴナは砂漠の西端に位置するけれど、一歩、町を出れば、土漠の地平線が、それこそ無限に広がっている。外から眺めたとき、はじめてこの町がオアシスなのだということに気づく。そしてそんなオアシスで、貴重な水をジャンジャン使って洗濯をすることは、とてもゼイタクなことなのだと改めて思った。

モロッコ　アトラス山麓

ナイショでビール

ある日、我々はフセインさんに、前から聞きたかったことをコッソリ尋ねてみた。

「フセインさんって、酒、飲むんですか?」

一瞬、ひるんだフセインさんだったが、次に真顔になり、力強くうなずいた。

「やっぱり!」 我々は自信を深めて、さらに続けた。

「このへんにバーとかって、あるんですか?」

「町外れのホテルにあるよ」

「もしよかったら、ちょっと一杯……どうですか?」

「ワッハ!!」

意外にも大乗り気のフセインさんは、すぐに車を出してくれた。

「冷たいビールなんて、何日ぶりかなあ」

「マラケシュで飲んで以来だねえ」

などと盛り上がりながら、車はカスバ街道を突っ走る。心なしか、いつもよりスピードが出ているフセインさんの車であった。町外れの高級ホテルに車を横付けすると、我々は併設のバーに飛び込んだ。そしてキンキンに冷えたビールを喉に流し込む。

「……」

一同、しばし無言である。この感動をなんと表現したらよいだろうか……。考えているうちにフセインさんは、早くも一本目を空けてしまったらしい。

「オレは最高で十本も飲んだことがあるんだぞ! おかわり!」

カフェオレ

フランス領だっただけに、おいしいカフェオレが飲める。コーヒーは「カフワ」という。

　言うまでもなく飲酒はイスラムの教義で禁止されているわけだが、フランスの影響が強いモロッコでは比較的、寛大である。そのせいか、この国ではアルコール中毒と思われる物乞いをよく見かけるのだ。昼間から酒臭い息を吐く男も多く、たいてい町の鼻つまみ者である。もちろんそういう人はごく一部で、多くのモロッコ人はまじめなムスリムである。酒は基本的に観光客が多い町でないと手に入らない。ローカル向けのバーもあるけれど、店内は薄暗く、不道徳と不健康丸出しで、いかにも罪悪感を駆り立てられるフンイキを醸し出している。そしてこの国の酒造メーカーは、ユダヤ人の経営なのであった。

　とはいっても冷えたビールのうまさは世界共通らしい。フセインさんは二本目を飲み干しても、まだ物足りなさそうにしていたので、もう一本注文した。一本一〇ディルハム（一五〇円）ほどのビールは、モロッコの人たちにとっては高級な嗜好品でもあるのだろう。

　ところで帰りは飲酒運転である。大丈夫なんだろうか？　一説によると、もしも逮捕されたらムチ打ち四十回の刑なんだそうである。しかしフセインさんは、まったく気にする様子もない。イスラム社会では、少なくともタテマエ上は、酒は存在しないことになっているから、飲酒検問自体が行われないのかもしれない。

　敬虔なムスリムのパパ・ムハンマドに知られると怒られるらしく、ハンドルを握ったフセインさんは、少々赤くなった顔をフトまじめにして、

「父さんには、くれぐれもナイショにしてくれ」

と我々に念を押したのであった。

土産物屋

　カスバ街道は観光客に大人気である。フセインさんが経営する土産物屋に遊びに行くと、およそ30分ごとに大型の観光バスが乗り付け、付近の土産物屋とカフェは、外国人であふれかえる。しかし10分もすると、観光客はバスに乗り込んで走り去ってしまう。棚にたくさん並んだ薔薇水や、サンドローズと呼ばれる結晶、砂漠で採取されたアンモナイトの化石、タジン鍋やカラフルな皿、布などは、ほとんど売れ残ったまま、ヒラヒラ風に揺れている。

　村はまた、けだるい静寂に包まれる。村人たちはチャイを飲んで談笑する。風の音だけが聞こえる。時折、大型のキャンピングカーが走り去る。山羊が数頭、チラチラとこちらを窺いながら横切る。空は抜けるように青く、遙か彼方に雪をかぶったアトラス山脈が見える。平和である。アクビのひとつでも出てきそうだ。昼寝でもしようかな。

　……と思ったら、次のバスがやってきた。Tシャツに短パン姿の欧米人旅行者がドヤドヤと降りてきて、足早にトイレに向かい、売店で飲み物を買い、土産物を眺める。英語やフランス語が飛び交い、さっきまでのんびりチャイを飲んでいたおじさんたちは、右へ左へと忙しそうだ。しかし、いったんエンジンがかかると、観光客たちは、まるで潮が引くようにバスに乗り込みはじめる。「プシューッ」といってドアが閉まり、バスは走り去る。

　村はまた、けだるい静寂に包まれる。

羊を買う

　羊を一頭買うことにした。

　フセインさんの親戚が羊を売ってくれるというので、値段を聞いてみると、一頭900ディルハム。およそ12000円もする。さすがにそれは予算オーバーだ。フセインさんはすでに大乗り気で、我々が断わると、その落胆ぶりは大変なものであった。羊がいかにすばらしいご馳走であるかフセインさんの様子から窺われた。それでも気を取り直して、

「明日、スークに行ってもっと安い羊を探してみよう」

　翌日、朝食のあとにムゴナのスークに行ってみた。野菜スークの裏に広大な空き地があり、そこが家畜のスークになっている。近隣の遊牧民のおじさんたちでごった返していて、大変な活気である。やはり羊はご馳走だ。羊のほかにも牛やロバも売られていて、値段はロバ一頭が1000ディルハム。牛が一頭11000ディルハムほどだそうだ。

　フセインさんが話をつけてくれた。おじさんの言い値は700ディルハムだったが、650ディルハム（約8500円）に値切った。フセインさんは羊の両足を縛って車のトランクに運び入れた。上着がうんこで汚れてしまったが、そんなことは気にしない。なにしろ羊が食えるのだ。

3

オリーブオイル工場

　近所のオリーブオイル工場を見学に行った。オリーブの収穫は９月で、10月から11月に油絞りの作業があるそうだが、いってみると目隠しされたロバが、ゴロゴロと巨大な石臼をひいていた。

　少々不衛生なその工場は、フセインさん宅から車で数分の至近にあり、村人はめいめいの畑で収穫したオリーブを、ここに持ってきて圧搾してもらう。中央には石造りの巨大な臼があり、その上にはこれまた大きな石の車輪がひとつ。この車輪をロバがひき、オリーブを種ごと挽き潰すのである。潰したオリーブは、今度はワラを編んだカゴ状の袋に詰め込む。それを巨大な万力のような手動の圧搾機で搾る。床にはコンクリートの「樋（とい）」があって、搾られた果汁は樋を通って隣の部屋に流れ込む。隣の部屋には、三層のタンクがあった。樋を伝った果汁は中央の水槽に流れ込む。右端のタンクには水分が溜まり、左端のタンクからオイルをすくい取るんだそうだ。そこでおそらく、こういう仕組みになっているのではないかと想像される。

　中央の水槽は、低い位置で排水用の左の水槽とつながっており、高い位置で右の油の水槽とつながっている。中央の水槽で水と油は分離されるので、油は高いほうのパイプから油専用水槽に流れ込む仕掛けになっているのだ。きっと。

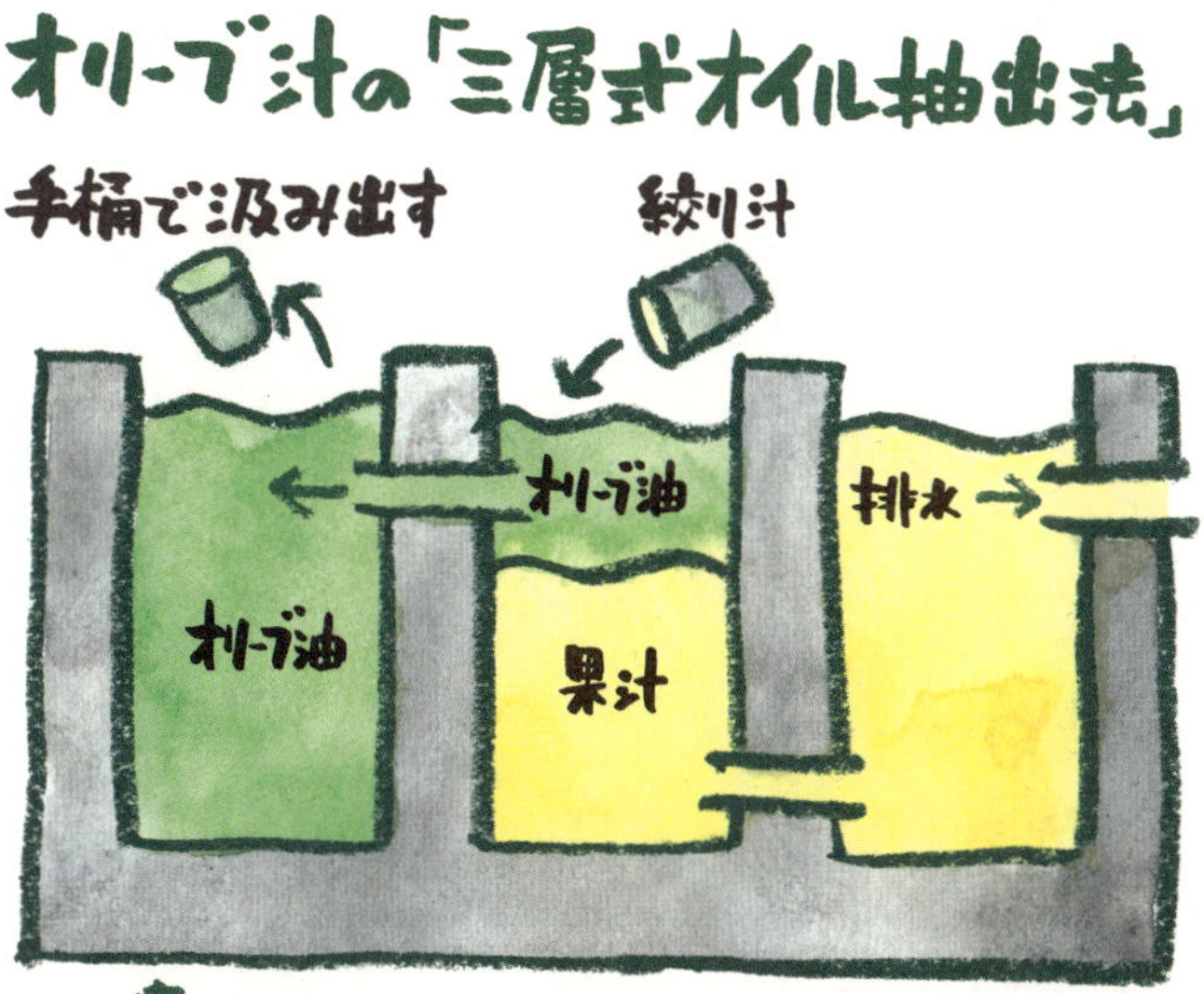
オリーブ汁の「三層式オイル抽出法」
手桶で汲み出す
絞り汁
オリーブ油
排水
オリーブ油
果汁

モロッコ　アトラス山麓

より変わった所へ、
より厳しい環境で、
こんな仕事をしていると、
だんだん感覚が麻痺してくるものだ。
そんな僕たちにとって、
フセインさん家は、
まさにオアシスのような場所だった。
きれいな奥さんと妹さんがいて、
部屋とトイレは清潔で快適。
水は豊富だし、メシはウマイし、
なんとも平和で幸福な一週間を満喫!

おじゃましました
阪口 克

モロッコ サハラ砂漠

MOROCCO sahara

サハラのノマドテントに居候。子だくさんの「にぎやか家族」

はじめまして

―モロッコ サハラ砂漠 A to Z―

ご存じの通り、世界最大の砂漠。「サハラ」はアラビア語で砂漠の意味。「サラサラ」が語源ではないだろうか？

日本から…

日本からの直行便はない。成田国際空港からヨーロッパの主要都市、ドバイ・カタールなどで乗り換えて、首都ラバトまで約13～15時間

モロッコといえば、この人たち その2

ジネディーヌ・ジダン
(1972～)
モロッコ出身ではないがベルベル系の血を引くフランス代表サッカー選手。ポジションは攻撃的ミッドフィールダー。「世界最高のサッカー選手」と称えられる。

アウグスティヌス
(354～430)
古代キリスト教世界で後世にもっとも大きな影響を与えたとされる神学者。北アフリカに生まれ、父親はローマ人、母親はベルベル人だったとされる。

タハール・ベン=ジェルーン
(1944～)
モロッコ出身の小説家、詩人、エッセイスト。フェズに生まれる。71年にフランスに移住。日本語訳には『聖なる夜』（87年にゴンクール賞を受賞）、『砂の子ども』『最初の愛はいつも最後の愛』『あやまちの夜』などがある。

こんな国です　こんなところです

正式国名
首　都
人　口
面　積
民　族
公用語
通　貨
宗　教
国　旗
― P134を参照のこと

気　候　様々な地形を持つモロッコでは、地域により気候も異なるが、平均して気温は温和で過ごしやすく、降水量は極めて少ない。今回訪れたサハラ砂漠も、非常に乾燥していてほとんど雨は降らない。夏の日中はかなり気温が上がるが日陰に入ると涼しく快適。朝晩の冷え込みは厳しい。

その昔、
サハラ砂漠を訪ねたことがあった。
フランス人の車をヒッチハイクして、
南へ向かった。
途中で車は砂に埋まり、
みんなで必死に車を押した。
真夏の太陽は強烈だったけれど、
夜になると凍えるくらい寒かった。
こんなところに人が住んでいるなんて、
信じられなかった。
砂漠のノマドとは、どういう人たちなんだろうか。

おじゃまします
中山茂大

映画セットのようなオアシス

「オチ、オチ」

ラクダ使いの青年が言うと、ラクダはガクンと前足を折り、乗っている私は前に投げ出されそうになった。次に後ろ足を折ったときには、今度は後ろに転げ落ちそうになる。

「『オチ』というのは『座れ』という意味なんだ」

教えてくれたのは、アハメドという、観光ガイドの青年だった。

私たちが慣れないラクダの背に揺られて、お尻が痛くなったころに辿り着いたのは、舗装道路の終着点にあるメルズーガの村から一時間ほどのシェビ砂丘。広大な砂丘の麓には、まるで映画セットのような椰子の木が茂るオアシスがあり、いくつもの観光用テントが並んでいる。

観光立国モロッコは、一種のテーマパークのようだ。外国人がイメージするエキゾチックなもの、華麗なイスラム建築やアザーン、ターバンを巻いたムスリム、ヘビ使い、アバヤに身を包んだアラブ人女性など、私たちが異国情緒を感じる、あらゆるモノを提供してくれる。

「砂漠」もモロッコの観光資源のひとつだ。広大な砂丘。ラクダ。そして遊牧民ノマド。

今回我々が訪ねたのは「ラクダツアー」が催行されるオアシスのテント村だったが、目的は「砂漠観光」ではない。これを管理するノマド一家、イデル・ボロンタさんのテントに居候するためである。イデルさん一家は、このオアシスにやって来て五年。観光テント村を管理する二家族のノマドのひとつだ。観光テント村から二〇〇メートルほど離れた、目立たない砂丘の窪地に住んでいる十一人の大家族である。五〇年も使い古したという、ラクダの毛織の天幕が張られた伝統的なノマドテントに荷物を降ろすと、そこは、まったく別の世界だった。

モロッコ　サハラ砂漠

ボロンタ家入門

テント村を管理するイデルさんには七人の子供がいる。長女のマーマーさんはリッサニに嫁いでいるが、子供が生まれて里帰り中。次女のハグワさん（25）も嫁いでしまい、長男のムハンマドさん（16）は出稼ぎで不在。家事はお母さんと三女のベッダが担当している。

ボロンタ家のみなさん

エトラ以下、4人の子供たちが遊び回るボロンタ家。テントはいつもにぎやかだ。

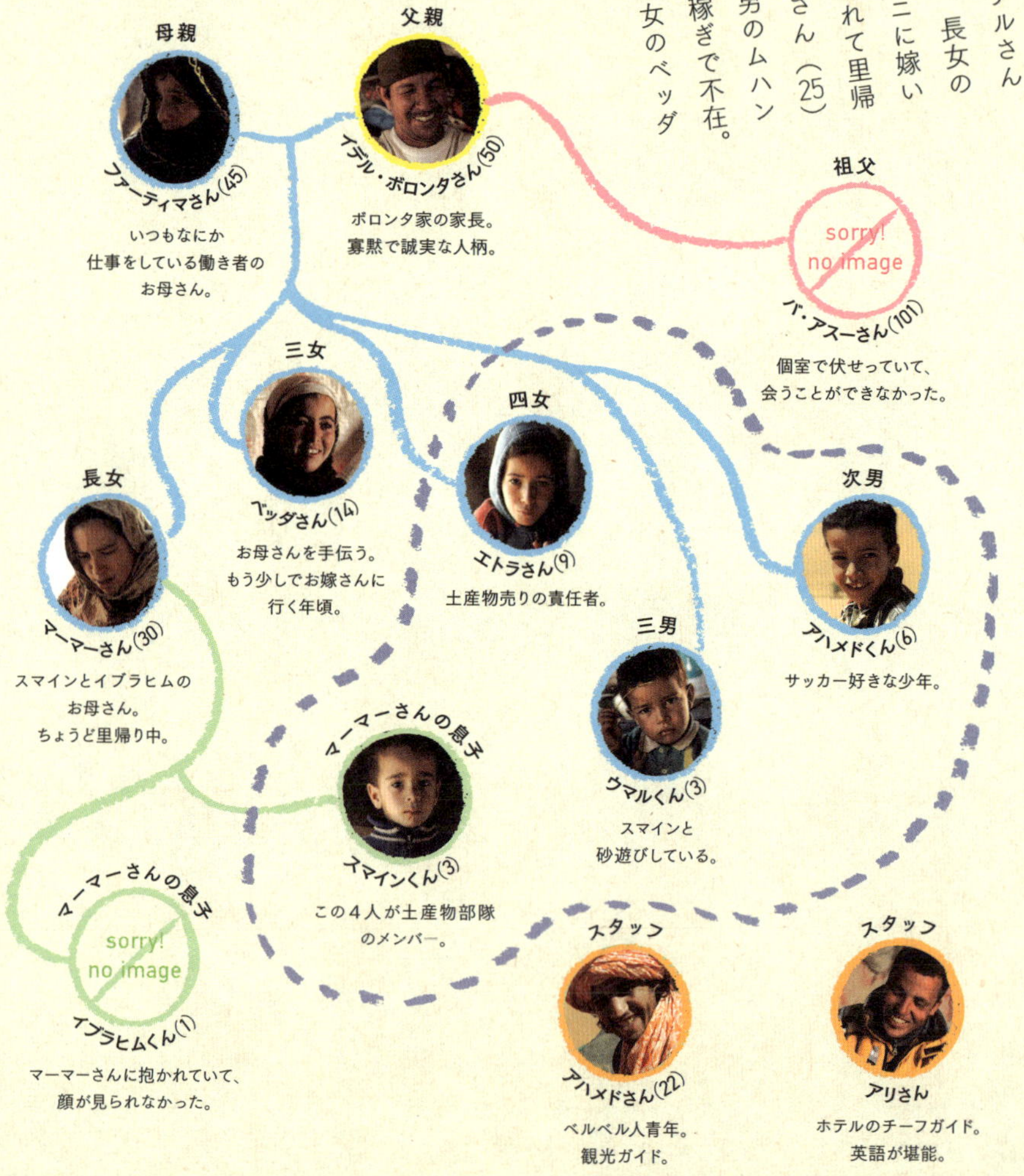

母親
ファーティマさん(45)
いつもなにか仕事をしている働き者のお母さん。
父親
イデル・ボロンタさん(50)
ボロンタ家の家長。寡黙で誠実な人柄。
祖父
sorry! no image
バ・アスーさん(101)
個室で伏せっていて、会うことができなかった。
三女
ベッダさん(14)
お母さんを手伝う。もう少しでお嫁さんに行く年頃。
四女
エトラさん(9)
土産物売りの責任者。
長女
マーマーさん(30)
スマインとイブラヒムのお母さん。ちょうど里帰り中。
次男
アハメドくん(6)
サッカー好きな少年。
三男
ウマルくん(3)
スマインと砂遊びしている。
マーマーさんの息子
スマインくん(3)
この4人が土産物部隊のメンバー。
マーマーさんの息子
sorry! no image
イブラヒムくん(1)
マーマーさんに抱かれていて、顔が見られなかった。
スタッフ
アハメドさん(22)
ベルベル人青年。観光ガイド。
スタッフ
アリさん
ホテルのチーフガイド。英語が堪能。

ボロンタ家の1日

07:00 起床。我々の朝食はテント村から運ばれてくるパン、バター、チーズなど。

08:00 砂丘を登る観光客をボンヤリ眺める。

08:30 観光客がメルズーガへ出発。

09:00 掃除・あと片付けなど。

12:00 早々と掃除終了。チャイなど飲んで休憩。

14:00 昼食。タジンかクスクス。

これは覚えなきゃ
あいさつとよく使う言葉

観光テント村では、仏語と英語が話されるが、地元民同士ではモロッコ方言のアラビア語とベルベル語が話されている。

さようなら	= مع السلامة	マアッサラーマ	アラビア語圏全体で共通のあいさつ。
ホント？	= والله؟	ワッラー？	「今日のご飯は羊だよ」「ワッラー!?」
いただきます！	= بسم الله	ビスミッラ	「神の名において」の意味。屠畜するときにも唱える。
私／あなた	= أنا	アナ／アンタ	正確には「エンタ」。

ボロンタ家のご近所

シェビ砂丘の南側に観光テント村がある。北に行くとメルズーガへ。

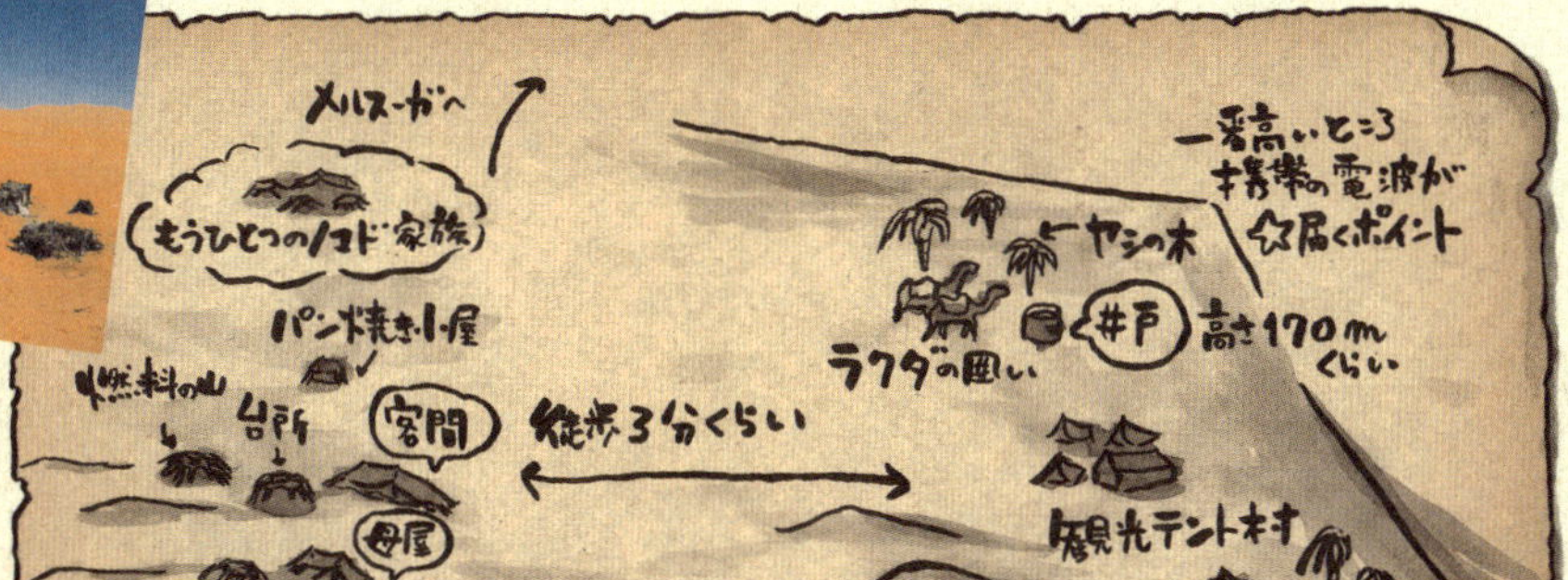

15:00 けだるい午後。暑いのでテントに避難。

17:00 次の観光客がラクダで到着。

18:00 砂丘を登る観光客をボンヤリ眺める。

18:30 そろそろ日没。

19:00 チャイで一服。

20:00 遅い夕食。

22:00 家族消灯。我々はチビチビと飲酒。

23:00 消灯。

テント生地

ラクダの毛で編んだテント生地は、すでに50年以上も使用している。長年、太陽光線にあてられてシュロ縄のようにガサガサだが、まだまだ十分現役だ。

「海岸の漂着物」のような

イデルさんの家は、いくつかのテントから成り立っている。もっとも大きなものが母屋テントで、ここに家族全員が寝起きしている。その他に来客用テントがひとつ。これはラクダの毛で編んだ伝統的なベトウィンスタイルで、我々はここにお世話になった。母屋の目の前には、お母さんのファティマさんと三女のベッダが頻繁に出入りするキッチンがあり、その隣には野菜などの食料を貯蔵するテントがある。

少し離れたところに小さな小屋がかけてある。我々は最初トイレだと思ったが、どうやら違うらしい。最後までナゾだったこの小屋は、ハンマーム（水浴び）用の小屋であった。では家族はどこでトイレを済ますのかというと、当然ながら砂漠である。砂漠には意外と起伏があり、人目につかない窪地がけっこうある。一度、用を足すのに穴を掘っていたら、数日前の誰かのモノが出てきたことがあった。適度な距離の窪地は人気があるのだ。

いずれの小屋もラクダの毛織物や南京袋のボロを縫いつけたもので、まるで「海岸に流れ着いた漂着物」のように、外観はかなりみすぼらしい。しかし木の枝と竹を組み合わせた構造は、確かに軽量である。軽量であることは、遊牧民にとっては重要な条件だ。そして今風に言えば、非常に「エコロジー」でもある。

これらのテントをよく見てみると、すべての建物が、おおむね「北東ー南西」に平行に並んでいることがわかる。これは「風の通り道」を考慮しているのだという。イタリアで「シロッコ」と呼ばれるサハラの風は、この地域では南東から吹くので、それと直角にテントを設営するのが、もっとも涼しいのだ。

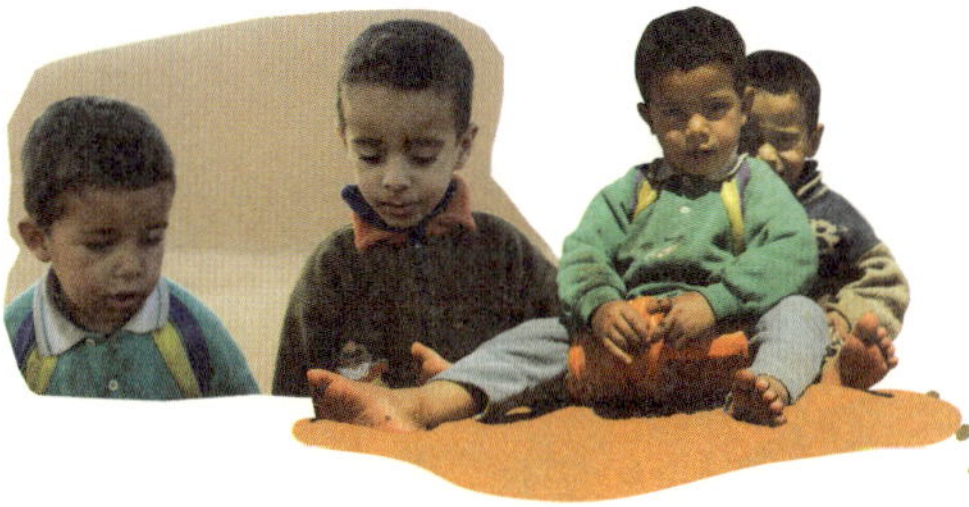

1 ウマルとスマイン

ウマルとスマインは、ともに3歳で、顔もそっくりだ。当然ながら我々は双子だと信じていた。しかし違った。

「ウマルとスマインは双子なんですね」

と私が尋ねると、ボロンタさんは首を振った。

「違いますよ」

「え？　……でも年が一緒なんですよね」

「一緒だけど、スマインはマーマーの子供なんです」

私は一瞬、混乱した。

「……てことは、ウマルはスマインの叔父さんってことですか？」

「そうです」

おお。なんと。同じ年にもかかわらず、続柄は叔父と甥なのだ。

しかしこういう「齟齬《そご》」は、子だくさんのアラブではよくあることだ。イエメンで世話になったヤヒヤ氏（64歳）には、実の子のように若い第2婦人がいて、彼女との間に娘が2人いたけれども、息子たちの子供（つまり孫）よりも幼いのだ。ということは「叔父（叔母）が、甥（姪）よりも年下」という珍妙な現象が起こるのであった。ボロンタ家の場合、お母さんのファティマさんは、15歳で長女のマーマーさんを生み、3年前に42歳でウマルを生んだ。マーマーさんは3年前に27歳でスマインを生んだので、叔父と甥にもかかわらず、年齢が一緒なのである。

モロッコ　サハラ砂漠

我が家をご案内

滅多にお目にかかれないサハラ砂漠のノマドの暮らしぶりを一挙ご紹介！

01 母屋

柱と竹組みの骨格にラクダの毛の織物やナイロン製の南京袋、毛布などを貼り合わせただけの簡素なテントだが、大人が立って歩けるほど天井が高い。広さは12畳ほど。床には毛布と絨毯が敷きつめてあり、靴は脱ぐ。日中は下部をまくり上げて風通しをよくする。3月ということもあるが、中は驚くほど涼しい。別室は、病気で伏せっているおじいちゃんの個室になっている。

02 食糧貯蔵庫

貯蔵庫の地面には、ジャガイモやニンジンが埋まっている。砂漠は保冷室の役割もあるのだ。タマネギが植わった鉢もある。反対側にはブルーシートをかぶせた大きな塊があり、中を覗いてみると食べ残しの乾パンの山だった。非常食かと思ったら、家畜のエサだそうだ。左半分の日陰は、ポリタンクの水とラダの糞などの貯蔵室になっている。

03 ハンマーム

最後までナゾだったこのテント。便所ではなく、実は水浴び小屋だった。我々の滞在中は誰も使用しなかった。

04 ロバ

水汲み用、荷運び用に飼っている。

05 燃料の山兼山羊小屋

まるで前衛アートのように積み上げられた燃料用の枯れ木の山。山羊にはちょうどよい日陰になる。

裏の砂山

子供たちの遊び場。そのまま滑り台になる。転んでも痛くない。砂漠は子供たちの格好の遊び場だ。

洗濯物干し場

砂に埋もれて行方不明にならないのかと心配した。

キッチン

キッチン内部は屈まないと入れないほど天井が低い。カマド上部の天幕の一部を開けることで煙突代わりになる。入り口も風向きによって自由自在に変えられる。実に合理的な造りである。

客間

日中は側面の布をからげてしまい、ほとんどタープ状態になる。夜は逆に、すべての布を引き下ろしてしまわないと、寒くて寝られない。昼夜の気温差は20℃以上にもなる。テントの中心部分に2本の支柱を建て、左右にテンションをかけることで自立している。天幕のラクダの毛織物は、長く使うと編み目に 砂が入り込んで、防水性が高まるという。

ボロンダ家のテントは「完全砂漠仕様」で、雨よりも、もっぱら風除けと暑さ対策がメインの造りになっている。テントの裾に、いくつもの砂袋が重し代わりに積んであったり、風向きに合わせて、布をはしょるだけで自由に入り口が変えらるという工夫もある。母屋の南側は厚手の毛布を何枚も重ねて太陽熱を遮断し、反対の北側はナイロン生地一枚で、風が通りやすくしてある。暖房設備はない。

パン焼き小屋

泥を塗り固めたパン焼きカマド。風上に開口部がある。パン生地をこねて焼くのは三女のベッダの仕事。燃料は乾燥したラクダの糞と薪。灰は虫除けとして使われる。

テント村の暮らし

テント村では日中、男たちの姿が見えない。彼らは「ラクダ使い」として、観光客を連れてメルズーガに行ってしまうからだ。朝出て行った男たちは、夕方になって別の観光客を連れて帰ってくる。観光客は暑い盛りを過ぎたころにテント村を訪れ、一泊して、翌朝メルズーガに引き返す。オアシスの暮らしは、そのサイクルに従っているのだった。

観光客が去ったあとのテント村には、なんとなく弛緩した空気が流れる。居残った男たちは、洗い物や掃除をして過ごすが、仕事はおおむね午前中で終わってしまい、あとは一日サッカーをしたり、チャイを飲んで無駄話をしている。日中はとても暑く、外に出て働く気にはなれない。日が十分に傾いた夕暮れ時になって、次の観光客がやってくると、ボチボチ夕食の支度が始まる。

イデルさんの集落から、このテント村を観察していると、入れ替わり立ち替わり、数え切れないほどの観光客が訪れては去っていくのが、なんだか不思議に思えてくる。

砂漠のオアシス

ボロンタ家の女たちは、用事がない限り観光テント村には近づかないが、その用事のひとつが「水汲み」だ。世界中どこでもそうだが、水汲みは女と子供の仕事である。

砂丘の麓に、忽然と水が湧き出る井戸がある。シェビ砂丘のテント村はスポーツドリンクのCMにでも出てきそうな、無限の砂漠にポツンとあるオアシスなのだ。

この地域では何十年に一度、集中豪雨による大洪水が起こる。その水が砂漠に染みこみ、長い時間をかけて湧き出してくるのだ。そういえばアハメドが、もうひとつ教えてくれた。

「『シゲオ』（私の名前）はベルベル語で『井戸から水を汲む』という意味なんだ」

「井戸から水を汲む」という面倒な表現が、「シゲオ」という、たった三文字に収まってしまう。砂漠の民の、水への愛着を感じずにはいられない。

お母さんとベッダが、ロバ二頭にポリタンクをたくさん結びつけて、オアシスの井戸に向かう。井戸は意外と底が浅く、深さは一メートルほどしかない。一斗缶で水を汲み上げて、飼い葉桶に流し込むと、ロバたちが我先に水を飲み始める。その間に、五リットルのポリタンク二十個に、ザブザブと水を流し込む。お母さんが井戸端で洗濯を始めた。

「あれ？　もしかしてその汚水、また地中に染みこむのでは？」

しかしそんなことを言っても始まらない。深く考えないことにして、ついでに我々もアタマから水をかぶる。爽快である。

フト振り返ると、スタッフのひとりが、シェビの大砂丘を登っているではないか。いつもは物好きな観光客が頂上目指して登っていくのを、ハナで笑っている彼らが、なぜだろうか。

あとで聞いてみると、砂丘の頂上は、このオアシスで唯一、携帯電話の電波が届くというのだ。つまり彼らは電話をかけるために、標高一七〇メートルの砂丘を登っていくのであった。

いただきます ごちそうさま

ノマドの食生活は概して単調。食材も調理方法も限られるからだ。ほとんどすべての料理がトマト風味で、パンかクスクスが添えられる。コーラやジュースなどの工業製品は貴重品。

ごちそう

ノマドのご馳走は、もちろん羊肉だが、そのほかに比較的、手の込んだ料理といえば、ベルベルピザとサラダくらいか。

トゥフディエル（ベルベル風ピザ）

すり潰したジャガイモとニンジン、肉などを生地で包んで、焚き火で熱した砂に埋めて20分ほど蒸し焼きにしたもの。モチモチしておいしいけれど、ときどき砂がジャリッとする。

一人前 184Kcal
（写真はだいたい10人前）

チキンのタジン

全体に非常に栄養バランスがいい。チキンが入ってたんぱく質も摂取できる。カロリーも比較的高い。

シュラタ（ベルベル風サラダ）

トマト、キュウリ、タマネギ、ピーマンをサイの目に切り、塩、オリーブ油、香辛料であえたサラダ。砂漠では生鮮野菜は貴重品だ。

いつもの

砂漠の主要な野菜はジャガイモ、ニンジン、タマネギの「三種の神器」。保存の利くこれらの野菜は、ノマドの暮らしに不可欠だ。

タジンとクスクス

野菜だけのタジンとクスクスがノマドの定番料理。

野菜のトマトソース煮

タジンよりも具材が細かくて、味付けが濃い。パンを浸して食べる。

チャイを注ぐときは、可能な限り高い位置から、細く長く淹れるのが礼儀にかなっているらしい。年配の人は実に上手に注いでくれる。

チャイ

モロッコのチャイは緑茶。1リットルほどのチャイに、だいたい300～400グラムの砂糖を加えるので、ポット一杯で1200～1500kcal。チャイグラスの容量が100ccとして、一杯あたり120～150kcalも摂取していることに！

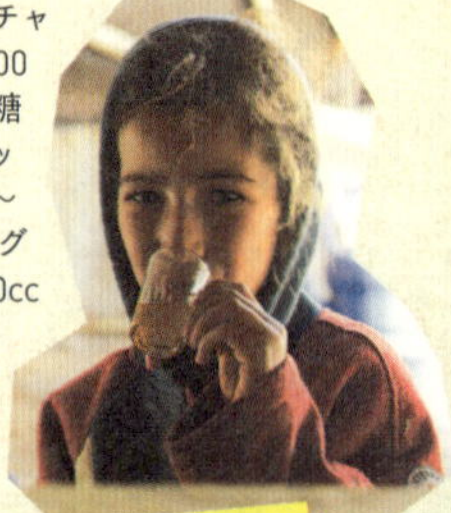

グラス一杯 120～150Kcal

台所必須道具

手洗いセット

モロッコでは食事前の手洗いが徹底されていて、大人はもちろん子供も必ず手を洗う。専用の手洗いセットがあり、ご主人が手ずから、ヤカンでお客さんの手に水をかけてくれる。その水が、ちゃんと「ぬるま湯」だったりすると、家族の心遣いに感服してしまうのだ。

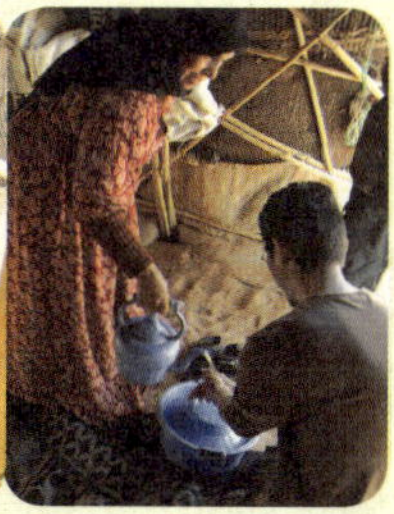

調味料、これがないとね

拳砂糖

暑い砂漠では体力の消耗が激しいせいか、甘いチャイを飲むとホッとする。ノマドでは砂糖の入れ方も豪快だ。こぶし大ほどの砂糖のカタマリを、ドボンとポットに放り込む。チャイにトロミがつくほど甘いが、なぜかこれが、うまいのだ。

ボロンタ家のこんだて表

ノマドの食事も、やっぱりタジンとクスクス、たまにハリーラ。チャイはフセイン家よりも甘かった。

1日の摂取エネルギー（目安）

1930 Kcal

	献立	血や肉を作るもの	力や熱となるもの	体の調子を整えるもの
朝食	パン ハリーラ チャイ 	インゲン豆 鶏肉	小麦粉 油 砂糖 ジャガイモ クスクス	トマト タマネギ ピーマン キュウリ ニンジン
昼食	ベルベルサラダ ベルベルピザ チャイ 			
夕食	チキンのタジンとクスクス チャイ 			

栄養士さんからのコメント

青野菜がほしいところですが、砂漠なので仕方ありません。またカルシウム不足なので、乳製品があるといいです。バランスは悪くありませんが、全体的に不足気味ですので、食べる量を増やせば改善されると思います。

曖昧な所有
共有する文化

イデルさん一家の生活を観察していて、不思議に思ったことがある。この家にはコップがひとつしかないのだ。もちろんお客さん用のチャイグラスはたくさんある。しかしたとえば水を飲むマグカップはひとつしかない。手で食べるので人数分のスプーンもない。日本の歯ブラシのように「家族に各自ひとつずつ」というものが、どうやらひとつもないのである。

ノマドの人々は一般に、「所有する」という概念が希薄であるように思われる。なんでもみんなで仲良く分配する。例外は上記のチャイくらいのもので、タジンやクスクスなどの料理も、やはりみんなで分けあって食べる。「共有する文化」とも言えるだろうか。

そして彼らの「所有権の曖昧さ」はアラブの特徴のようだ。西洋の「国家」の概念が導入されてから、中東には紛争が絶えなくなったけれども、本来、砂漠には「国境」というものは存在しなかったし、そもそもノマドには「土地を所有する」という概念がなかっただろう。

彼らにとって「他人のものは自分のもの」である。好例はタバコで、みんなにねだられてあっという間になくなってしまう。アメやガムも同じ運命にある。ボロンタ家にお土産を買っていったら、スタッフ連中に「オレにはないのか?」と何度も聞かれた。しかしここでイヤな顔をすると嫌われる。どこまでも「気前がいいこと」はアラブでは、たいへん尊敬されるのである。

彼らの「共有する文化」は、厳しい自然の中で培われた家族愛の結果でもあるだろう。砂漠で生きていくためには、一族が結束することは、最も重要なことだったに違いないのだ。

HITACHI

水のない世界、砂漠の暮らし

サンドフィッシュ
「砂漠の魚」の実態は、ベルベル語で「アシャスマン」というトカゲの一種だった。

アハメドが「サンドフィッシュを探しに行こう」と誘ってくれた。彼はここから二〇〇キロ南の「隣村」から働きに来ている青年である。アハメドはあらゆる言葉に通じている。ベルベル語、アラビア語、仏語、英語、西語、伊語、そしてカタコト日本語。もちろん学校で習ったのではない。テント村を訪れる各国の観光客から習ったのである。言葉に精通することが、観光立国モロッコでは、そのまま収入に直結するのだ。

砂漠にはキツネやネズミ、サソリなど、意外と動物が住んでいるが、もっともよく見かけるのが「スカラベ」だ。日本で言うところの「フンコロガシ」である。この馬糞の中でモゾモゾしている冴えない虫が、エジプトでは神の化身なんだそうである。

アハメドが足跡を追っていき、砂の中からサンドフィッシュを見つけて掘り返した。サンドフィッシュは、実はトカゲである。つかまえて、また放すと、スルスルと砂の中に埋もれて、あっという間に見えなくなる。まるで砂に同化してしまったかのように姿を消してしまうのだった。

砂漠で暮らすということは、砂と仲良くつきあうことなのだと、そのとき知った。「砂漠は不毛である」というのが、私たちの常識である。しかしノマドの暮らしを見ていると、砂漠は必ずしも不毛ではない。たとえば貯蔵庫のように、砂漠は天然の冷蔵庫になる。日中の強い日差しの中でも、テントの中は想像以上に涼しい。我々が訪ねたのは三月だったが、真夏でも日没と同時に気温はみるみる下がり、明け方には寒いほどになる。

サッカー

サッカーはモロッコでも大人気だ。子供たちのためにサッカーボールを買っていったら、隣の子供たちも飛び出してきて、すぐにゲームが始まった。

砂漠は子供たちの遊び場でもある。砂の上を転げ回ったり、サッカーをして遊ぶ子供たちは、アタマから砂をかぶっても平気な顔をしている。砂漠は衛生的である。強烈な紫外線と熱で殺菌された砂と、乾燥した空気、そしてハエや蚊のような害虫がいない世界は、湿気の高い日本と比べると、申し分なく清潔である。実際イスラム教では、一日五回の礼拝の前に、水で顔や手足を洗い清めることが義務づけられるが、水がなければ、代わりに砂を使うことが許されている。うんこの処理も砂で十分だ。極端に乾燥した気候なので、真夏の日本のように頻繁にフロに入らなくても不快ではない。そして最後に人口密度が低い。もしもイデルさんを東京に連れて行ったなら、気絶してしまうに違いない。

もちろん砂漠の暮らしは過酷である。食べ物も水もない。じっとしていると死が迫ってくる。しかし過酷ではあるが、不毛ではない。ベドウインが砂漠を愛し、都会の暮らしを好まない理由を、我々は理解できた気がした。

太鼓を叩く少年

テント村でジャンベ（太鼓）の練習をする少年がいた。素朴で力強いアフリカのリズムに、知らずに身体が動き出す。砂漠の太陽とジャンベのリズムは、よく似合う。

ニワトリ騒動

「ニワトリを土産にしよう」

と言いだしたのはサカグチだった。フセインさんに市場に寄ってもらい、3羽のニワトリを購入。トランクに詰め込んで、メルズーガに向かった。

テント村では、スタッフは大爆笑だった。

「このニワトリはオマエたちのペットなのか⁉」

「お土産だよ」

「土産⁉　オレにくれるのか？」

「オマエじゃないよ。家族だよ」

「なんだ、つまんねえな。それにしてもニワトリを連れてきた観光客は初めてだよ」

「コッコッコ、コケーッ‼」

もうひとりのスタッフがニワトリの真似をして、周りの連中が腹を抱えて笑った。

その夜。寝静まったころに、ダンボールがガサガサと騒がしい。腹が減ったんだろうか。ニワトリたちが自力でフタを開けて逃げ出したようだ。テントの中をウロウロ歩いている気配がする。

「バサバサバサッ」

派手に羽ばたく音がして、私のアタマの上を右から左へ、ニワトリが飛んでいった。

「……脱走したね」

「……そうね」

「……ほっとこうか」

「……どうせ逃げられないよ。砂漠だし」

「……そうね。砂漠だし」

そのまま深い眠りについた我々であった。

翌朝。ニワトリの姿が見えない。まさか逃げられたのか……⁉　あわててテントを飛び出しても、いない。スタッフに聞いても知らないという。

おかしいなあ。

テントに戻ってみると、ものすごい隅っこに、3羽が寄りそって、じっとしていた。

ニワトリは、アハメドが解体した。

「早いとこやっちまわないと、情が移っちまうからな……ビスミッラー・アッラー・アクバル」

アハメドがつぶやいて、ニワトリの首をかききった。

その後、数日間、ニワトリはボロンタ家の食卓を賑わしてくれた。

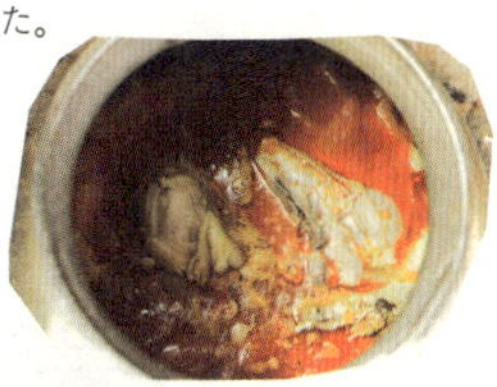

ラクダの糞

砂漠の燃料はラクダの糞。タマゴ状のコロコロとした糞を集めてきて天日で干すと、カラカラに乾燥してよく燃える。

「営業クライ」

アハメドが、つかまえたサンドフィッシュをボロンタ家に持っていくと、子供たちが大喜びした。私はフト思いついて、アハメドに聞いてみた。

「そういえば、ここの子供たちは学校に行ってないの？」

「学校なんか行ってないよ」

アハメドは急に不機嫌になって答えた。小学校でさえ、このオアシスから四〇キロも先のリッサニの町まで行かないとない。だからノマドの子供たちは学校に通えない。アハメドも砂漠で育ったから、学校に行ったことがない。彼の不機嫌は、子供たちに自己投影した結果なのだろう。

学校には行けないかわりに、子供たちには重要な仕事がある。早朝と夕方、リュックを背負った子供たちがテント村に出かける。いつもよりもいっそうみすぼらしい格好をした子供たちは、地べたに土産物を並べ、神妙な顔をして一列に正座する。そして悲壮な表情で外国人旅行者を見上げるのだ。そう。観光客に土産物を売るのである。

憐憫の表情を浮かべた中年の西洋人女性が、しゃがみ込んで、拙いラクダのぬいぐるみをつまみ上げ、慈愛に満ちた笑みを浮かべてエトラに訊ねる。

「いくらなの？」

エトラは消え入りそうな声で言う。

「……ファイブダラー」

すると女性は、サイフから五ドル紙幣を抜き出して、エトラに渡す。エトラは小さくうなず

いて、それを受け取る。

ついさっきまで弟のアハメドと転げ回って遊んでいたエトラが、一転して不幸を絵に描いたような子供を演じている。まさに「営業スマイル」ならぬ「営業クライ」である。我々が脇でニヤニヤ笑っていると、エトラはイヤな顔をしてこっちを見た。

善意の外国人たちがラクダに乗って去ってしまうと、子供たちはさっさと立ち上がり、もとの快活な笑顔に戻って、はしゃいで走りまわるのであった。

したたかな子供たちに、ホトホト感心するばかりだが、しかしやっぱり私は考えるのだ。子供たちも学校があれば行きたいに決まっている。それができないのは、やはり不幸ではないのか。

イデルさんは、将来は砂漠を離れて町に定住したいと考えている。

「子供たちが大きくなって仕事をするようになれば、なんとか暮らしていけると思うんです」

砂漠の暮らしは、ノマドにとって好ましいものである反面、やはり厳しくもある。そしてそれ以上に、電気や水道が完備した現代的な暮らしは、彼らにとっても魅力的であり、それは私たちと同じなのである。

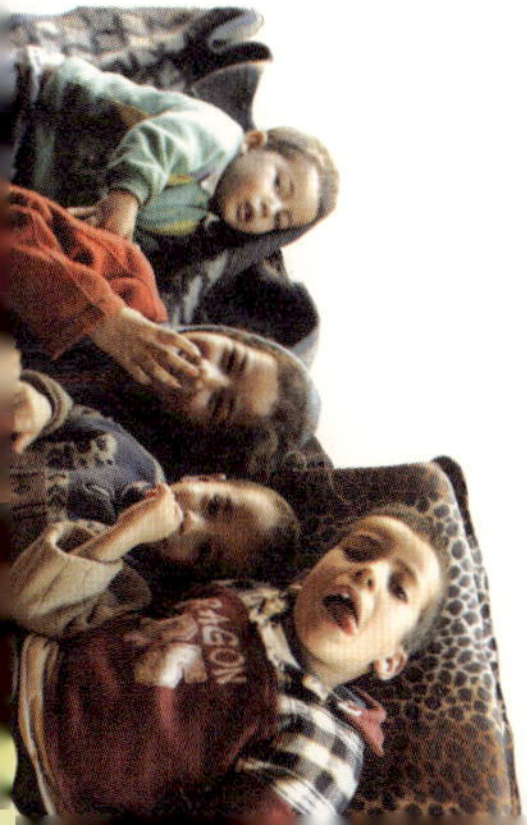

おじゃましました
阪口 克

アサリに砂が入っていたり、
ご飯に小石が入っていたら、
とても嫌な気分になる、日本でなら。
ところ変われば、とこんなに思った場所は、
この土地が初めてだった。
砂漠に生きるということ。
靴の中も、布団の中も、
パンの中も、スープの中も、砂、砂、砂。
でも、気のいい親父さんと優しいお母さん、
元気なガキどもと暮らしていると、
だんだん気にならなくなっていくんだな。
人間の気持ちって不思議なもんだ。
ただ、カメラだけはそうはいかなかった。
フルオーバーホール…… カメラよゴメン。

カンホジア

CAMBODIA

カンボジア・トンレサップ湖の水上集落で「楽チン生活」

はじめまして
—カンボジアA to Z—

カンボジアの歴史は古く、6世紀頃の中国の文献に、クメール人の王朝「真臘(しんろう)国」の名前が出てくる。

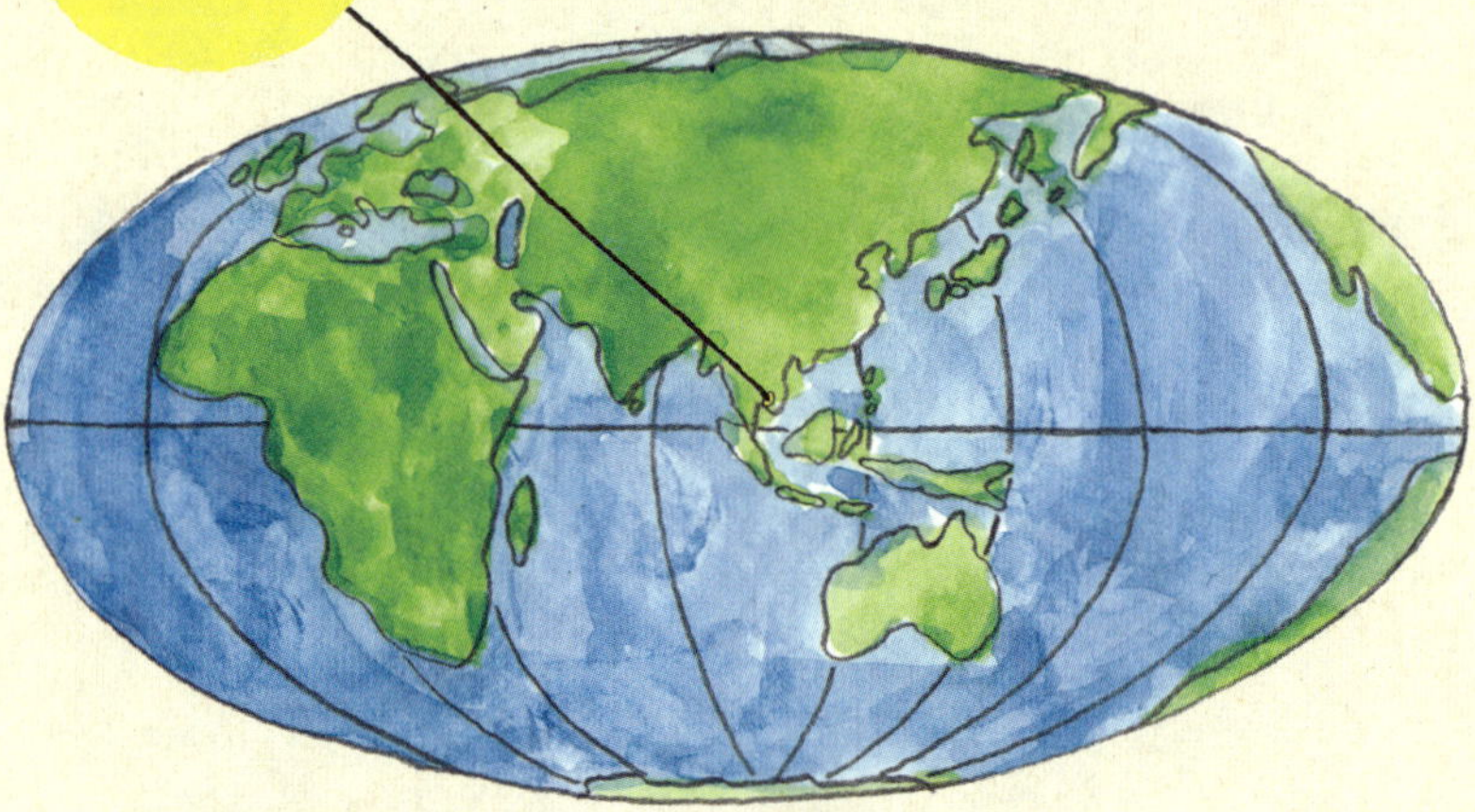
日本から…
成田国際空港から
アンコール・ワットのある
シェムリアップまで
約6時間（直行便）

カンボジアといえば、この人たち

一ノ瀬泰造
(1947 〜 1973)
戦場カメラマン。アンコールワット遺跡を目指して内戦中のカンボジアに入国。消息を絶つ。1973年、ポルポト派に処刑されていたことが、後に判明した。享年26歳。

ポル・ポト
(1925 〜 1998)
クメール・ルージュ書記長。ベトナム戦争後のカンボジア内戦を制圧し、首相に就任。犠牲者300万人とも言われる大粛正を行う。1998年、72歳で死去。

プリアプ・ソワット
(1975 〜)
歌手。若者のファッションリーダー的存在。日本でいえばEXILE？

こんな国です

正式国名 カンボジア王国　Kingdom of Cambodia
首　都 プノンペン
人　口 13,400,000人(2008年)
面　積 18万1035㎢(日本の約半分)
民　族 クメール人90%。ほかにベトナム人、華人など20以上の民族が10%。
公用語 カンボジア(クメール)語
気　候 カンボジアは熱帯モンスーン気候に属し、乾季(11〜5月)と雨季(6月〜10月)の2つの季節に分けられる。同じ時期ならシェムリアップ、プノンペンなど地域による大きな違いはない。
通　貨 通貨単位はリエル(Riel)。100R ≒ 2.1円、US$1 ≒ 4160R(2009年11月現在)。
宗　教 上座部仏教。そのほかイスラム教、カトリックなど。
国　旗 上下の青色は王室を、中央の赤は国民を、中央のアンコール・ワットの白は仏教を象徴している。制定は1993年。それ以前の国旗にもアンコール・ワットが描かれていた。

おじゃまします
中山茂大

カンボジアには二度行ったけれど、
行くたびにゲキレツに変わっているのが印象的だった。
特にアンコール遺跡のあるシェムリアップは、
どんどん開発されている。
水上生活者の集落について、
現地の旅行代理店に問いあわせてみると、
あまり治安がよくなく、しかも衛生上も
問題があるということだった。
……ホントに大丈夫だろうか？

ご飯食べた？

カンボジアで最初に覚えた言葉は「ニャムバイ」（＝ごはんを食べる）だった。モンゴルでは「家畜は太ったか？」だったが、この国では「メシ食ったか？」になる。とりあえず腹が満たされていることが、この国では重要らしい。カンボジアは世界でも稀なほど土地が肥沃なんだそうだ。そのヒミツは、この国が抱える大湖「トンレサップ」にある。春になって増水したメコン川の流れは、トンレサップ湖にあふれ出し、湖の周辺は水浸しになる。雨季と乾季では、湖の面積は三、四倍も違う。そしてメコン川からもたらされる肥沃な土壌が、この国の農業生産を引き上げる。カンボジアの農業はトンレサップの恵みに支えられているのだ。

漁業も盛んだ。ライギョやコイ、川エビなど、たくさんの魚介類に恵まれている、この湖の漁獲高は、淡水魚としては世界有数と言われる。まさに「豊饒の湖」である。

そんなトンレサップ湖に「水上生活」を営む集落があると聞いて訪ねてみた。

「一家に一隻」

水上に点々と家が建ち並んでいる。よく見ると、波を受けてユラユラと揺れている。

船だ。船の上に家が建っていて、それが集落を形成しているのだ。

そのうちの一軒が、今回お邪魔することになった、漁師のカン・コンさんのお宅である。ボートが近づくと、開け放したドアから、小柄で痩身だけれど、がっちりした体つきのカン・コンさんの、浅黒い顔が覗いた。

波を受けて微妙に揺れる「家」に飛び移る。

板張りの床。トタン板一枚の簡素な屋根。間取りは八畳ほどの居間と、四畳半ほどの寝室がふたつ、六畳の台所。そこに奥さんと娘三人と息子、甥っ子、たまに孫娘など、だいたいいつも七、八人が生活している。

普段は船着き場近くの岸に係留しているが、今回は私たちがお邪魔するので、少しだけ岸から離れたんだそうだ。確かに水辺にポツンと浮かんでいるほうが、水上生活らしいフンイキにはなるが、出かけるときは船が必要だ。近くの小学校の先生をしている、三女のタヴィーさんは、毎朝イトコがこぐボートで出勤する。帰りも親戚の家から手こぎボートで戻ってくる。お母さんが実家に行くときも、甥っ子や息子に乗せてもらう。漁に出るときや遠出するときはエンジン付きのボートだが、ご近所には手こぎボートで行く。要するに、エンジン付ボートが自動車、手こぎボートが自転車代わりなのである。

日本製？
カンさん家のVCD（ビデオCD）に「JVC」とあったので、「おお。日本製じゃないか」と感心したら、よく見ると「DIGITAL DISC PALYAR」と書いてあった。「プレーヤー」のスペルが間違っていたのだ。

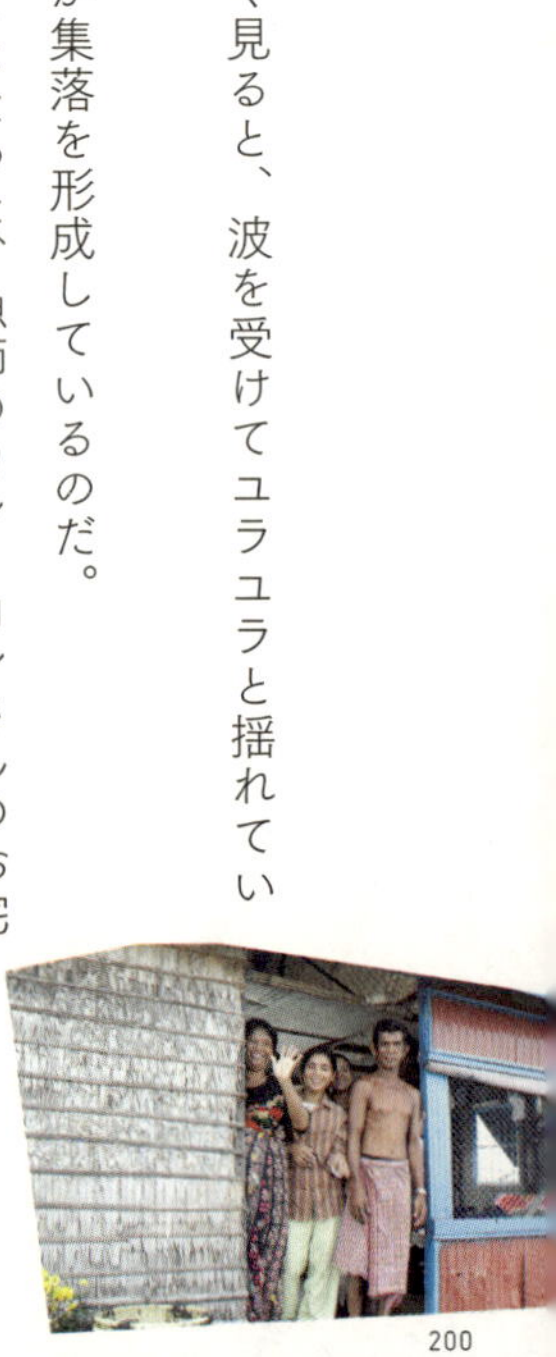

大ライギョ

水上生活者の多くはベトナム人の漁師で、カンさんのようなカンボジア人の漁師は珍しいという。現在は漁期ではないので、基本的にヒマ。おかずの魚がなくなると、ブラッと漁に出かけて、自分たちが食べる分くらいを捕ってくる。少しばかり多く捕れたら、市場に持っていって売りに出す。

漁には深夜一時ごろに出発するというので、同行するのは遠慮して、昼間、次男のコォルに漁場に連れて行ってもらった。

エンジンを止めて、水没した森の中を櫂《かい》を使って進んでいくと、掘っ立て小屋が見えてきた。枝の上に上手に小屋がけしてある。青年がふたりいた。

三畳ほどの小屋には、カヤが張ってあり、ラジオや歯ブラシ、鏡、ナンプラーのビンが見えて、なかなか生活感がある。囲炉裏に火が熾してあり、夕食用の大きなコイの開きが焼かれていた。青年たちが、

「ちょっと待ってろよ」

という仕草をして、湖に飛び込んだ。

そして小屋のすぐ脇の定置網の中に潜っていったと思ったら、上がってきた青年の手には、体長五〇センチもある大ライギョが握られていた。「トライリアップ」という、市場に出せば高く売れる高級魚だ。もうひとつの定置網からは、バケツに一杯の川エビが捕れた。今日から数日分のメシのおかずである。

トンレサップ湖は本当に豊かだ。水没した森林は、魚たちの格好の産卵場になる。植物

性プランクトンが豊富で、河川で育つ淡水魚の三倍も速く成長するという。

雨季の間に十分に栄養を蓄え、大きくなったライギョやコイは、乾季に入る十一月以降の、満月前の数日間に、巨大な魚群となってメコン川へ移動するという。

そのほんの数日間が、一年でもっとも魚が捕れるチャンスだ。カンさんが、

「一日で千ドル稼いだこともあるよ」

と言っていたが、おそらくそれを狙ったのに違いない。

トンレサップ湖は乾季になると、大きく縮小するので、今いる船着き場周辺は完全に干上がってしまう。

だから魚の移動にあわせて、漁師たちも湖の中心部に移動する。雑貨屋や床屋などのサービス業者も一緒に移動する。学校も体育館も、役所も教会もついていく。

かくして集落全体が、一斉に大移動を始めるのだ。

我々が居候したのは、ちょうど乾季に入る直前だったので、窓辺からは、タグボートに曳航されていく住宅船がいくつも見られた。こうして水上集落は、乾季が始まる十月末から十一月初めと、雨季が始まる六月末から七月始めに集団で「引っ越し」するのである。

カン家入門

漁師のカンさん家では、家族総出で漁を手伝う。男たちは深夜、漁に出て魚を捕り、女たちは捕れた魚を仕分けして朝市で売る。親戚のおじさんの多くも漁師だ。家業の漁業を、みんなで手分けして支えている。

カン家のみなさん

カン家には、近くの親戚がよく遊びに来たので、誰が誰だかわからなくなってしまった。

家長・父親

カン・コンさん(54)

家長のお父さん。漁師歴40年の大ベテラン。

母親・カンさんの奥さん

ティア・サヴィンさん(55)

専業主婦のお母さんがつくる料理は、なんでもおいしかった。

長女

ヌオン・トォルさん(25)

家事手伝い。ケラケラといつも笑っている。趣味は洋裁。

三女

ヌオン・タヴィさん(21)

近くの小学校で教えている教員の卵。活発な女の子。

長男

ヌオン・ダン・キィアさん(30)

カンさんとは別の船に家族で住んでいて、たまに遊びに来る。

次男

ヌオン・ダン・コォルさん(27)

漁場の管理を担当。趣味は筋トレ。恋人募集中。

次女

ヌオン・コン・ティアさん(23)

家事手伝い。口数が少なく大人しい。ウィンさんと結婚予定。

雑貨店を営むベトナム人少女

ソンホワさん(16)

ウィンさんの姪。雑貨屋の看板娘。カン家の三人娘と仲がいい。

カンさんの甥っ子

パブーさん

カンさんの漁を手伝う。よく一緒に遊んでくれた。夢は歌手になること。

キィアさんの長女

カエウちゃん(7)

キィアさんの娘だが、半分カン家に住んでいる。

キィアさんの長男・次男(双子)

トムくん・ポウくん

お父さんに連れられてたまに遊びに来る。

イヌ

サンチュー

キィアさん家で飼っている。トム＆ポウが遊びに来るときついてくる。

雑貨店を営むベトナム人青年

ウィンさん(30)

ティアさんと来年1月に結婚予定。ベトナム人商家の御曹司。

ヤモリ

トッケイヤモリ

船ができたころから住んでいる。

イトコたち

おじさんたち

我々のにらんだところでは、ウィンさんがティアさんにひと目惚れして、求婚したに違いない。ウィンさんは手広く商売している、お金持ちの御曹司で、人柄もいい。カンさんも結婚には賛成の様子だ。ティアさんとは、あまり話す機会がなかったが、お母さんの家事を手伝う働き者という印象。

カン家の1日

01:00 出漁。

03:00 漁から戻る。魚の仕分け。

05:00 市場で魚を売る。

06:00 朝食。中山とサカグチ起床。

午前中 特になにもしない。父ちゃんは酒を飲む。男たちは昼寝。母ちゃんはプラホックづくり。

10:00 昼食づくり。

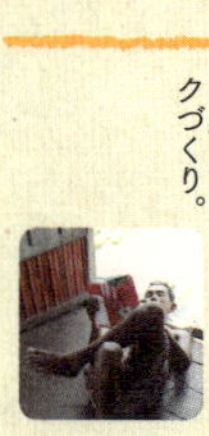

これは覚えなきゃ
あいさつとよく使う言葉

カンボジア語はタイ語に語感が近いけれど違う言葉。タイ文字はクメール文字をもとに作られたといわれる。

こんにちは	=	សួស្ដី!	スオスダイ	一番簡単で一般的な挨拶。
大丈夫！	=	អត់បញ្ហា	アッパニハー	もっともよく使う言葉。「OK！」の意味でも使用する。
ごはんを食べる	=	ញ៉ាំ បាយ	ニャム・バイ	これも頻繁に使う。口に手でごはんを持ってくる仕草とともに使用。
乾杯	=	ជូនពរ	チュンポー	酒好きのカンさんと何度も「チュンポー！」。
おいしい	=	ឆ្ងាញ់	チュガニ	お母さんの料理は全部「チュガニ」でした！
ゆっくり（ひとつひとつ）	=	មួយៗ	モイモイ	「モイ」は「1」の意味。「モイモイ」で「ひとつずつ」。
魚を捕る	=	ចាប់ត្រី	チャップ・トライ	水を叩くときの「チャプン」から出た擬音語だろうか？

遊ぶぞ！

船の上はさすがに狭いので、遊びはもっぱら陸の上。中でも「サイ」は、みんなで楽しめる人気の遊びだ。

サイ
タイの「セパタクロー」に近い遊び。手を使わずに羽根を蹴り上げる。

闘鶏
キィアの兄貴がシャモを一羽持っていて、闘鶏に連れていってくれた。この日は首尾よく快勝。ご満悦だ！

ムエタイ
次男のコォルはムエタイの心得も少々あって筋肉隆々。サカグチと組み手をして遊んでいた。コォルの甥っ子・トムもそれを真似っこ。

貝取り
水草にくっついているタニシを捕ってきて焼いて食べる。おやつに最適。

12:00 昼食。

午後 昼寝。たまに陸に上がってサイで遊んだり、魚釣りしたり、闘鶏に行ったり。

16:00 夕食準備。

18:00 日没。夕食。

19:00 テレビやカンフー映画を見る。時々カラオケ。

21:00 就寝。

カン家のご近所
ワニが食べられるレストラン
水上集落の外れにある観光客向けレストラン。生け簀のワニが食べられる。
体育館
学校の体育館よりも天井が高く、広さはテニスコートほど。サロンフットボールくらいはできそう。
ベトナム人漁師の集落
ウィンさんの家もある。
カマド屋
ハマグリを開いたような素焼きのカマドは、カン家でも活躍。
町の引っ越し風景
タグボートで曳航される家々が秋の風物詩。
ベトナム人の雑貨船
ティアさんの婚約者ウィンさんの商船。ベトナム式の屋根が一体化した船で、とても機能的だ。
市場
船着き場の市場では、食料品から衣料品、雑貨まで売られている。
いろんな「ご用聞き船」
いずれもベトナム人が商売している。
雑貨船
お菓子、飲み物、タバコなどの日用雑貨全般。
八百屋船
野菜、肉などの生鮮品。朝はクイッティオなどラーメンも。
廃品回収船
ペットボトルはゴミ袋ふたつで500リエル（約15円）。空き缶は一個70リエル（約1円）で引き取ってくれる。
鉄工所
船のエンジンや発電機の修理を引き受ける。

水上集落には、あらゆるものが揃っている。雑貨屋、ラーメン屋、喫茶店、レストラン、理髪店、ガソリンスタンド、電気（バッテリー充電）屋、町工場、鉄工所、教会、モスク、役場、学校。さすがにサッカーグラウンドはないものの、テニスコートほどの体育館がある。これらすべてが船の上に建っている。水上集落は、タイのプーケットや、インドネシアのスラベシ島など、東南アジアのあちこちにある。トンレサップには、大きく5カ所の水上集落があるそうだ。

漁場

船着き場からボートで20分ほどの水没した森が漁場。水上の小屋は、実は地上7m。

ガソリンスタンド

とは言っても給油機があるわけではなく、ペットボトル単位で販売している。

新居

カン家では船着き場の近くに新居を建築中。

教会

キリスト教会の他に、イスラム寺院のモスク船も見かけた。

バッテリー充電屋

店先では無数のバッテリーが充電中。いつもやかましい。

床屋船で髪を切る

顔剃り、鼻毛も切ってくれて4000リエル（120円）。ボートが通ると船が揺れ、ちょっと怖い。

学校

三女のタヴィーさんが先生をしている小学校。一階に教室がふたつ。二階はバスケットコートくらいの体育館。

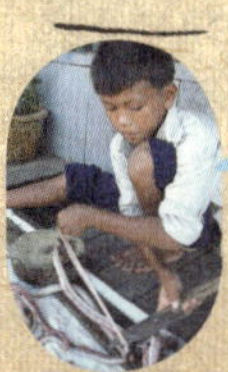

ヘビの解体屋

ヘビは皮をむいて干物にする。家族のお土産にしたら、あまり喜ばれなかった。

船着場

集落でもっとも活気があるところ。周辺には、雨季に湖に移動する水上住宅が軒を連ねて係留している。

朝市

カンボジア在住の、ある日本人が、こんなことを言っていた。

「カンボジア人は働かないですよ。働かないことがいいことだと思ってるんです」

確かに私たち旅行者から見た彼らは、ぜんぜん働かない。お母さんは食事の支度以外は、特にすることもないらしいし、カンさんもヒマそうだ。コォルもイトコたちと、一日中サイをやって遊んでいる。まことに平和的だが、同時に怠惰な光景でもある。しかし彼らは、決して怠け者ではないことを、ある日、我々は知った。

まだ夜も明けきらぬころに起こされた。深夜の漁には行けないものの、早朝の魚市場の競りに行くのに、ついていく約束だった。朝五時過ぎ、煌々と明かりが灯る中、長女のトォルさんと次女のティアさんが黙々と、タライに山盛りの雑魚の仕分けをしていた。ようやく仕分けが終わり、ボートに積んで市場に向かう。東の空が白々と明けてくる。肌寒いくらいの気温だ。市場は漁師の船でごった返していた。仲買人の若い女が秤を片手に船を行き来している。親戚のおじさんがいる。笑顔で挨拶した。

今日の釣果は三〇キロ。八〇〇〇〇リエル（約二〇〇〇円）の売り上げになった。

すっかり日が昇ったころ、家に戻る。いつものようにカンさんが戸口に座り、我々を見つけて手を振った。一日中、戸口でタバコを吸っているカンさんだが、しかし我々がぐっすり寝ている深夜、漆黒の湖にボートをこぎ出し、漁をしているのだ。普段はのんびりしているカンボジア人も、やるときはやるんだと、なんだかうれしくなった。

ご用聞き船

漁師は酒飲み
世界中どこでもそうかもしれないが、漁師は酒飲みである。カンさんも、なにもないときは朝から酒を飲んでいる。

朝食が終わり、ひと仕事終えたカンさんは、安酒をチビチビやりながら、風の通りのいい戸口にしゃがんで一服つけている。すると船が近づいてきた。八百屋船だ。お母さんが昼食用の野菜を買った。船は去っていく。また別の船が近づいてきた。今度は雑貨船だ。カンさんがタバコを買った。船が去っていく。また別の船が近づいてきた。今度は廃品回収船だった。

水上生活というと、どこへ行くにも船に乗らなければならない不便な生活という印象があった。しかし現実は逆である。面倒なので誰も出かけない。だから向こうからやって来るのだ。

私はフト、カンさんに尋ねてみた。

「もうどれくらい陸に上がってないんですか？」

「そうさな、半年くらいかな」

カンさんは安酒をぐおーっとあおって言った。確かに我々が居候した一週間の間に、カンさんが陸に上がったのは、床屋に行ったときだけだった。よっぽどのことがない限り陸には上がらない。逆に言えば、船にいても、ほとんどの用事は事足りてしまうのだ。

水上生活、実は超楽チンである。

婚約

カン家には、いろいろな商売船がやってきたが、我々が親しくなったのは、とあるベトナム人の雑貨船だった。船頭にしゃがんでいるのはソンホア。後ろで操舵するのはウィンさん。カ

かわいい女の子考

カンボジア人の女の子は、なんといってもぱっちりとした目が印象的。小柄で痩身。子供っぽいけれど、かわいらしい。そしてハニカミ屋が多い。

ン家とは、ずいぶん親しそうだ。ウィンさんは勝手に家に上がり込んで、家族と一緒にメシを食い、ソンホアと次女のティアは売り物のお菓子を一緒に食べている。次男のコォルに聞いてみた。

「あの雑貨屋とは仲がいいんだね」

「ああ。ティアとウィンは来年、結婚するんだ」

なるほど、そういうことだったのか。そこでウィンさんを呼び出して「指さし会話帳」で「結婚」の項目を指さすと、ウィンさんは急にデレッとなり、私の背中をバシッとひっぱたいた。

そんなシアワセ一杯のウィンさんの雑貨船に乗せてもらった。天井が低くて、ウナギの寝床のような船内だが、様々な商品が機能的に並べられている。ビールやジュース、スナック菓子から、タバコやライター、乾電池、文房具、コンドームまで売られていた。

ウィンさんの自宅は、ベトナム人が多く住む、別の水上集落だというので、彼らの雑貨船で連れて行ってもらった。船着き場を越えて、水没した森林を迂回すると、一〇〇隻以上が集住する、もうひとつの集落が現れた。

ウィンさんの「家」はその中の数隻の船の集団で、お姉さんや親戚が何隻かの船に分乗して住んでいた。ウィンさんの家は雑貨船を、ひとまわり大きくしたものだ。内部は板張りで、二層構造（つまり二段ベッド）になっている。天井は、胡座をかいてちょうどいいくらいの高さ。中国風の布団がきれいに畳んである。たいへんコンパクトなお宅であった。

いただきます ごちそうさま

カンボジア料理は、タイ料理や中華料理に近い味わいで、たいへん美味。タイ料理よりも辛味が少なくて、日本人には食べやすい。魚が毎日、必ず食卓に上るのも、水上生活ならではだ。

ごちそう

水上生活のメインは魚料理。その他にも湯葉やタケノコなど、日本人に馴染みの深い食材が多い。肉料理はごちそうだ。

春雨サラダ（ニョアム・ミースオ）

タイ料理の「ヤムウンセン」よりも辛くなくて食べやすい。

野鳥とレモングラスの炒め物

パチンコでつかまえた野鳥の炒め物。可食部分はあまりない。「タックトライ」（魚醤）でいただく。

大ライギョの塩焼き

漁でつかまえた、体長53センチの大ライギョを塩焼きにしてくれた。淡泊な白身が美味。つけだれにはネギやレモングラスなどが含まれていて、食物繊維も摂れる。脂質、タンパク質が豊富。

一人前257Kcal
（写真はだいたい4人前）

台所必須道具

まな板と中華包丁

まな板を使う文化というのは、実は世界でもアジア諸国の、主に華僑が広がっている地域に限られるようだ。カン家では「輪切りの木」をまな板にしていた。四角形の厚みのある中華包丁は、鳥肉を骨ごと叩き切ったり、魚をおろすのに活躍。いずれもカン家の必需品だ。

調味料、
これがないとね

プラホック

基本調味料のプラホックは自家製。いくつものビンに大量に仕込んである。これがないとカンボジア料理は成り立たない。

プラホック
塩漬け発酵させた魚のすり身。ナンプラーやニョクマムと違ってペースト状。カンボジア料理の基本調味料だ。

タックトライ
魚醤。ナンプラーとほぼ同じもの。

ニャムガウ
塩漬けライム。独特の酸味と苦味がアクセントになる。

タマリンド
アジア各地で調味料に使われる、マメ科の酸っぱい果物。

酒！
乾杯に国境なし！

昼間からビール

カンボジアのナショナルブランドは「アンコールビール」。現地発音は「ビア・オンコー」。国内では圧倒的シェアを誇る。苦み走った味わいで、なかなかイケる。他にも国産の「クラウンビール」があるが、少々水っぽい。「ABCスタウト」はシンガポールの高級黒ビールで、まったりと濃い味わい。他にカンさんがよく飲んでいる安焼酎やヤシ酒が有名だ。

心躍る
世界のおやつ

よりどりみどり

カン家では、なんと言っても甘いアイスコーヒーが人気。パイナップルやグアバ、サラカ（サラカヤシの実）など、熱帯の果物も豊富だ。

あひるの卵
孵化しかけたアヒルの卵を甘辛タレでいただく。

ベトナム風アイスコーヒー
濃く淹れたコーヒーに練乳を加え、たくさんのクラッシュアイスで飲む。少し氷が溶けたころが、ちょうどいい味わい。

揚げバナナ
バナナにコロモをつけて揚げたもの。トウガラシ砂糖と一緒に。

いつもの

漁で捕れた魚とエビが主なおかず。朝はおかゆに塩と干しエビをパラパラとかけ、塩漬けした焼き魚と一緒にいただく。

朝ごはんセット

川エビ

ゆで川エビは毎食登場。頭をとって皮をむく干しエビのほうが高級品。

魚の干物

売り物にならない雑魚は、家族の食事に。

おかゆ

軽くおかゆを２杯ほど。

一人前 453Kcal

魚料理

つみれ揚げ

カンボジア風さつま揚げ。歯ごたえがあってプリプリ。

一人前 7Kcal
（写真はだいたい５人前）

魚フライ

雑魚を素揚げにしたもの。

プラホックペーストサラダ

キュウリ、チビナス、インゲン、青菜などの生野菜のプラホック添え。

揚げ魚のチリソースがけ

コイのフライに、醤油ベースの甘辛チリソースをからめたもの。

食事は地ベタで

カンさんの家にはテーブルというものがない。料理は床に並べて食べる。

炒めもの

チョーメン

醤油味の焼きそば。
おかずの一品として出た。

豚肉とパイナップル、野菜炒め

「酢豚」っぽい取り合わせがグッド。ミネラル分も豊富で栄養価が高い。

一人前 225 Kcal
（写真はだいたい 5 人前）

スープ

一人前 61 Kcal
（写真はだいたい 5 人前）

豚肉とキクラゲのスープ

低カロリーで栄養バランスもいい。
タマネギ、ニンジンなど野菜も豊富。

冬瓜スープ

中華風のあっさりとしたスープ。
豚肉入り。

カン家のこんだて表

日本人に馴染めるメニューばかりで、毎日の食事が本当に楽しみだった。

1 日の摂取エネルギー（目安）
1627 Kcal

	献立名	血や肉を作るもの	力や熱となるもの	体の調子を整えるもの
朝食	おかゆ 川エビ 焼き魚 	エビ コイ 豚肉 湯葉	米 油	キクラゲ ニンジン 冬瓜 ニンニク 空心菜 ナス インゲン キュウリ バジル
昼食	ごはん 豚肉とキクラゲのスープ 魚フライ 			
夕食	ごはん 豚肉と空心菜の炒め物 プラホックペーストサラダ 			

栄養士さんからのコメント

あっさりした料理のため、カロリー低めです。全体量を増やせば、栄養価もあがります。野菜を食べているわりには、食物繊維摂取が少ないです。果物や豆類を食べると改善されるでしょう。

我が家をご案内

狭いながらも機能的にまとまっている水上住宅。不便が多いのかと思ったら、実はとっても快適なのだ。

ニワトリ

たぶん卵を採るためだと思うが、食べたことがない。単なるペットか？

カマド

トイレは湖にポットン

板が二枚渡してあるだけの天然水洗便所。

22 物干し竿

カンボジア人は絞らないで、ビショビショのまま干す。

カンさんが自作したという水上住宅。床下には数十本の竹の束が浮きがわりに組んであり、前後二カ所をロープで湖底の杭に留めてある。もう10年ほど使っているという。４年前に2000ドル（約20万円）かけて、自分で改修して大きくした。築10年、改築して４年というわけだ。水上では家の傷みが激しいので、一年に何度か修理が必要だそうで、稼いだお金は、それで全部使ってしまうという。しかし陸上と比べて土地代がかからないから安上がりだ。水上生活者に比較的貧しい人が多いのは、そのためだろう。

沐浴場

こちら側にはトイレの汚水が流れてこないようになっている。

ハンモック

カンボジア人はハンモックが大好き。夜も昼もブラブラ。

洗い場

調理スペースでもある。魚をおろすときはここで。

06 ミシン

長女のトォルさんが、たまに洋裁をする。

03 ディーゼルエンジンで発電

電気が通ってないので、夜はディーゼルエンジンで発電。

ベンチ

おやつを食べたり、おしゃべりしたり。家族の憩いの場。

17
姉妹の部屋
洋服の数がものすごい。さすが年頃の三姉妹。

19
台所
調味料のビンとステンレスの鍋がズラリ。

15
スピーカー
低音もバッチリの巨大スピーカー。

16
トンレサップ湖
トイレ兼台所兼お風呂兼ゴミ箱。

18
両親の寝室

14
リビング
夜は我々とイトコたちの寝室に。食事もここで。

居候ベッド
たぶん家の中で一番、涼しいベッド。

13

12
飲料水タンク
飲料水はお店で買ってくる。

11
お父さんの定位置
朝は南東から、夕方は北西から風が吹くので、南と西の戸口が朝夕のカンさんの定位置。

10
テレビとアンプ
発電機が稼働しているときだけ視聴可能。

08
洋服かけ

09
バッテリー
電灯用に、車のバッテリーが三個。テレビを点けると一日でなくなる。

07
イケス
ナマズやライギョなどの高級魚を養殖。

カンボジアの うるさいモノ

1 カラオケ

カンボジア人はカラオケが大好きだ。カンさんの家にも、立派なアンプとスピーカーが、居間の中央にデンと鎮座していて、我々は、そのデカさにたまげた。聞くところによると、どこの家庭でもカラオケセットは必需品だという。

「なんで一家に一台カラオケなんですかね？」

「親戚が集まったときに必要なのよ」

「決まってるじゃないの」と言わんばかりに、お母さんは答えた。我々には、どう考えても不必要に思えるんだが……。私は重ねて質問した。

「しかしなんで、こんなに大きなスピーカーが？」

「スピーカーが小さいと低音が出ないのよ」

「……」

なんなんだ。このコダワリは。

カラオケなんて拡声されれば、それでいいじゃないか、という我々の発想は、ここでは通用しない。あくまで「低音が響かないとダメ」なのだ。私は口をアングリと開けて、お母さんの誇らしげな説明を聞いていた。

そのカラオケセットは、夜な夜な「シロウトのど自慢」の大音響を、町中に響き渡らせる。もとよりカンボジアの家はニッパヤシを葺いただけなので、「防音」という概念は存在しない。週末の夜ともなると、巨大スピーカーを震撼させる自慢の大低音が、夜通しトンレサップの湖面を揺るがし続けるのである。

2 犬

さすがに夜も更けて、カラオケの歌声がおさまるころ。今度は野良犬の遠吠えが始まる。

町のどこかで、なにかの拍子に1匹が吠え始める。すると他の連中が我慢できなくなる。別の1匹が吠え始める。2匹目が吠えだす。もう止まらない。

町中の犬が飛び起きて、いもしない敵に対して吠えまくる。

かくして「遠吠えの連鎖反応」が起こるのである。

いったいなにがあったんだ。

なにもないに決まってる。

あいつらはただ、吠えたいだけなのだ。

いつ止むともしれない遠吠えの大合唱を、深いため息をつきながらボンヤリと聞いているうちに、いつしか眠りに落ちる。

カンボジアの寝苦しい夜である。

3 雨

最後にやかましいモノ。それは雨だ。

カンボジアの雨季には、午後になると必ずスコールがやって来る。普通の雨ではない。トンレサップ湖の底が割れたかと思うほどの、猛烈な雨だ。

カンさんの家に限らず、どこの家も、たいがいトタン屋根一枚なので、大粒の雨が叩きつけると、鼻を突き合わせるほど近くに座っていても、絶叫しないと会話ができないくらい、やかましい。

そういうときカンボジア人は、にっこりと微笑んで黙ってしまう。ムダな努力はしないのだ。話したいことがあれば、雨が止んでから話せばいい。

せっかちな日本人にとっては迷惑なだけの雨だが、カンボジア人は雨が大好きだ。

雨が降ると子供たちが元気になる。土砂降りの中を、びしょびしょに濡れながら走り回り、転げ回って遊んでいる。カンボジアの田舎は、まだまだぬかるみの泥道が多いが、それはもしかしたら「わざと」かもしれない。試しに裸足でぬかるみを歩いてみよう。なんとも言えなく気持ちがいいから。

カンボジアでは傘をさしている人が本当に少ない。サンダルに短パン、Tシャツ。ずぶ濡れになっても、ぜんぜんかまわない。第一暑いんだから、そのほうが涼しい。

雨は清涼と同時に、生活に不可欠な水と、農作物への恵みをもたらしてくれる。大きな水瓶は雨水でいっぱいになる。

「だから！　カンボジア人は！　雨が！大好きなんですよ！」

ガイドさんが、私の耳元で声を張り上げる。

しぶきを上げて降り注ぐ雨の中を、びしょ濡れの子供たちが走っていく。

私は窓からそれを眺めている。

戸口から吹き込んだ一陣の涼しい風が、頬をなでた。

カンボジアの雨季も、あと少しで終わる。

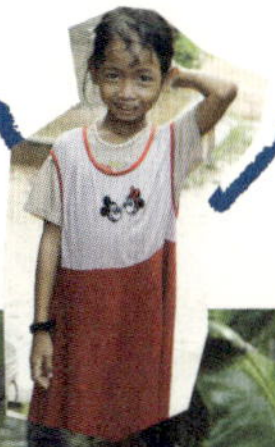

誤解

最終日、長男のキィアが、「あなたたちに、ぜひとも言っておきたいから」と言って話を切り出した。それは数日前のことだ。闘鶏から帰ってきたキィアが、英語を話す男性を連れてきた。つたない英語で彼が通訳するには、

「オマエたちがガソリン代を十五ドル払って、みんなで遊びに行こう」

というものだった。私たちは、その申し出を断った。英語を話す、見ず知らずの男にお金の話を切り出されたことで、少々警戒してしまったのだ。キィアとコォルは困ったような顔をしたが、しかしそれ以上は、なにも言わなかった。キィアの話はそのことだった。

「あなたたちは、もしかしたらオレたちが金をぼったくろうとしたと思っているかもしれないから、ここで説明するんだけどね。ここから一時間くらい行ったトンレサップ湖の中心は、とても水がきれいなんだ。だからもしも、あなたたちがガソリン代を払ってくれるなら、家族みんなで遊びに行こうって言いたかったんだ。でも話がうまく通じなくて誤解させてしまったかもしれない」

我々は確かに誤解していた。闘鶏に集まっている、少々ヤサグレた男たちを見たあとだったせいかもしれない。キィアの提案は、実は私たちに対する親切の表れだった。我々は最後になって、そのことを知らせてくれたキィアに感謝した。

水上集落を訪問しようと計画した当初、現地の旅行代理店は、ずいぶん心配してくれた。カンボジアの中でも比較的、低所得者が集まっている地域なので、盗難などのトラブルを危惧したのだ。しかしそれは杞憂であった。

水上集落の人々は、まったく人なつこく、親切で愉快であった。
それはトンレサップという、世界でも珍しいほど豊かな湖に、彼らの暮らしが、しっかりと
支えられているからに違いない。

おじゃましました
阪口克

アメーバ赤痢って知ってますか？
感染するとお尻から、
イチゴジャムみたいなウンコがでます。
ここのお母さんの手料理は、
世界各地で居候をしてきた中で、
一番、美味しいものでした。
毎日元気にバクバク食べました。
でも、やっぱり、
トイレの穴のすぐ横で、
食材や食器を洗うっていうのは……
いえ、何でもないです。
だって一緒にいた中山、
ぜんぜん元気だったんだもの。
くそー、悔しいぜ。

ネパール

NEPAL

ヒマラヤの懐に抱かれた豊かな集落の「のんびり家族」

はじめまして

—ネパール A to Z—

ネパールは、中国、インドの二大文化圏に挟まれたヒマラヤの山岳国家。それがこの国の文化を大きく規定している。

日本から…

日本からの直行便はない。成田国際空港からバンコクで乗り換えて首都カトマンズまで約10時間。

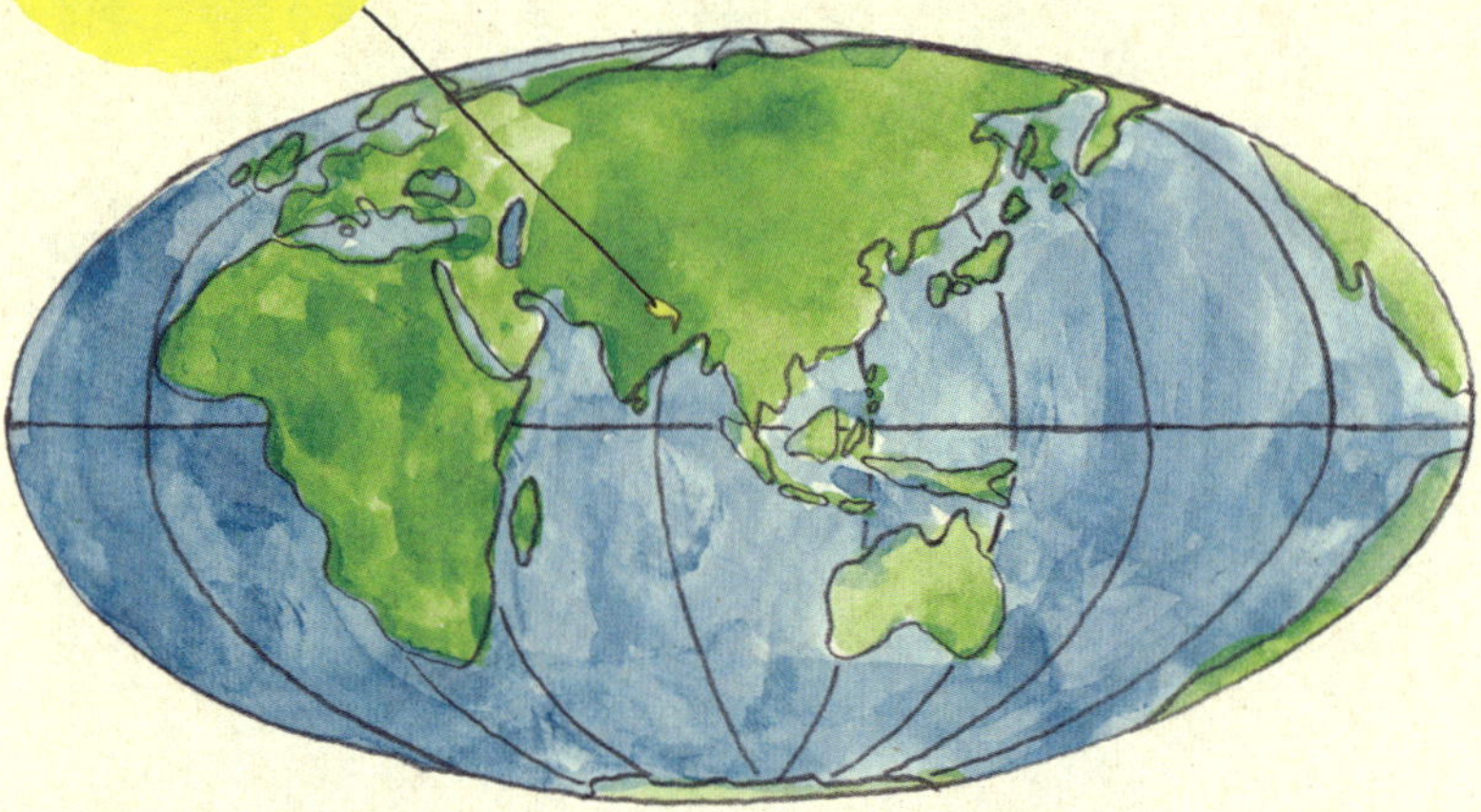

ネパールといえば、この人たち

ギャネンドラ前国王
(1950 ～)
第12代ネパール国王。2001年の王室射殺事件後に即位。2008年5月の共和制移行に伴って廃位。ネパール王室最後の国王となった。

クマリ
(17世紀頃～)
ネパールで崇められる女神「タレジュパトバニ」の化身とされる。サキャ族の幼女から厳しい選考を経て選ばれ、初潮と同時に交代する。

マハ
(コンビ結成1981 ～)
ネパールの国民的コメディアン、マダン・クリシュナとハリバンシャのコンビ。社会風刺的な芸風で人気を博す。コンビ名は、ふたりの頭文字をとったもの。

こんな国です

正式国名 ネパール連邦民主共和国
Federal Democratic Republic of Nepal
首　都 カトマンズ　Kathmandu
人　口 29,331,000人(2008年)
面　積 約14万7000㎢(日本の約3分の1)
民　族 パルバテ・ヒンドゥーと呼ばれるインド・ヨーロッパ語系の人々が人口のほぼ半数を占める。そのほかチベット・ビルマ語系の諸民族など30以上の民族が暮らす。
公用語 ネパール語
気　候 亜熱帯性気候で、雨季と乾季に分かれている。北のヒマラヤ山岳地帯、中部の丘陵地帯、インドと国境を接するタライ平野地帯と、地理的変化に富み、気候も地域で異なる。今回訪れたガーレガオン村は標高2000 mのところにあり、山岳気候。
通　貨 通貨単位はルピー(Rupee)とパイサ(Paisa)。1Rs ≒ 1.2円、US$1 ≒ 75 Rs(2009年12月現在)。
宗　教 ヒンドゥー教、チベット仏教。
国　旗 世界で唯一の、四角形でない国旗。月は王家を、太陽は宰相を表し、太陽や月と同じくらい国家が末永く繁栄するようにとの願いを込めたもの。2つの三角形はヒマラヤの山並みを象るとともにヒンドゥー教と仏教を意味する。

ネパールは、
「別荘をもつならここだ！」
と思った国のひとつだ。
景色はスバラシイ。メシもうまい。
人も親切だ。空気もうまい。
そしてなんとなく、
日本人が落ち着けるフンイキがある。
それは文化の連続の中のどこかで、
きっと日本とつながっているからだと思う。
ガーレガオンも、
そんなのどかな山村に違いない。

おじゃまします
中山茂大

豊かな国

ネパールは豊かな国である。「国民ひとりあたりのGDP」が示す数字によれば、ネパールは世界最貧国のひとつに数えられるけれど、しかし実際には自給自足が徹底していて、食べ物に困っている人を見たことがない。

ネパールはヒマラヤの南斜面にあたる。言ってみればヒマラヤの広大な「日なた」が、そのままネパールの国土だ。だから標高二〇〇〇メートル近くまで稲作が可能だ。コメは栄養価が高く、しかも小麦と比べて耕地面積あたりの収量が断然高い。

コメさえあれば、アジアのお百姓さんは無敵である。腹いっぱいメシをかきこんで、今日も元気に野良仕事に出かけるのだ。

今回我々が訪ねたのは、中部山岳地帯の山村ガーレガオン。標高八〇〇〇メートル級のアンナプルナと、天まで届くような段々畑が印象的な、のどかな山里である。

ガーレガオン

ガーレガオンには車では行けない。

麓の商業都市ベシサハルから、ひどい悪路を乗り合いジープでよじ登ること一時間。そこから山道を歩いて一時間。夕餉を炊《かし》ぐ煙がたゆたう、静かな村が見えてくる。ゆったりした村人の笑顔を見ただけで、この村が裕福であることが察せられる。

ガーレガオンは「ガレ族の村」という意味だ。ガレ族はチベット系のグルン族の一派で、村

ディディ

ネパールでは本名で呼ぶことは滅多になく、「ディディ」（姉貴）、「カンチー」（妹）、「ダイ」（兄貴）のように呼ぶ。周囲の人が本名を知らないことも多い。

人の姓は、すべからく「グルンさん」。顔立ちは「よく日焼けした日本人」という印象である。

ガーレガオンの村には、漆喰塗りで切り妻屋根の、これまた日本の古民家とよく似た木造住宅が建ち並んでいた。その風景は、映画『たそがれ清兵衛』の里山とそっくりで、我々にとってはデジャブな感覚である。そのうちの一軒が、今回お世話になるプルナ・バハドゥル・グルンさんの家だった。

土間で靴を脱いで中に通された。家の中は真っ暗である。中に入ると、目が慣れるまでに時間がかかった。囲炉裏の火がチロチロと燃えている。その奥にデンと鎮座している女性が、今回の主人公「ディディ」だ。ディディは本名ではない。「姉貴」というような意味だ。

ディディの貫禄は周囲を圧倒していた。囲炉裏の右側がキッチンになっており、ゴザが敷いてある。そこがディディの定位置である。ディディはそこから、まるで品定めでもするようにジロリと我々を見た。

煙に燻された居間に通されて、目をしばしばさせながらムシロに座った。ディディはなにも言わずに、金属製のコップに、囲炉裏で燗をつけていたヤカンの透明な液体を注いで、我々の前に置いた。「ロクシ」と呼ばれる、雑穀から作った自家製蒸留酒だ。日本の焼酎に近い味わいで、けっこうイケた。

ネパール人は酒好きである。少なくともインドのように、飲酒を悪習とは考えない。「チャン」と呼ばれるどぶろくもあり、祭のときには男も女も茶碗になみなみと注いで、昼間から飲んだくれる。ヨッパライに寛容なところも、日本とよく似ている。

続いてディディは、なにか黒いカタマリを囲炉裏の火に放り込んだ。ジリジリと音がして、脂が焦げる匂いがした。しばらくしてそのカタマリを取りだし、シッカル（鎌）でブツ切りにして、我々の目の前の「地べた」に置いた。シュクティ（水牛の干し肉）である。ひとつ拾って口に含む。肉のうま味が凝縮されていて、なかなかイケた。

ロクシを飲んでいるうちに、肩の緊張が徐々に溶けていき、部屋の様子が見えてきた。我々の後ろのベッドに、おばあちゃんが寝ていることに気づいたのは、酒を飲み始めてずいぶん経ってからだった。よく見るとディディは意外と若そうだ。おそるおそる訊ねてみると、ディディは初めて笑った。

「二十六才よ」

はにかんだディディも、意外とイケた。

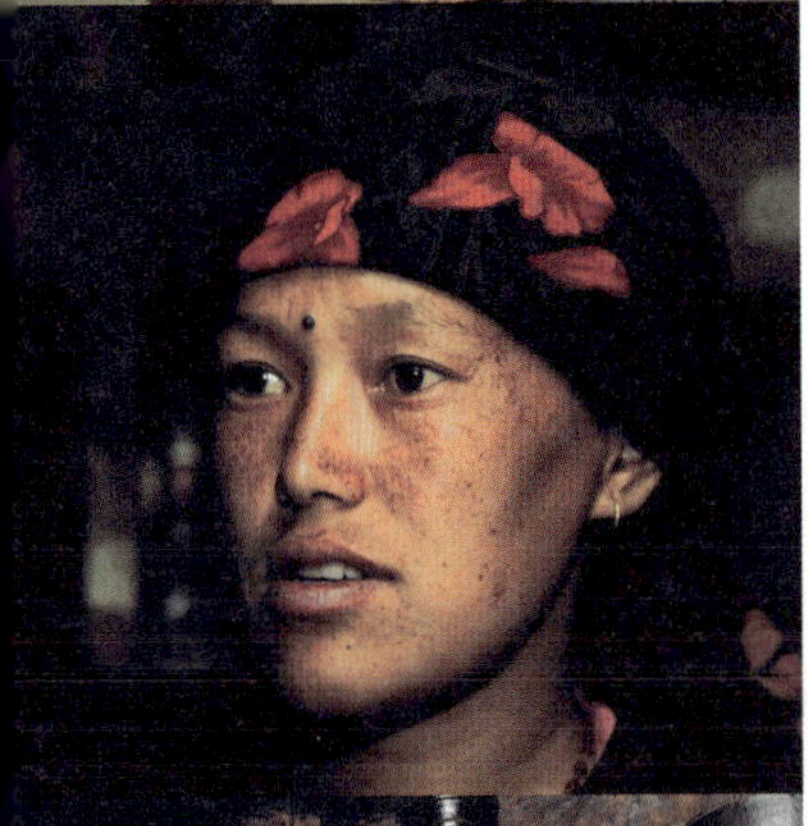

グルン家入門

グルン家（とはいっても、まわりもみんなグルン家なんだけど）は、ガーレガオンの集落のほぼ中央にある。母屋の他に納屋を改造したゲストハウスがあり、我々はそこに泊まった。村から徒歩30分ほどの放牧地で羊、山羊を飼っている。父ちゃんの恩給と息子さんの出稼ぎで、比較的裕福な暮らしだ。

グルン家のみなさん

ディディの家は、おばあちゃん、お母さん、ディディ、娘さんの四世代が同居している女系家族。男子は父ちゃんだけだ。

放牧を任せている親子

祖母

カム・シリ・グルンさん(88)

ディディの家のご隠居さん。たまに縁側で日なたぼっこしたり、機織りをしたり。

父親

プルナ・バハドゥル・グルンさん(54)

元グルカ兵でインド軍に在籍していた。

母親

ノル・マダ・グルンさん(53)

家事はおおむねディディに任せてのんびり。ロクシの蒸留を見せてくれた。

息子の嫁

カンネ・デビ・グルンさん(26)

通称ディディ。一家を取り仕切る姉御。

親戚

カメル・ジャン・グルンさん(85)

お隣のおじいちゃん。英国退役軍人。

ディディさんのひとり娘

カマナ・グルンちゃん(7)

小学生。最初は人見知りだったが、だんだん笑顔に。

隣村出身のガイド

ヴィジャヤさん

詩集を出版したこともあるインテリ青年。

鍛冶屋のお兄さん

ナディア・マンさん(32)

我々のククリを打ってくれた。カーストが違うので「グルンさん」ではない。

親戚

お隣のおじいちゃんと同居している市原悦子似のお母さん。

親戚・近所の人々

グルン家の1日

06:30 起床。

07:00 朝食。

07:30 放牧場まで散歩に出かける。

08:00 羊の群れを眺めながらチャイを一服。

09:00 帰る途中でおやつを食べて一休み。

09:30 村に戻る。

11:00 隣家のおじさんの家に遊びに行く。

12:30 昼食。

これは覚えなきゃ
あいさつとよく使う言葉

ネパールの公用語はネパール語。そのほかにたくさんの民族言語がある。ネパールには100近い民族が存在すると言われる。

こんにちは さようなら	=	नमस्ते ।	ナマステ	もっとも一般的な挨拶。丁寧に言うと「ナマスカール」。
十分	=	पुग्यो ।	プギョ	「もっと食べる？」「プギョプギョ」と使う。
ＯＫ！	=	हुन्छ	フンチャ	ネパールでは首を横に傾げるのがＯＫの仕草。
ありがとう	=	धन्यवाद ।	ダンニャバード	ヒンズー語と同じ表現。
はい？	=	हजुर ।?	ハジュール	名前を呼ばれると、このように返事する。
おいしい	=	मीठो	ミトチャ	「おいしくない」は「ミトチャイナ」。

グルン家のご近所

ガーレガオンは尾根の南斜面に広がっていて、広場から学校にかけて家が密集している。

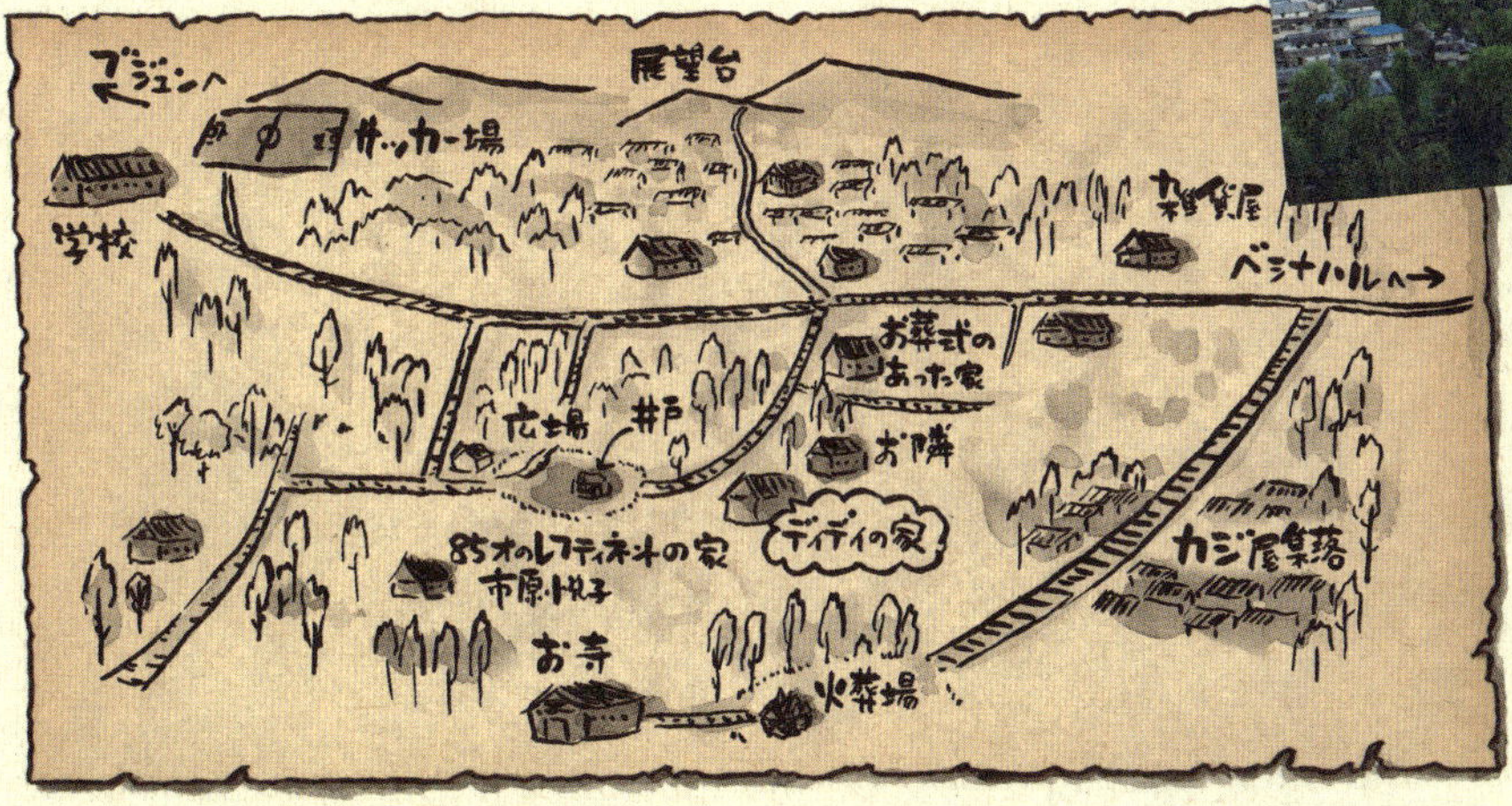

14:00
鍛冶屋の集落でククリを打ってもらう。

16:00
ロクシの蒸留を見学。

18:00
日没。

19:00
ロクシを飲みながらシュクティをかじる。

20:00
夕食。村人が遊びに来る。引き続き酒盛り。

22:00
消灯。

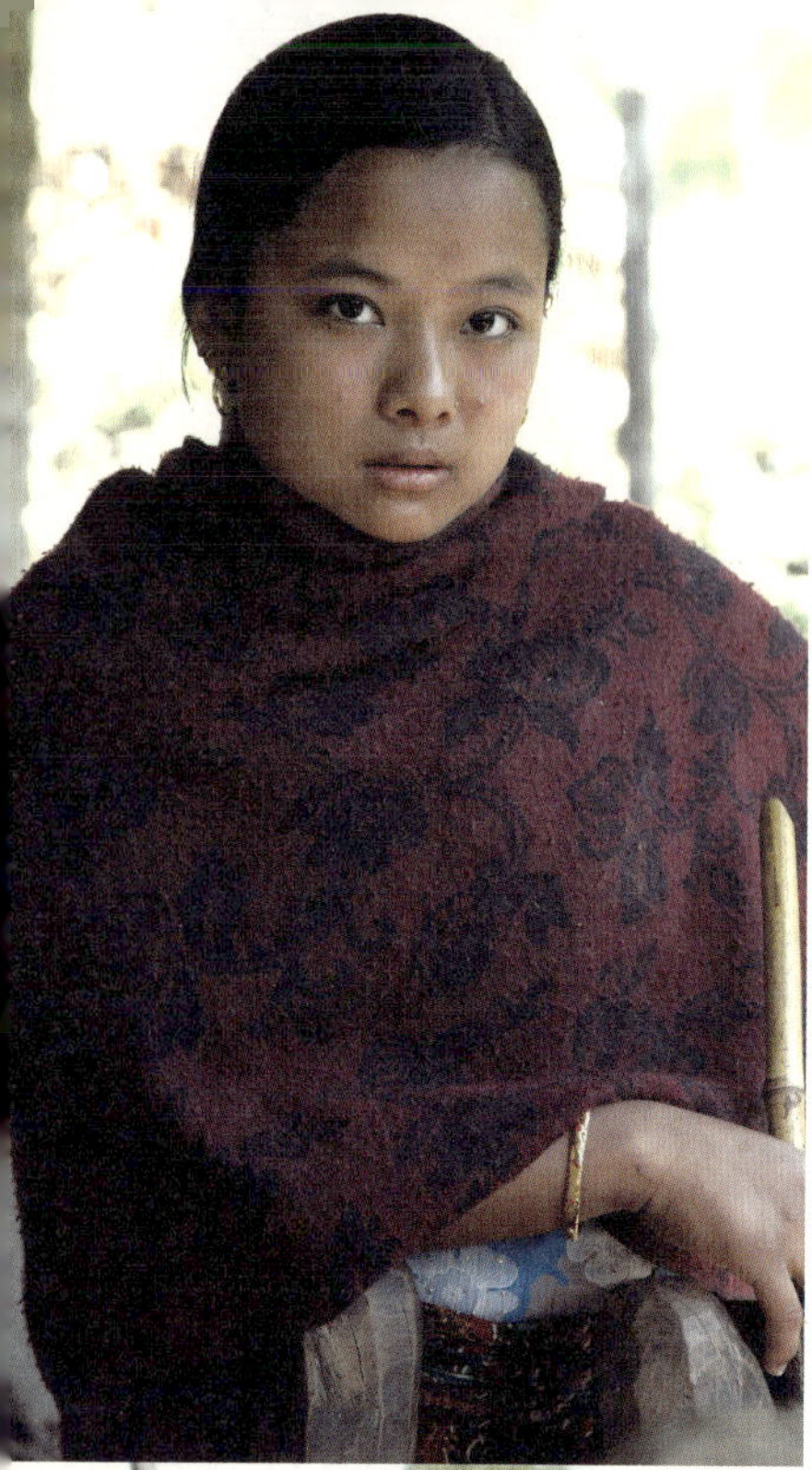

女だらけの村

翌日、さっそく村を散歩してみた。広場に井戸があり、娘たちが洗い物をしている。家々の軒先では、ゴットンゴットンと脱穀機を動かす娘たちが、こちらを見つめる。カメラを向けると恥じらってあっちを向いてしまうのがまた可愛らしい。なにもかも捨てて、この村に住んじまおうかなどと、年甲斐もないことをフト考えた。

ガーレガオンには、女性の姿が目立った。インドと中国の中間に位置するネパールは、古くから交易が盛んだった。グルン族の男たちはシェルパ族と同じように交易品の運送に従事したので、長期間、家を空けることが多かったそうだ。その間、女たちは野良仕事をしながら家を守った。現在のネパールは「出稼ぎ大国」だが、男たちが仕事で長期間、家を空けるのは、ごく自然なことだったに違いない。そのせいで、村には女性の姿がやたら目立つのだ。

グルカ兵の村

グルカ兵

「グルカ」というのは民族名ではない。当時のネパール王朝がカトマンズ近郊の町「ゴルカ」出身だったことに由来する。

出稼ぎの中でも、もっとも有名なのが、勇猛で知られる「グルカ兵」だろう。グルカ兵は十九世紀初めのイギリス・ネパール戦争以来、英軍が組織した傭兵部隊である。現在もイギリス、シンガポール、香港、インドなどの警察や軍隊で活躍している。ガーレガオンからも「グルカ兵」として外国に勤務する人は多い。父ちゃんのプルナさんも、インド軍傭兵として活躍した。

「一九七一年から一九九四年までの、二十二年と六十日間だよ」

日数を正確に覚えているのは、いかにも軍人らしい。印、中、アフガン国境の山岳地帯に配備され、標高四〇〇〇メートルのキビシイ環境で数ヶ月過ごしたこともある。もっとすごいのは今年八十五才になる隣のおじいちゃんで、英軍の傭兵としてドイツ軍と戦い、レフティネント(中尉)まで昇進した。父ちゃんの叔父さんも傭兵だったそうだから、親や親戚の紹介で、代々傭兵に選ばれるのかもしれない。

イギリス軍に採用されるのは一部のエリートで、待遇も最高。次に香港やシンガポールの警察、インド軍、ネパール国軍の順になる。英語が話せるかどうかが採用の決め手なんだそうだ。

グルカ兵を象徴するのが「ククリ」だ。「く」の字にわん曲した山刀で、いかにもゲリラ戦で活躍しそうな形である。鋭利な日本刀が「切り裂く」だとしたら、ククリは「ぶった切る」というのが相応しい。父ちゃんに傭兵時代のククリを見せてもらった。余計な装飾のない実用性重視の、ごついククリであった。

「これで人を殺したことがあるんですか?」

と尋ねると、父ちゃんは、ニヤリと笑って返事をしなかった。……怖!

ガーレガオンは、商業都市ベシサハルから、人口2500人の大集落ブジュンに行く途中にある小さな集落。よく整備された石畳の山道に沿って、点々と民家が軒を連ねている。見晴らしのいい丘の上からは、アンナプルナ、ラムジュン、マナスルなどの美しい山々が手に取るように望める。

ナマステ ガーレガオン村のひとびと

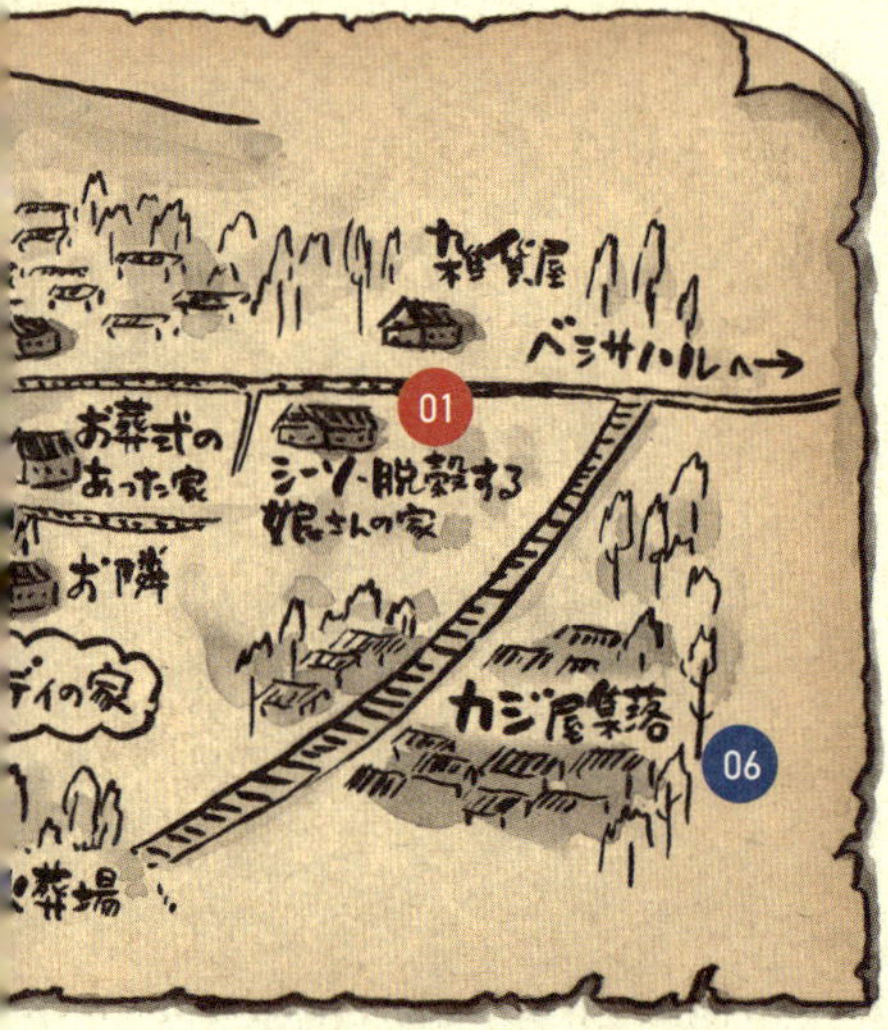

シーソー脱穀する娘さん

散歩中に見かけた美人姉妹。シーソー型の脱穀機で籾をつぶしていた。

機織りおばさん

いつも機織りをしていたおばあちゃんは、ディディの家のおばあちゃんと仲良し。

バター作りを見学した家のおじさん

子だくさんのご近所の家に遊びに行ったら、ちょうどドンモでバターを作っていた。

07

民族衣装の女性

お別れのイベントで踊ってくれた女性。

GHALEGAUN'S MAP
ブジュンへ
サッカー場
学校
02
03
機織りおばさんの家
広場
07
04
05
市原悦子
お寺

鍛冶職人のナディア・マンさん

06

風邪を押してククリを打ってくれたナディアさん。

レフティネント

04

レフティネントのおじいちゃんは立派な賜杯を見せてくれた。

市原悦子

05

日向ぼっこしながら糸を紡ぐ市原悦子似のおばちゃん。

出稼ぎ大国

軍隊がキライな人は中近東の産油国へ出稼ぎに行く。ディディの旦那はサウジアラビアに出稼ぎに行っているという。

「サウジで働くと、月に七〇〇リヤル（約一七〇〇〇円）にもなるのよ」

とディディが教えてくれた。ネパールではたいへんな収入である。

ネパールはフィリピンと並んで、世界有数の出稼ぎ大国だ。一説によると、ネパール人の出稼ぎは一〇〇万人を超え、送金額は一〇〇〇億円以上とも言われる。ひとりあたり年間一〇万円、送金していることになる。

外国へ働きに出た男たちは、腕時計や洋服、電化製品を山のように買って帰る。

「今年はテレビとCDプレーヤーとモバイル（携帯電話）がお土産だったのよ。寝てるとモバイルが届くの」

ディディが笑った。旦那が次に戻るのは二年後だ。

出稼ぎのおかげで、村は非常に裕福だ。村人の表情は柔和で満ち足りている。身なりもキレイだし、食べ物も豊富だ。夕方になると、どこの家からも夕餉を炊ぐ豊かな煙があがり、ロクシが食卓に並ぶ。我々が訪ねた日には、山羊の屠畜が行われ、村人総出で解体が行われていた。

ディディの家でも、新しいトイレやキッチンができて、生活はどんどん豊かになっている。出稼ぎで稼いだ金でベシサハルに家を建て、子供を私立学校に通わせる家族も少なくないという。

カースト

インドやネパールでは、いまでもカーストによる身分差別が根強く残っている。ネパール人は、水差しに口をつけずに上手に水を飲むけれど、それは「口をつけること」による「不浄」を避けるためなのだった。

下層カーストの集落

その一方で、村には別の一面があることを知ったのは、自前のククリを打ってもらいに、村はずれの鍛冶屋の集落に行ったときのことだった。その集落には、ディディの家よりも、ずいぶん貧相な家が軒を並べていた。鍛冶屋のカーストは、仕立屋、革職人などと同じく、ネパールでは最下層のカーストなのである。

集落には人影もなく、ひっそりと静まりかえっていた。

そのうちの一軒を訪ねると、疲れた顔をした三十過ぎの男が顔を出した。ナディア・マンさんという。カゼを引いていて、今日は休んでいたが、無理を言ってククリを打ってもらった。鍛冶場で火を熾し、真っ赤になったハガネを叩いて延ばす。額に玉のような汗が浮かび、マンさんは、それを何度も拭った。そうしてできあがった二丁のククリに、サカグチと二人で、二〇〇ルピー払ったら、マンさんは飛び上がるように喜んだ。彼にとって四〇〇円という金額は、月収以上の価値があるのだとガイドのヴィジャヤさんが教えてくれた。

そこで私は納得した。

産油国に出稼ぎに行くのにも元手がいる。多くの村人は親戚に借金をして就労ビザを取り、航空券を買って、ようやく出稼ぎに行くことができる。

しかし本当に貧しい人たちはどうだろう。彼自身も、彼の親戚も、全員が貧乏だったら、出稼ぎに行くことすらできないのだ。従って貧乏な人々は、いつまでも貧乏なままでいるしかない。こうしてネパールの貧富の格差は、少しずつ大きくなっているのかもしれない。

我が家をご案内

ガーレガオンの家屋は、だいたいどこも同じ構造。その造りは日本の古民家とそっくりで、なんとも親近感が持てるのだ。

父ちゃんの部屋

離れ（?）の二階部分は、半分物置になっていてベッドがひとつ置いてある。ここが父ちゃんの寝室だ。

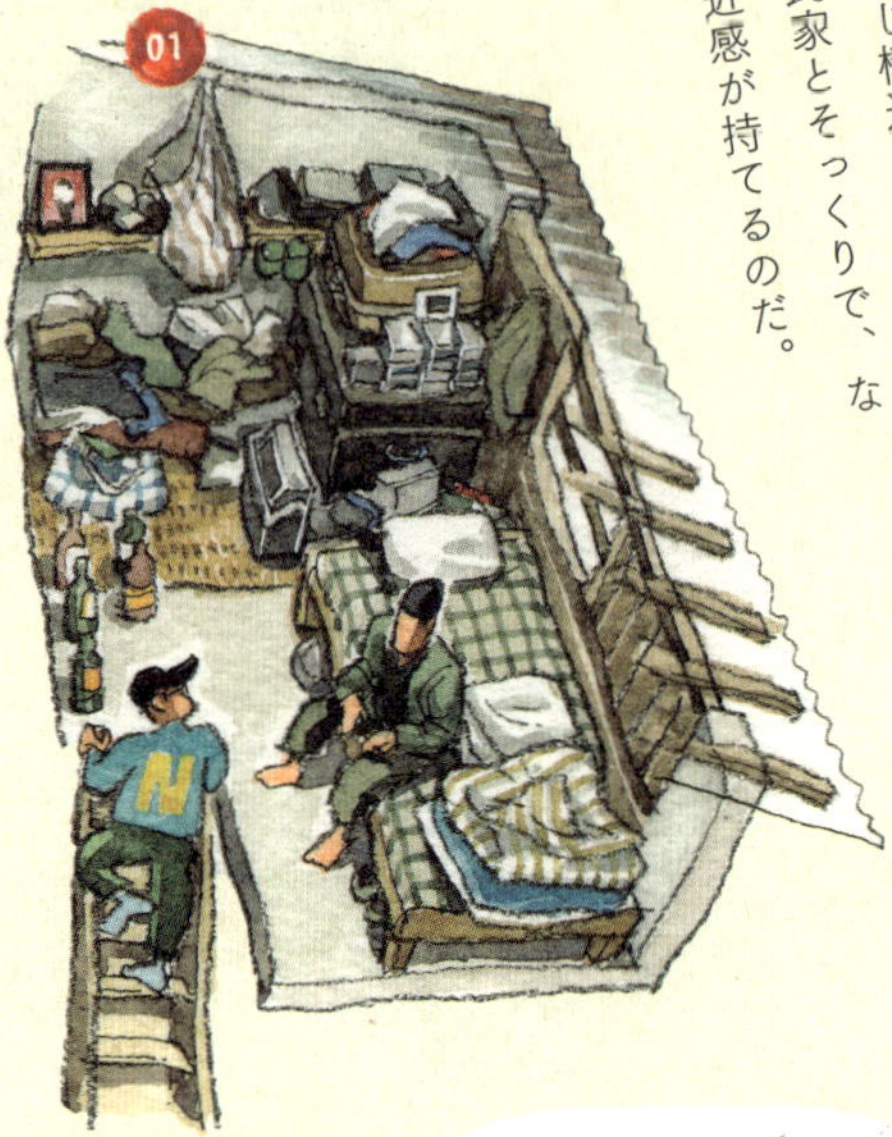

まず下屋の部分は土間の玄関＆縁側。ディディの家は、この一部を新キッチンに改造している。左手が居間＆台所。この部屋の囲炉裏端でゴロリと横になって雑魚寝するのが一番快適である。高齢のおばあちゃんは、この部屋のベッドで寝ている。屋根裏は穀物庫で、大量のコメと雑穀が保存されている。囲炉裏の煙でいぶされ、虫がつかない工夫だ。土間の右手は個室＆物置になっている。この部屋にはテレビがある。ガーレガオンには電気はもちろん通ってないので、屋根のソーラーパネルでバッテリーに充電していると思われる。

ディディの部屋

離れ（?）の一階部分は、ディディとカマナちゃんの寝室。

下屋のタタキ

土間の三和土。ここから土足禁止になる。土を溶いた泥水を定期的に塗って、ヒビ割れを防ぐ。

10

窓
一カ所だけある窓は、昼間は少しだけ開いている。

11

収納棚
かつての高級品であった銅製の鍋やお盆などがズラリと並べて飾ってある。

13

屋根裏の物置
穀物倉庫。卵や保存の利く野菜、シッカルや農耕具もしまってある。

14

肉干し場
煙に燻されて、うまみが凝縮した干し肉。

12

仏壇
ラマ教の小さな仏壇。フト気がつくと灯明がともっている。

09 ディディの定位置
囲炉裏端はキッチンで、ディディはいつも、ここに陣取っている。調味料や食材など必要なものには座っていても手が届く。

08

囲炉裏
囲炉裏端にはゴザが敷いてあり、上座は囲炉裏の一番奥、つまりもっとも暖かい場所。

07

居間
二十畳ほど。中央に大黒柱が二本立ち、太い梁が通っている。内部は昼間でも真っ暗。

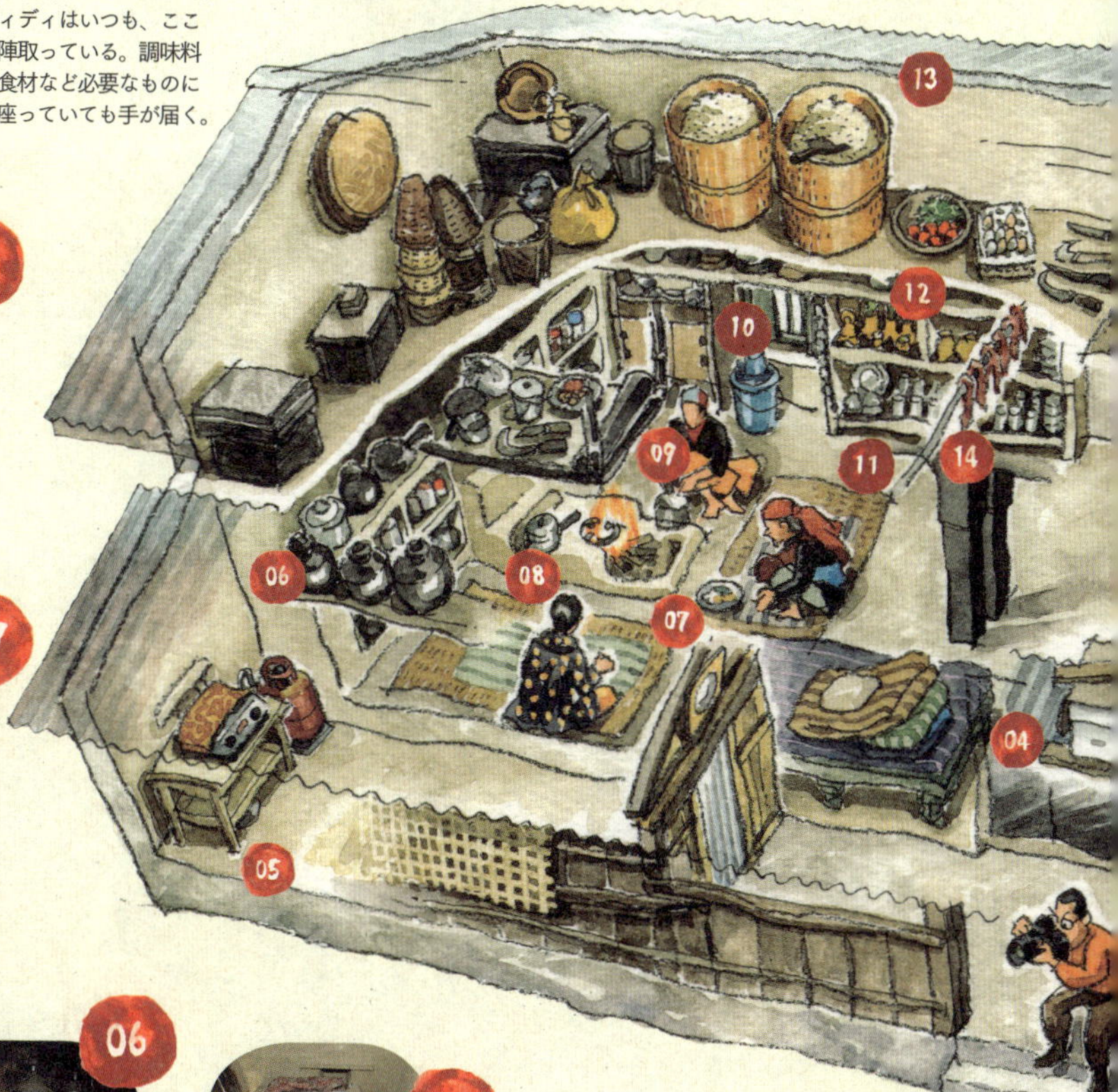
13
12
10
09
11
14
06
08
07
04
05

06

壺を置く棚
普段使わない食器や鍋が収納されているが、すっかりすすけている。

05

ガスコンロ
この部屋には普段カギがかかっている。プロパンガスは高いので、滅多に使わないようだ。

04

養蜂箱
ちょっとだけ食べさせてもらったハチミツは、とても濃厚でおいしかった。

照葉樹林文化

ネパール、ブータンからタイ、ラオス、雲南省、日本にかけては、稲作、酒造方法、なれ鮨、竹細工など、共通する文化が多く、中尾佐助教授は、これを「照葉樹林文化」と名付けた。葬儀についても共通する習慣が多いのかもしれない。

お葬式

村人たちは、とても穏やかな表情をしている。しかしその目には、達観というか諦観というか、なんともいえない静謐《せいひつ》を宿しているように見えるのだ。それがなんなのか、ボンヤリと理解できたのは、村人の葬儀に参加したときのことだった。

故人は、まだ三十歳過ぎという若い男性だった。ほとんどすべての村人が弔問に訪れ、家の前庭には人だかりができていた。チャンを飲み回す男たちと、雑談しながら葬儀を見守る女たち。僧侶がシンバルを打ち鳴らして遺体の周囲を飛び回る。日本よりも動的でプリミティブだ。

遺体は白い布に巻かれて戸板に載せられ、生前の男性の衣服が掛けられていた。仰向けで膝を折った屈葬式で、病気で痩せてしまったものか、ずいぶん小さく見えた。

遺族の男たち数人に難なく担がれた遺体を先頭に、幾人かが竹竿に白旗を掲げ、長い葬列を作って、村はずれの火葬場に向かった。日本の田舎の葬列とよく似ていた。

火葬場でも淡々と儀式が進んだ。誰かが嘆き悲しんだり、取り乱したりすることもなかった。山のようにくべられた薪の上に遺体が運び上げられ、火がつけられた。オレンジの炎は、あっという間に遺体を包み込んだ。白い布はすぐに燃え尽き、遺体が丸見えになる。髪の毛が燃え上がり、身体からシュウシュウと水蒸気が上がり始めた。遺体が燃えていくのを、村人たちは黙って眺めていた。

日本ではすっかり様式化され、ある意味で社会から隠蔽されている人間の死が、この村では村人の手によって日常的に行われる。遺体が燃えていくさまを見つめる村人の目には、あの不思議な静謐がたたえられていた。

「まごわやさしい」

ガーレガオンには、元気なおばあちゃんが多い。ディディの家のおばあちゃんは八十八歳だそうだ。あるいは家によく訪ねてきたおばあちゃんも、やはり八十の大台に達していたと思われる。他にも元気なおばあちゃんがカクシャクとしている。ある日、日なたぼっこしながら機織りをしている、おばあちゃんたちの井戸端会議に顔を出してみた。

「長寿の秘訣って、なんですかね」

「あら、いやあねえ」

おばあちゃんたちは、ちょっと恥じらいながらも答えてくれた。

「ここは都会みたいな汚染がないからねえ」

一度、「スワヤンブナート」の頂上から、カトマンズの街を眺めたことがある。そこには地上数十メートルの高さまで、黒く澱んだ排気ガスの層が、帯状に堆積しているのが見えた。カトマンズの大気汚染は、東京よりもはるかに悪い。それに比べたらガーレガオンは天国みたいだ。

カトマンズの大気汚染

市街地の上空、数十メートルに、うっすらと黒い帯が広がっているのが、おわかりいただけるだろうか!?

「たくさん働いてるからねえ」

「そうそう。坂が多くて、足腰が鍛えられるからねえ」

日々の野良仕事で、坂の多い村を行ったり来たりするので、足腰が丈夫なのだという。確かにこの村には、寝たきり老人はいなさそうだ。

「ごはんがおいしいわよねえ」

別のおばあちゃんが答えた。

３種類の米

上：バスマティライス（香り米）。もっともよく食べられている。
左：高地用米
右：陸稲。赤米ともいう。

ネパールの定食を「ダルバート」という。豆カレーの「ダル」とごはんの「バート」、野菜の煮物などのおかず「タルカリ」の三点セットである。肉や魚はあまり食べない代わりに、マメと野菜と穀物が主体の非常にヘルシーな食事が、ガーレガオンでは一般的である。この菜食主義、というよりも粗食主義も、ガーレガオンの長寿の秘訣かもしれない。日本にも「ま　ご　わ　や　さ　し　い」という言葉がある。「豆類」「胡麻」「わかめ（海藻類）」「野菜」「魚」「しいたけ（きのこ類）」「イモ類」のことで、健康的な食生活の基本となる食材の頭文字をとった言葉だ。ガーレガオンの食事には、その多くが該当しているのである。

途上国ではアトピーが見られないという。アトピーは先進国の病気である。その事実は、ガーレガオンの食生活を見ていると、よくわかる。彼らの食べ物に、工業製品はほとんど見あたらないのだ。もちろんコーラやビールも手に入るけれど、現金収入が少ない彼らにとって、それらは高級品であり、日常的に飲めるものではない。彼らが日々、口にする食べ物は、自分たちの畑で穫れた野菜とコメなのである。

いただきます ごちそうさま

ネパールは、インドと中国に挟まれているだけに、食事もインド料理と中華の折衷という感じ。しかしその割合は7：3くらいでインドの影響のほうが強い。またインドと比較して飲酒や肉食に対する禁忌が少なく、我々日本人には非常にありがたい。食べ物の味付けも全体にあっさりめで、これも日本人好みだ。

ごちそう

ガーレガオンのご家庭は菜食中心で、村祭りのときなどに肉が振る舞われる。

一人前 233 Kcal
（写真はだいたい２人前）

シュクティ（水牛の干し肉）

囲炉裏端の梁に引っかけて燻製にした干し肉。炭火で軽くあぶって食べる。酒のツマミ。たんぱく質、ミネラル分が摂取でき、脂質からエネルギーも摂取できる。野菜も一緒に摂りたいところ。

山羊の内臓煮込み

屠畜した山羊の内臓や血の固まりを細かく刻んで大鍋で煮込む。血や内臓は栄養価が高く、特に鉄分、ミネラル分が豊富。ガーレガオンでは、村祭りのご馳走だ。しかし小腸など、あまり洗わないので、少々ニオイがキツイ。

いつもの

ネパールではとにかく白飯をたくさん食べる。茶碗三膳分くらいは余裕でありそうな山盛りご飯が基本だ。

シスノのスープ

シスノは庭にたくさん生えてるトゲトゲの葉っぱ。トロミのついたスープになる。栄養価が高い。

ディロ

雑穀の粉をお湯で練ったもので、日本の「そばがき」と同じ。貧しい人が比較的よく食べる。炭水化物、ミネラルが豊富。

チャイ

インド風ロイヤルミルクティ。水と山羊乳または牛乳を半分ずつに、紅茶と砂糖、たまにカルダモンなどを加え煮立てる。濃厚な味わいで身体が温まる。ビタミン以外の栄養価も豊富。

ダルバート

ネパールの定食。豆スープと野菜炒めとごはんの黄金トリオは、たんぱく質、ビタミン、炭水化物がバランスよく摂れて、栄養士さんも大絶賛。チキンやマトンなど肉が入ると脂質も加わり、コクとうまみも出て、栄養価もさらに高くなる。

一人前 1000 Kcal

油条

米粉に小麦粉少々と、砂糖と、カフロという「ネバネバ」を加えて水で溶き、油にニョローッと落として揚げる。おやつや朝食に。

台所必須道具

シッカル

シッカルは鎌のこと。実生活ではククリよりも使用頻度が高く、包丁としても利用する。内側に大きくわん曲しているので、使用するまな板も独特。日本のように薄く平坦ではなく、背が高くて幅が狭い。シッカルを固定して、肉や魚などの素材を動かして切ることもある。

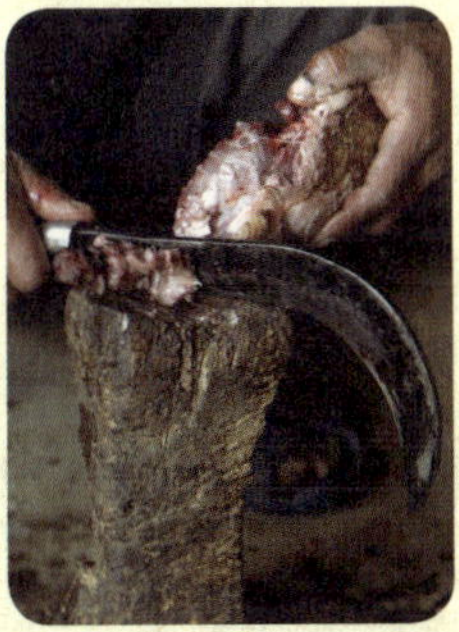

調味料、これがないとね

ディディのガラムマサラ

ガラムマサラ

「ガラムマサラ」は香辛料を調合した「あわせ調味料」で、各家庭で配合が異なる。ディディのマサラは、ジラ（クミン）、コリアンダーのタネ、コショウ、ショウガ、ニンニクをすり潰し、水を加えて練ったもの。

グンドゥルック（発酵させた青菜）

独特の酸味がある食材。日本の高菜の漬物に近い。

写真はグンドゥルックと豆の煮物

グルン家のこんだて表

食事は大きく二回とる。いずれもダルバートが基本で、夕食にはもう一品加わることも。日本と同じく晩酌が夕食になることもしばしば。

1日の摂取エネルギー（目安）

2407 Kcal

	献立	血や肉を作るもの	力や熱となるもの	体の調子を整えるもの
朝食	油条 チャイ 	ミルク（山羊） 豆 鶏肉 水牛の肉	米 小麦粉 砂糖 油 ジャガイモ 雑穀	タマネギ ナス ニンニク ショウガ 青菜
昼食	ダル チキンカレー タルカリ バート 			
夕食	ダル チキンカレー タルカリ ディロ バート 水牛の干し肉焼 ロクシ（焼酎） 			

栄養士さんからのコメント

ダルバートは栄養バランスがよく、スバラシイです。肉がなくても豆を摂っていますし、ご飯をたくさん食べているのもよいです。ただカルシウム、ビタミンB群が不足気味です。乳製品をもっと食べると改善されるでしょう。

スタート!

ロクシができるまで

ロクシは日本の本格焼酎と同じ単式蒸留酒。ディディの家では、自家醸造した雑穀酒を簡易蒸留装置を使って蒸留している。雑穀酒から気化したアルコール は、上段の水を満たした皿に触れて冷却され、再び液化する。液化したアルコールは、円錐を伝って内部の小さな壺の中に溜まるという仕組み。２キロの雑穀酒からビール大瓶５本ぶんのロクシができる。

発酵した雑穀を下段の壺に投入して水を加え、火を起こす。

下段の壺の上に中段の壺を設置。

中段の壺の内部に小さな「受け壺」を設置。

中段の壺の上に、底が円錐状の銅製の皿を載せる。

中段の壺の口の周囲に、濡らした布を巻き付ける。

下段と中段の壺の間の隙間を水でこねた灰で埋める。

陶器の皿にはいつも水をたたえておき、温まってくると冷水と交換する。

８回水を交換したら完成。円錐の皿を外してみると、受け壺にはロクシが溜まっている。

完成!

飲んでみる。うまいけどアルコール分高すぎ!

ダルバート

ダルバートはネパールの国民食である。我々も一日一回は必ず口にした。ダルバートは手で食べるものだ。そこでネパール人に食べ方を教わった。まず右手の親指以外の、人差し指と中指と薬指と小指を使って、カレーとご飯を混ぜあわせる。そして親指で、およそ一口ぶんの、ご飯とカレーが混ざったの（以降「ご飯カレー」としよう）を、四本の指に寄せ集める。次の瞬間が素早い。「ご飯カレー」が、四本の指に乗ったと思った瞬間、ヒョイと手が持ち上がり、それはもう口の中に収まっているのだ。

「ちょ、ちょっと待って。もう一回」

私がリプレイを要求すると、まわりで見物していたネパール人たちが爆笑した。食べ方を見せてくれた若者は苦笑しながら、もう一度実演してくれた。四本の指でカレーをこねる。親指で「ご飯カレー」を寄せ集……ほら、もう口の中だ。

「おまえもやってみろ」

促されて私もやってみる。カレーに指を突っ込んでみた。指先に不思議な温かみを感じる。トロリとした温かい液体に、固形物のコメが混ざり合う。その感触が無意識のうちに味を予見させる。指先で味を確かめるのだ。それは新しい味覚と言ってもいいかもしれない。もしもそれが、石とか鉄のように、固くてザラザラした冷たいものだったら、食欲がわくはずがない。しかし温かいカレーだったら、目をつぶっていても食べられそうなモノであることが理解できる。

手食というのは、人間のもっともプリミティブで、生得的な食べ方なんだなあ……シミジミ実感したわけだが、それはともかく、うまくいかないのである。親指で「ご飯カレー」を四本の指に寄せ集める。しかし捕捉できたのは少ない。しかもその多くが口に運ぶ前に指の間をすり抜けていき、口に入ったのは数粒であった。ネパール人たちは大喜びである。拍手喝采して、私の手食デビューを応援してくれた。たまりかねた店員がスプーンを持ってきてくれたが、もちろんそれは謝絶して、最後まで手で食った。食い終わったころには、あれほどたくさんいたギャラリーは誰もいなくなっていた。

ギー作り

おじさんが棒でつついている細長い筒。どこかで見たことがあると思ったら、ラダックの「ドンモ」ではないか。ラダックではグルグルチャを作るために、ドルマさんがジャボジャボやっていたドンモだが、ガーレガオンでは「ギー作り」に使うのだ。「ギー」とは水牛や山羊などの乳から作られるバターのこと。生乳を煮沸し、スターターを加えて発酵させ、ダヒ（ヨーグルト）をつくる。これをドンモの中で強く攪拌するとギーが分離して浮かんでくる。ネパールでは高級な食材で、ダルの油やチャパティに塗るなどして使う。

ガーレガオン的「長寿の秘訣」とは？

棒の意味
ガーレガオンの村では、棒を使ったこんな門を、よく見かけた。棒には意味がある。一本かけてあると「近所に出かけてます」、二本だと「少し遠くに」、三本全部かけてあると「しばらく戻りません」。棒がなければ、もちろん誰かいるという意味だ。

最後にひとつ、私が気がついた「長寿の秘訣」がある。

それは、おばあちゃんの「柔和な表情」だ。

機織りをしながら世間話に花を咲かせるおばあちゃんは、よく笑った。村人たちは、みな親戚であり、幼なじみであり、家族のようなものだ。村には知らない人はひとりもいない。

この村では「十年ひと昔」という言葉が実によく似合う。時間は悠久に流れ、村人はゆっくりと生き、老いていく。営業ノルマもない。原稿の〆切もない。遅刻も残業もない。見ず知らずの人に「お世話になっております」といってアタマを下げることもない。「オレオレ詐欺」がかかってきてもＡＴＭがないから大丈夫だ。

雄大なアンナプルナ連峰を望みながら、野良仕事に精を出し、地元の野菜を食べ、スリルはあんまりないかもしれないけれど、その代わりストレスもなく、気心の知れた友人たちと、いつまでも平和に暮らす。

ガーレガオンの長寿の秘訣は、そのあたりにあるのではないだろうか。

村のおじいちゃん
村では、おばあちゃんがたくさんいる一方で、おじいちゃんはあまり見かけない。出稼ぎ中の過労や不慮の事故で、早く亡くなる人が多いのかもしれない。

印パ戦争の激戦を駆抜けた、歴戦の勇者と、
目の前にいる温厚そうな親父さん。
このギャップをどう理解すれば良いのか？
答えは結局簡単なもので、
どの国の戦士や兵隊さんだって、
家に戻れば普通の
お父さんや旦那さんってことなんだろう。
この村の人たちは、
世界最強と呼ばれる傭兵を送り出すことを、
とても誇りにしている。
ナイフと勲章、凛々しい写真を
誇らしげに見せてくれた親父さんは、
その日の夕、遠い目をして膝を抱えていた。
あの時、親父さんは何を思っていたんだろう。

おじゃましました
阪口克

世界のどこかで
ちょっとだけ
居候

タイ

グルメなカレン族の集落

カレン族は鮮やかなストライプの織物で有名だ。「『カレン』というのは『紡ぐ人』という意味なんだ」とガイドさんが教えてくれた。タイ最大の少数民族で、人口はおよそ44万人。ミャンマー国境付近に集住している。我々が訪ねたのはフイナムイェン村のカラダさんの家。森の中に高床式の家が点在している小さな集落だ。周辺には他の少数民族も暮らしているが、見た目はまったく同じ。我々にはとんと見分けがつかない。しかし地元の人と市場に行くと、「あれはアカ族、あれはリス族」「どうしてわかるの?」「説明しづらいけど、顔とかフンイキとかかな」。その日の夕食は大きな川魚が二匹と、豚肉のあぶり焼き、「ゲーン」(ココナツミルクベースのタイ風カレー)、そして大量のご飯だ。地酒の焼酎「ムーンチャイ」も出てきて、いつの間にか村人が集まり、酒盛りになった。我々は早めに引き上げたが、宴のにぎやかな笑い声は遅くまで続いた。

カンボジア

サロンさんの高床式住宅

ソロン村は、シェムリアップから車で一時間ほど北にある、のどかな農村だ。日本語ガイドのサロンさんの実家に遊びに行ったのだった。どこの家にも大きな水瓶があり、満々と水がたたえられている。クメール語で「水浴び」のことを「ムッタク」という。カンボジア人は、腰巻き姿で、一日に二、三回はムッタクをする。さっそく我々も海水パンツに着替えてムッタクをすることにした。水はほどよい冷たさで、暑さにほてった身体が涼んでくる。井戸端では、半裸の子供たちが水かけっこをして遊んでいた。カンボジア人は本当に水に慣れ親しんでいる。雲南から南下してきたタイ族やビルマ族と違って、クメール族は、もともとインドシナに住んでいた人々だ。きっと日本人と同じく、海洋民族の血を引いているのに違いない。

ラオス

モン族の清貧集落

モン族が住むノンギャザイ村は、粗末な家が点在する貧しい集落だった。焼き畑をしながら20年ほどのサイクルで移動を繰り返しているという。その日の村人の食事は、カボチャの煮付けとご飯だけ。村には金髪の子供がやたらと目につくが、それは栄養失調が原因だという。我々の食事にはオタマジャクシの油炒めが出たが、村人にとっては大変なご馳走なのだった。とはいっても村人の表情は明るく、とても穏やかだ。村長のチュー・チョンヤンさんは、「村に学校を作るのが夢だ」と語っていた。昨年、NGOの協力で村に水道が通った。モン族の暮らしは少しずつ改善されているようだ。

ラオス

カム族の飲んべえオジサンの集落

フォイポン村はカム族の集落だ。この村で面白かったのは、なんと言っても「ラオハイ」である。もち米から作った酒で、ひと抱えほどの土瓶の中を覗くと、もち米と籾殻がギッシリ詰まっている。これに水を加えて、長いチューブでチューチューと吸うのだ。アルコール度数はおそらく3％ほどで、ものすごく甘い。「ラオハイ」とは、「ラオ＝酒」「ハイ＝壺」なんだそうだ。村に到着すると、すぐに酒盛りが始まった。このときは「ラオラオ」という米焼酎が振る舞われた。「日本人はワイ（手を合わせる）もするし、食べ物に感謝するし、我々と同じだねえ」などと笑いながら、ひとつのお猪口をみんなで飲み回す。早く飲まないと次の人が飲めないから、必然的に「イッキ飲み」になる。「ウァック、ウッ！」（飲ませていただきます！）。宴会は日が暮れるまで続いた。

イエメン

アハメドおじさんの山の上の家

アハメドおじさんの家は、イエメン西部のボラという山間の村にある。しかも国道から15分ほどガケを登った山の頂上という、恐ろしく不便なところに建っている。住居は石造りの頑丈な三階建てで、一階は家畜小屋、二階は家族の住居、三階はキッチンと食料庫とマフラージだ。台所と食料庫には、発酵中のヨーグルト、水に浸けたトウモロコシ、バケツに汲み置きした水、トマトやタマネギ、小麦粉などが雑然と並んでいる。そのせいか家の中には、やたらとハエが多かった。アハメドおじさんは国道沿いで雑貨屋を営んでいる。とはいっても商品は、豆の缶詰、懐中電灯、ジュース、マッチ、石けん、ゴム草履くらい。一般的なイエメン人の質素な暮らしぶりが窺える品揃えなのであった。

イエメン

ティハーマのアフリカン集落

アルバルジェシュ村には、ボラを訪れる途中で立ち寄った。ティハーマ地方はイエメンの中でもアフリカのテイストが強い地域だが、アラブ人が不在地主の土地が多く、比較的貧しい農村が多いといわれる。この村にもアフリカ系の血を強く受け継いだ村人がたくさんいた。その中に十日前に結婚したばかりの夫婦がいた。新婦はまだ16歳だという。茅葺きの円形の建物の中で、少年のような新郎が、巨大なシーシャ（水タバコ）をくゆらせながら、誇らしげに座っていた。村の中央には、共同の台所があった。泥を塗り固めた、ちょうど「C」の形に作った腰高ほどの泥壁の中にカマドが並んでいる。「バーニレホヘ」という、トウモロコシ粉を発酵させたホットケーキのようなものを焼いていた。ひと切れもらったら、フンワリとしてほんのり酸味があり、なかなかイケた。

人力社的
「居候学」のススメ

1 比較居畜学

2 比較美人論

3 比較兵法論

4 比較トイレ考

5 ハイテク未来工学

6 みやげもの文化論

「居候学」とは……？

「居候学」とは、世界各地で「居候」することによって得られる視点を重視する学問である。単なる観光では見過ごしてしまう人々の「フツーの暮らし」を、各地のご家庭に図々しくも「居候」することによって生まれる、家族との信頼関係の中で観察することが、居候学の主眼である。

1 比較屠畜学

日本ではあまり馴染みがないけれど、外国では家畜の解体は家庭でフツーに行われている。しかも地域によって独特の習慣や作法があり、たいへん興味深い。我々が観察した世界各地の屠畜方法を比較してみよう。

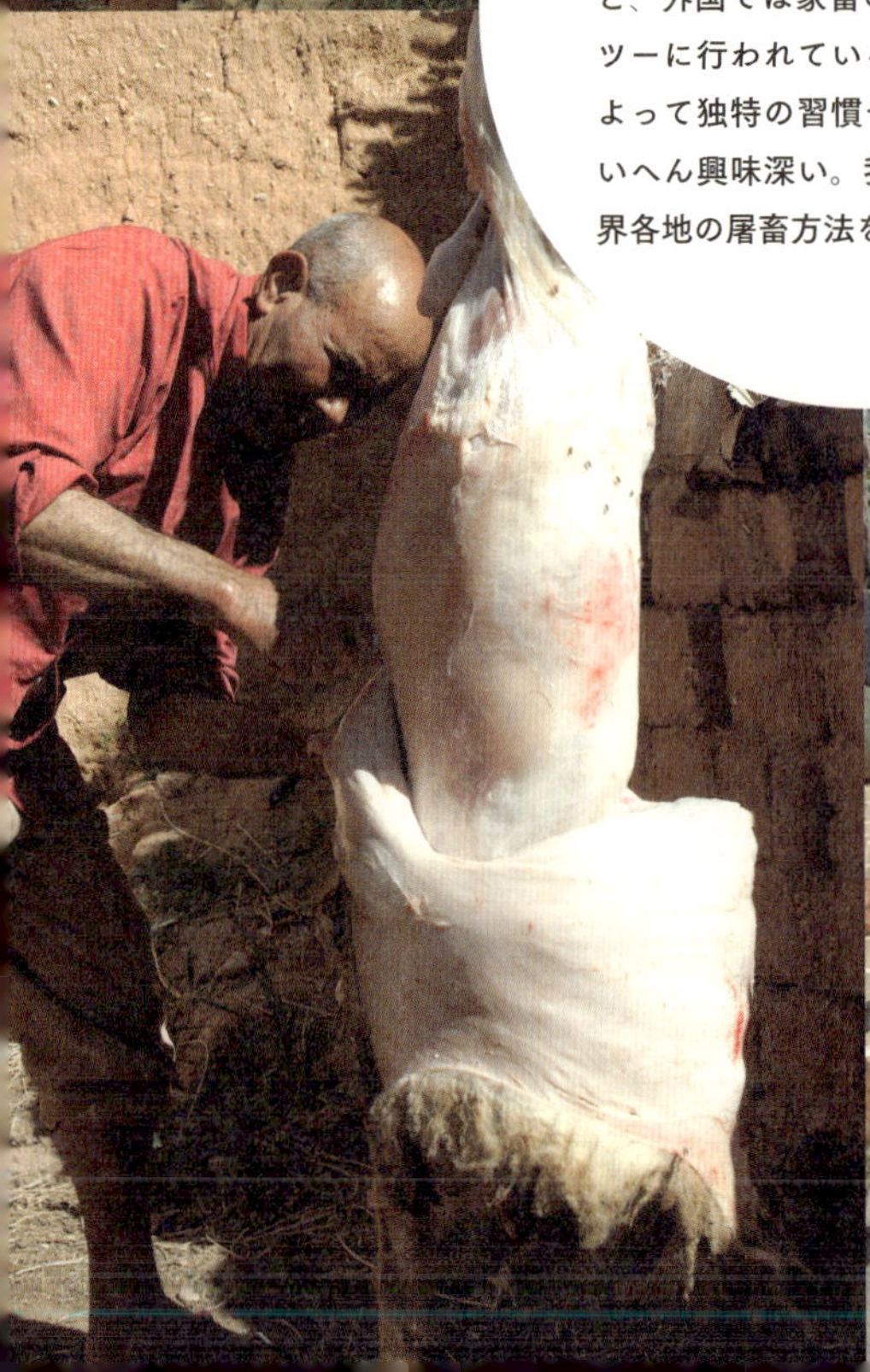

Report 1
モンゴルの場合

モンゴルでは血の一滴も無駄にしない解体が行われる。羊の腹に手を突っ込み、動脈を引きちぎるのだ。すると血は腹腔内にたまり、大地を汚さず、無駄にならない。この伝統的なやり方をモンゴル語で「オルルフ」という。

❶ 群れから引きずり出してきた羊を無造作にひっくり返す。

❷ 左手で羊の前足を捕まえ、右手を羊の腹腔に手を突っ込んで、しばらくモゾモゾさせる。

❸ 私も手を突っ込んでみた。粘膜質で生物的な感触。ヌメッとした温かいものが、すき間なく充満している感じ。

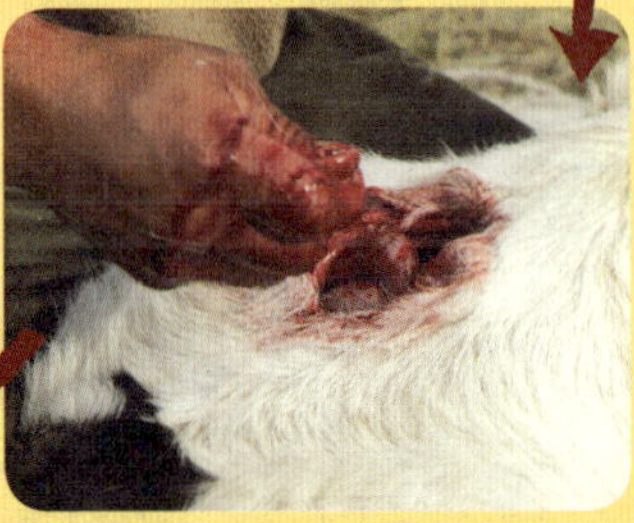

❹ 出てきた指先には、ちぎり取った動脈が。羊は暴れることもなく、ゆっくりと天に召される。

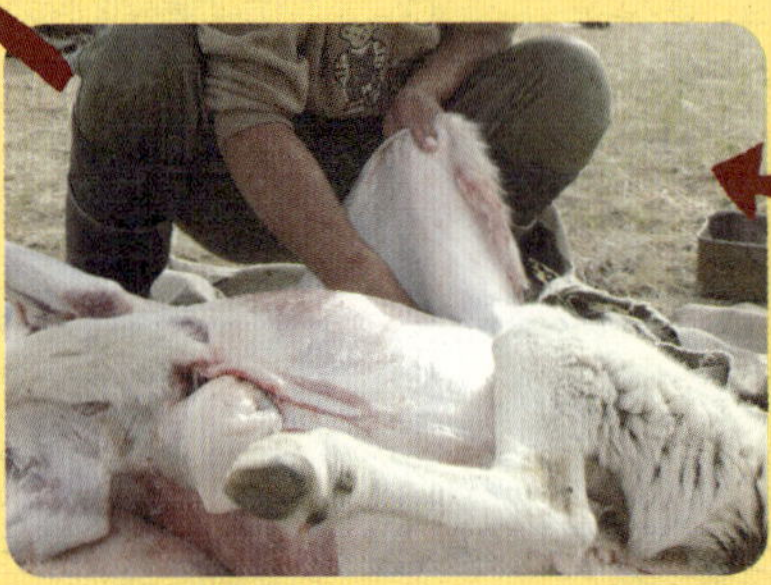

❺ 足首にナイフで切れ目を入れ、拳を突っ込んで、皮をはいでいく。かなり力が必要だ。

モンゴルの屠畜は「オルルフ」

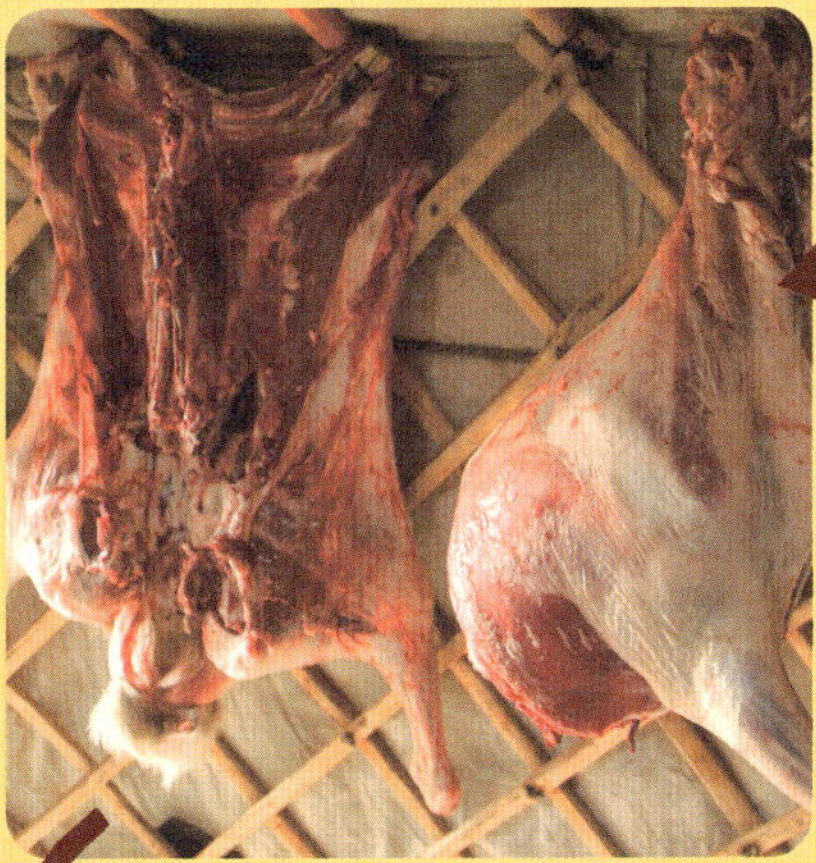

❾ 解体した肉は枝肉の状態で、ハナに引っかけて保存する。意外と日持ちする。

❽ 解体は男の仕事。内臓処理は女の仕事。

❿ モンゴル人の大好物、塩ゆで内臓の完成！

❼ 腹腔にたまった血をくみ出す。あとで腸に流し込んでソーセージに。

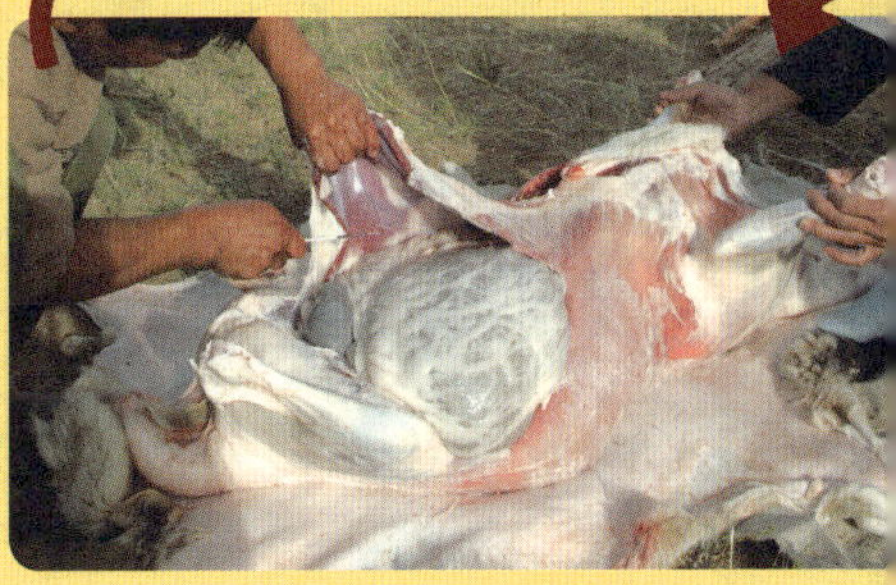

❻ 皮をはぎ終わったら、腹を割く。大きな胃袋が丸見えになった。

考察

モンゴルの屠畜解体は、ほとんど芸術的だ。群れから連れ出されたオス羊は、あっという間に分解されて、ただの肉になってしまう。一度ベギさんが、急な用事で出かけることになり、大急ぎで山羊を解体したときには、20分ほどしかかからなかった。モンゴルでは秋になると、冬に備えて、数頭の羊や牛を屠畜するそうだが、彼らにとって屠畜とは、日本人が畑から大根をひっこ抜いてくるくらいに日常的なことなのだろう。

Report 2

イエメンの場合

イエメンでは、羊料理は大変なごちそうで、お祭りや結婚式でないと食べられない。だから羊の解体は裏庭などでコッソリと行われ、身内だけで食べてしまう。イエメンでも、南部の人たちは意外と解体が下手くそで、一番上手だったのは北部のベドウィン出身のヤヒヤ氏だった。「滅多に食べられない＝屠畜の機会が少ない＝熟練しない」、ということなのかもしれない。イエメンでは「パンを焼く」のは「男の恥」だそうだが、料理はけっこう得意な人が多い。

❶ 近所の農家から仕入れた子山羊が今回のごちそう。

イエメンの屠畜は「吊るし切り」

❷ よく研いだナイフでのどを切り裂く。このときハラールを忘れずに！

❸ 適当な棒を石垣に突っ込み、足首を切り落とさずに、アキレス腱を棒に引っかけて吊り下げる。それから皮をはぎ始める。

❹ まるで服を脱がすようで、ちょっとエロチック。

❺ 皮をはいだら内臓処理。内臓がデロンと飛び出してくる。下にバケツを用意する。

❻ 切り取った腎臓をさっそくつまみ食いするヤヒヤ氏。「ファンタスティコ！」(←意味不明のイタリア語)

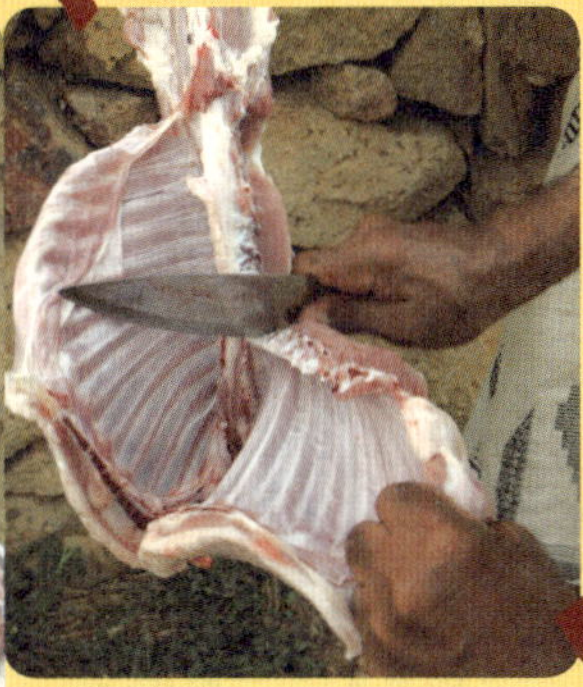

❼ 煮込み料理用に、肉はその場でひとくちサイズに切り分けられる。内臓はキレイに洗って別に調理する。

❽ イエメン人の大好物、スパイスを効かせた羊の煮込みが完成！

考察

イスラム圏で必ず行われるのが「ハラール」。ハラールは「しなければいけないこと」という意味で、イスラム教徒が屠畜し、屠畜の際に「ビスミッラー・アッラーアクバル」（偉大なる神の御名において）と唱えた肉でなければ、口にすることができないことになっている。日本でもマレーシアなどから輸入された「ハラール肉」というのが販売されている。ちなみに反対は「ハラーム」（してはいけないこと）で、トルコ宮廷の「ハーレム」の語源といわれる。

Report 3

まだまだ続くぞ

人力社が見た世界の屠畜比較表

途上国の市場では、動物が生きたまま売られているが、これは必ずしも使役用ではなく、食肉用でもある。途上国では一般に冷蔵庫が普及していないので、屠畜してしまうと、保存が利かなくなってしまう。だから生きたままの動物が「食肉」として売られているのだ。しかし「家畜」として憐憫の情が持てるのは、皮をはぐ前までで、枝肉になったとたんに食べ物に変わってしまうのである。

	道具	人	獲物
ネパール	 ククリとシッカル	 近所のお兄さん	 山羊
パプアニューギニア	 棍棒	 スティーブンさん	 ブタ
モロッコ（アトラス山麓）	 よく研いだナイフ	 パパ・ムハンマド	 羊
モロッコ（サハラ砂漠）	 ナイフ。砂に注意。	 アハメドさん	 ニワトリ3羽

POINT	絶命方法

もれなく血を食べる

ネパールやモンゴルなどの東アジア圏では凝固した血も食べる。

巨大なククリで一刀両断。

二度の撲殺

ブタは撲殺されたあと、速やかに毛を焼かれたが、途中で息を吹き返したので、もう一度撲殺された。

額を狙って棍棒を振り下ろすこと5回。

吹き込み式

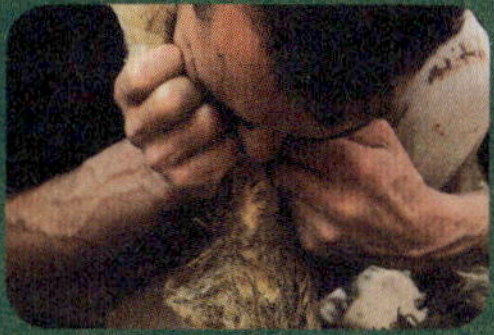

フセイン家では、毛皮を分離するために空気を吹き込む。腸の洗浄にも水を流し込んだあと息を吹き込んで洗い流す。

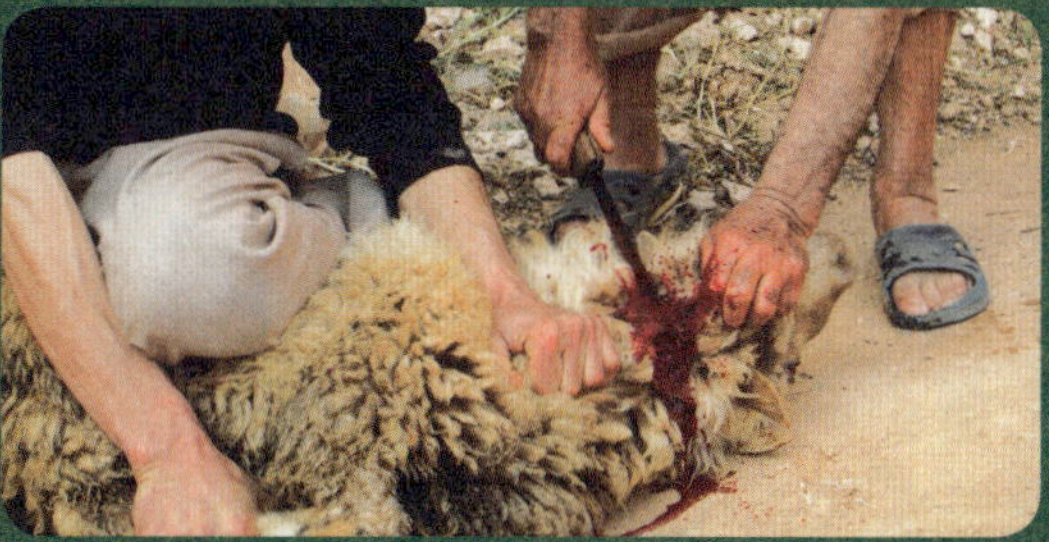

ハラールを唱えて喉を切り裂く。

毛穴を開く

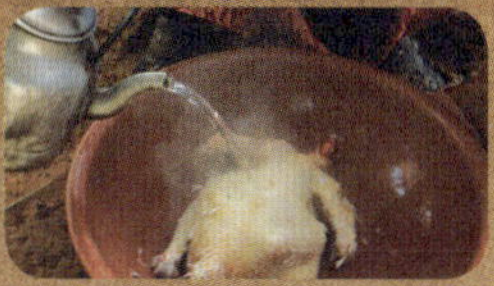

ニワトリの場合、ポイントになるのが羽根の処理。70度の湯に浸けて毛穴を開き、羽根をむしる。このやり方は世界共通のようだ。

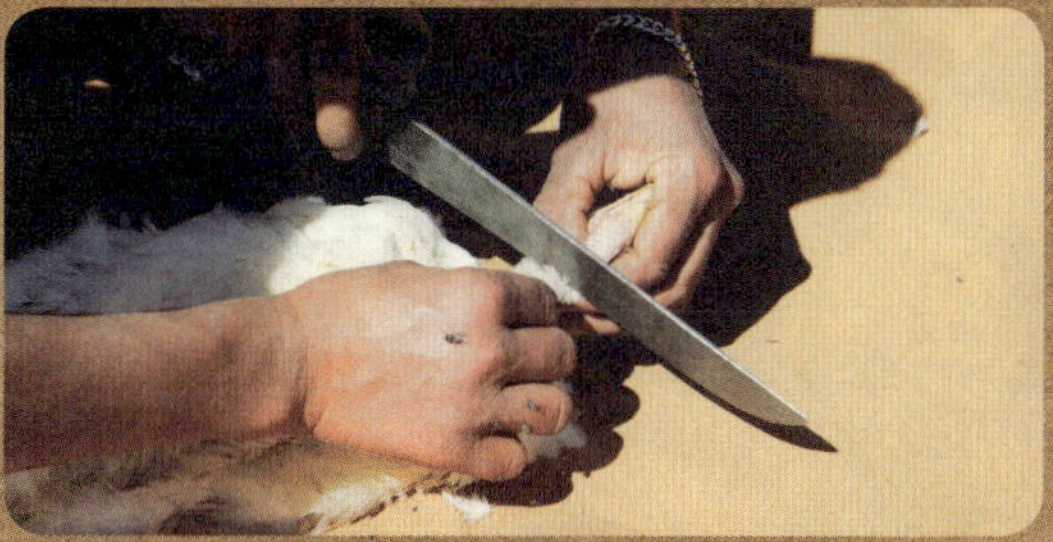

ハラールを唱えて喉を切り裂く。

	内臓処理	毛皮の処理
ネパール	 適当に水洗いするだけ。	 毛は焼き切る。
パプアニューギニア	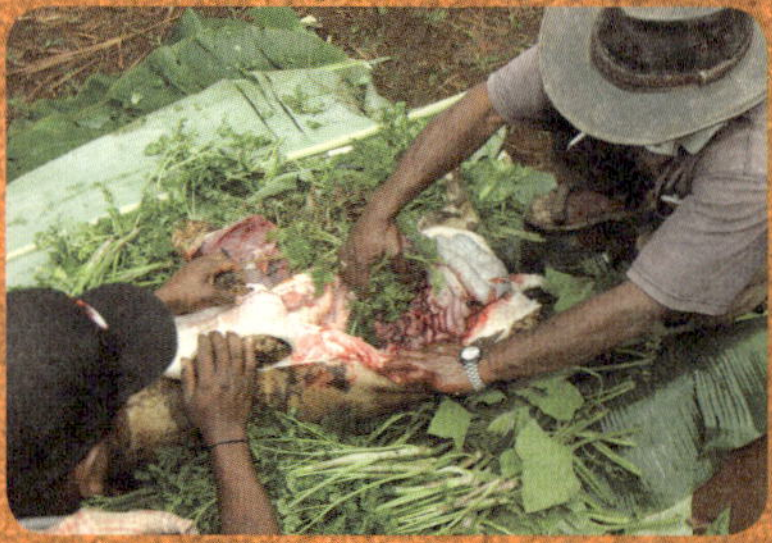 肛門ごと腸を切りとる。糞漏れに注意。	 毛は焼き切る。
モロッコ（アトラス山麓）	 腸は水を流しこみ、息を吹き込んで洗浄。	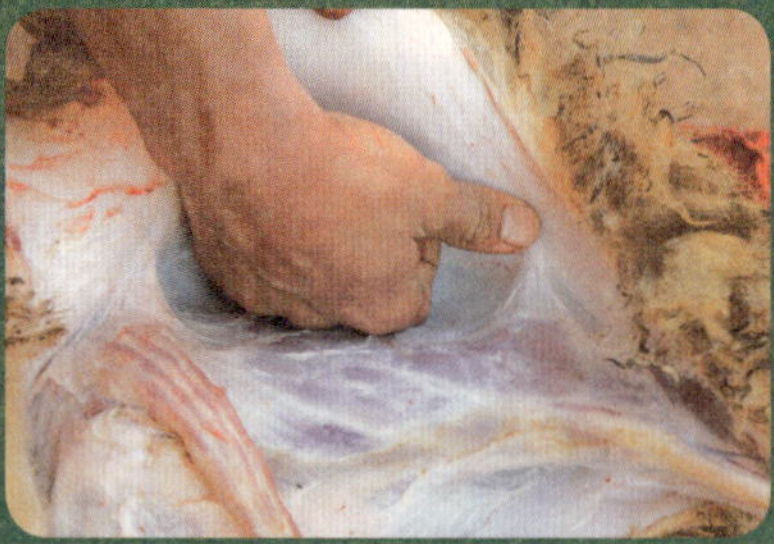 場所によっては素手で皮をはいでいく。
モロッコ（サハラ砂漠）	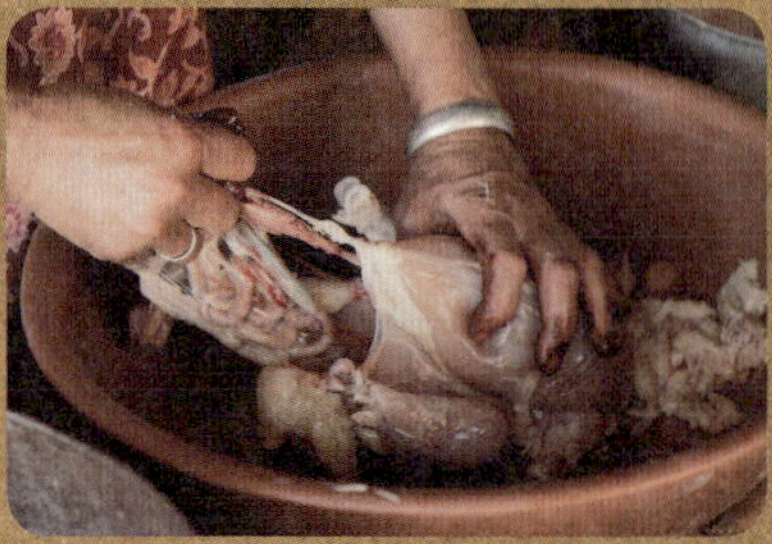 鳥の内臓はレバーと砂肝くらいしか食べない。	 お湯をかけながら羽毛をむしり取る。

肉

肉の切り出し

内臓は細かく刻む。

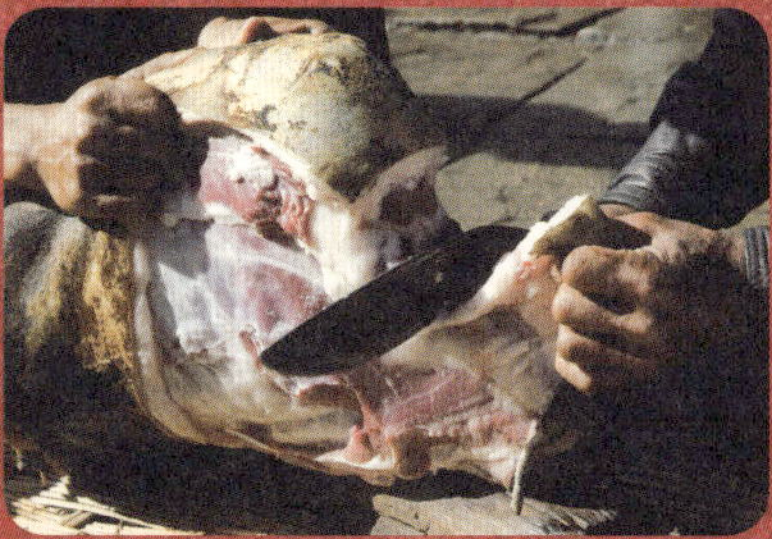
肉は秤を使って均等に分配する。

枝肉そのままの豪快なムームーを仕込む。

背骨を斧でたたき割り、半身の枝肉にする。

キレイに洗って水気を切る。

内臓、骨付き肉、頭、毛皮に分解する。

大きくムネ肉とモモ肉と手羽に解体。

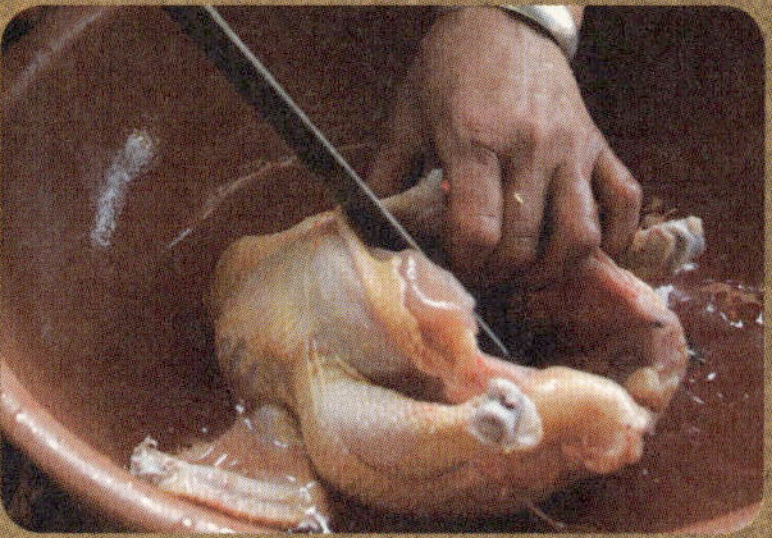
皮はほとんど捨ててしまうものらしい。

所要時間	ギャラリー	料理	
90分	 近所の村人はチャンを飲みつつ見物。	 かなりニオイのきつい内臓煮込み	ネパール
60分	 肉が蒸し上がるのをひたすら待つ。	 アツアツの肉塊を切り分け、食らいつく。	パプアニューギニア
45分	 女の子も積極的に参加。	 赤身を串刺しにしてプロシェットに。	モロッコ（アトラス山麓）
45分	 子供たちも手伝ってくれた。	 チキンのタジンが完成。	モロッコ（サハラ砂漠）

人力社・屠畜学総論

屠畜の東西横綱はモンゴルとアラブだろう。この二つの地域はいろいろな意味で対照的である。モンゴルでは「オルルフ」だが、アラブでは頸《くび》を切る。モンゴルでは家畜をフェルトなどの上に横たえて解体するが、アラブでは「吊し切り」が一般的だ。また東アジアでは凝固した血も立派な食用になるが、アラブでは血には関心が薄い。モンゴルにはイスラム教徒もいるが、一般のモンゴル人とイスラム教徒では、やり方が違うために対立することがあるという。しかし共通しているのは、キチンと血抜きをしていること。肉に血が回ると生臭くなるためだ。

この二地域の伝統技術は、屠畜、解体ともに、世界でももっとも洗練されているが、料理の点においては、香辛料を多用するアラブのほうに軍配が上がる。

他の地域では、たとえばネパールでは、内臓処理がおざなりで、糞のニオイが肉についてしまい、食欲減退すること甚だしい。食肉処理においてはネパールは後進国といえよう。パプアニューギニアでは、棍棒で撲殺という一見すると原始的な屠畜方法だが、ブタは暴れると非常に危険なので、もっとも安全な方法ともいえる。内臓処理はしっかりしていて、技術的には高いレベルにある。しかし調理方法がアバウトで、ひどい目に遭ったのは本文に書いたとおりである。また南アジア地域では、一般に毛皮になんの執着もないが、アラブ地域とモンゴルでは羊毛が重要な資源になっていることも対照的だ。

もうひとつ興味深いのは、ネパールでは解体した羊が、すべての参加者に対して非常に厳密に、均等に分配されたのに対して、アラブでは部外者には「おすそ分け」などは一切行われなかったことである。この考え方の違いは、東西の価値観を、かなり明確に象徴しているように思える。

2 比較美人論

文・阪口 克

民族学的な、難しい考察は専門家に任せ、お気楽に選んでしまいました、各国の美女たちを！　お世話になった方々も、まったく関係ない方々も、四方八方、ビール片手に独断と偏見で語らせてもらいます。世界各国の美しい人の話、聞いてください。

モンゴル
ベギさんの奥さま、ネルグさん

僕たちよりずっと年下なのに、その存在はもうお母さん!!　別れの日に、潤ませてくれたその瞳。素敵でした。

♥ 豊満なボディと赤いほっぺに癒されます。

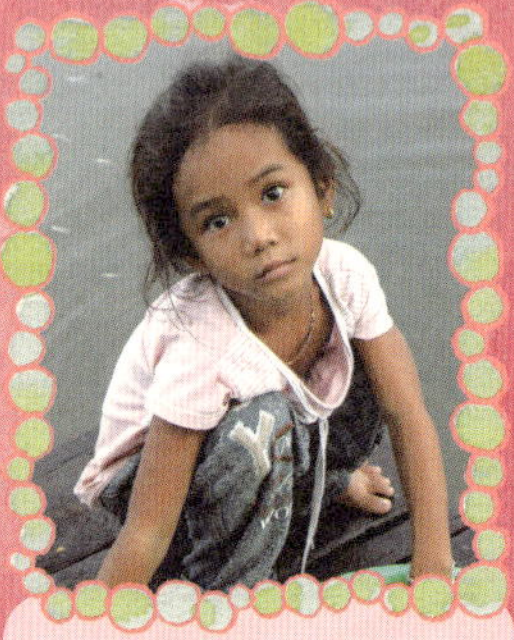

カンボジア
コォルの兄ちゃんの娘

世話になった三姉妹には、ホントに悪いと思います。すみません、この幼い娘さんはおじさんの心をくすぐるんです。

♥ 小柄な体と少し縮れた黒髪がかわいい。

カンボジア
ベトナム系 雑貨船の看板娘

こいつから何本ビールを買ったことやら。でも時おり見せる、営業スマイルではない笑顔にやられちゃうんだな（←だまされてる？）。

♥ ベトナム女性の肌の美しさは世界一！

パプアニューギニア
墓守をする女性の娘さん

異国人の僕の前で、恥じらい胸を隠したあなた。静謐な時間を、乱してごめんなさい。

♥ ぽってりと厚い唇が微笑むと愛らしい。

ラオス
カム族の村の副村長の娘さん

かわいいです。我がカメラマン人生でベストです。危うく、人の道を踏み外すところでした。

♥ 二重まぶたで栗色のつぶらな瞳に惚れました。

♥大きな瞳と整った鼻筋はとてもエキゾチック。

モロッコ
フセインさんの妹さん

才色兼備。いつも本を読んでいて、明るく素敵なお嬢さん。牛の乳搾りで、糞だらけの尻尾が頭に乗っても笑っていました。

♥優美なスタイルと上品なたたずまいが印象的。

ネパール
通りすがりの美人

お世話になった村の女性陣のみなさま、本当にすみません!! 誰だかまったく知りませんが、このお嬢さんが、イチバンです!!

♥凛々しい眉毛とふくよかな唇がキュート。

イエメン
アミンさん家の近所の子

もう今では、ブルカで顔を隠しているのだろうな。いつも誰かのうしろに隠れてたのに、別れる日に撮らせてくれた笑顔です。

♥豊かな黒髪と、ハリのある肌の健康美。

タイ
カレン族の村で世話になったお宅の娘さん

麦わら帽子に日焼けした肌。田んぼの畦道で見た彼女は、小学生の夏休み、田舎で出会った憧れのお姉さんのよう。

考察
―カメラマン・サカグチの居候学的美女写真のすすめ―

美しい女性を撮る。カメラマンの永遠のテーマである。しかし、これがなかなか難しい。よそ行きの笑顔か絶対拒否。通常、見知らぬ女性にレンズを向けたとき、返ってくるのはこの二つ。なかなか良い写真は撮れない。こんなとき居候というのは、非常に良い試みである。いかに「あなた」が当り前の存在になるか。同じ屋根の下、毎日一緒に暮して心が打ち解けたその時、彼女はレンズじゃなく「あなた」に微笑んでくれる……かな?

♥彫りが深く、鳶色がかった瞳はミステリアス。

インド ラダック
大邸宅の跡取り娘さん

乏しい食材を工面して、毎晩いろいろな料理を作ってくれました。餃子の具を一緒に包んで、手と手が触れ合ったのが思い出です。

3 比較兵法論

世界のツワモノ大集合。ゲリラ戦のプロ、毒矢、ククリ、ムエタイ、カラシニコフ。人力社が世界各地で出会った「強そうな人」を一堂に会して、勝手に対戦させてみた。果たして世界一のツワモノは、いったい誰？

モンゴルの荒馬

国名 ［モンゴル］
名前 ［ショッツル］
身長175 ／ 体重 80
武器 ［素手・ムチ］
必殺技 ［首絞め］
得意分野 ［平地］

圧倒的なパワーで敵を絞め殺す。騎馬部隊としても活躍。

首狩り戦闘隊長

国名 ［パプアニューギニア］
名前 ［トゥクバ・ジャウェニ］
身長162 ／ 体重80
武器 ［弓矢・石斧］
必殺技 ［闇討ち］
得意分野 ［熱帯雨林］

強靭な脚力でジャングルでは無敵。森に同化し、不意打ちで毒矢を射かける。

トンレサップのトニー・ジャー

国名 ［カンボジア］
名前 ［ヌオン・タン・コォル］
身長170 ／ 体重 65
武器 ［素手・鉈・パチンコ］
必殺技 ［ムエタイキック］
得意分野 ［水中］

水泳は得意中の得意。魚のように水中を移動し、敵を仕留める。

アラブの山賊

国名　[イエメン]
名前　[ヤヒヤ]
身長165　／　体重　70
武器　[カラシニコフ・ジャンビーヤ]
必殺技　[銃乱射]
得意分野　[砂漠地帯]

ラクダを自由に乗りこなし、砂漠戦で力を発揮。暑さ、乾燥にも強い。

伝説のグルカ兵

国名　[ネパール]
名前　[プルナ・バハドゥル・グルン]
身長165　／　体重　65
武器　[ククリ・シッカル]
必殺技　[一刀両断]
得意分野　[寒冷地]

高山地帯でのゲリラ戦に長けている。寒さや高山病にも強い。

ラオスの殺し屋

国名　[ラオス]
名前　[チュー・チョンヤン]
身長165　／　体重　60
武器　[吹き矢・猟銃]
必殺技　[タイガーキラー（毒薬）]
得意分野　[山岳地]

ベトナム戦争でベトコン相手に奮闘した経歴を持つ。ゲリラ戦のプロ。

考察

この中で一番強いのが近代兵器装備の「アラブの山賊」であることは言うまでもないが、しかしもしもリング上で、素手で勝負したとしたら、どうだろう。おそらく「首狩り戦闘隊長」ことトゥクバさんと、「モンゴルの荒馬」ことショッツルさんの一騎打ちになると思われる。果たしてどっちが強いのか!?　タイトルマッチが実現する可能性は、残念ながら限りなくゼロに近い。

4 比較トイレ考

居候先のトイレを並べてみた。そもそもトイレ自体がない（必要ない）地域もある。暑い地域では、お尻は手桶の水を使い、左手で洗うのが普通だ。これは東南アジアからアフリカに至るまで広く見られる、大変エコロジーな方法である。

モンゴルの草原

草原がトイレ。見晴らしがいいので、女性は長めのスカートをはいていく。うんこは布の切れ端や紙切れを使ったり、石でこそいだりする。

ラオスのモン族

基本的に野グソだが、ブタがうんこを食べてくれるので一石二鳥。

パプアニューギニアのフリ族

スティーブンさん家は洋式トイレだが、一般的にはジャングルで用を足す。

カンボジア

東南アジアは一般に浸透式。水浴びを兼ねた水槽を備えているところもある。

タイ

同じく浸透式トイレ。タイのブランド「COTTO」が、シェア三割を占める。

カンボジアのトレンサップ湖

カン家のトイレは、足場板が二枚敷いてあるだけ。下には湖面が見える。排泄物は船の右舷に流れていき、反対側で炊事をする。

モロッコのサハラ砂漠
砂漠に穴を掘って用を足し、砂でお尻を洗う。

モロッコ
しゃがみ式で、水で洗う。ペットボトルは詰まったときに排水溝に突っ込むモノで、尻洗い用ではない。

イエメン
浸透式の水洗いタイプ。バケツに水が常設してある。ドアはない。

ネパール
ネパール山間部のトイレも、他の国と同じく陶器の便器で浸透式。少々冷たいがお尻は水で洗う。

インド　ラダック
土の上で用を足し、スコップで土と一緒に穴に投げ捨てる。そのためにトイレは一般に広く、四畳半ほどもある。

考察

トイレにおける習慣の違いはわかりやすい。すなわち「寒い地域は紙（布）、暑い地域は水」である。私の経験では、トイレがあること自体が、比較的裕福である。インドの農村などでは、道ばたや海岸で用を足す姿がフツーに見られる。モンゴルやサハラなどの人口密度が低い地域では、トイレの必要度は低い。世界のトイレは、圧倒的に「しゃがみ式」で、地中に穴を掘って自然浸透させるタイプが多い。アラブ地域では、水道の圧を利用した「シャワートイレ」も多く、大変快適だが、慣れないと水浸しに！

5
ハイテク未来工学

「各国の伝統文化を尊重しながらも最新技術を取り入れる」。これから重要になってくるテーマである。近い将来、テクノロジーを駆使したハイテク伝統グッズが登場するに違いない。そこで人力社が提案する、技術立国ニッポンと各国伝統文化の「夢のコラボレーション」をご紹介しよう。

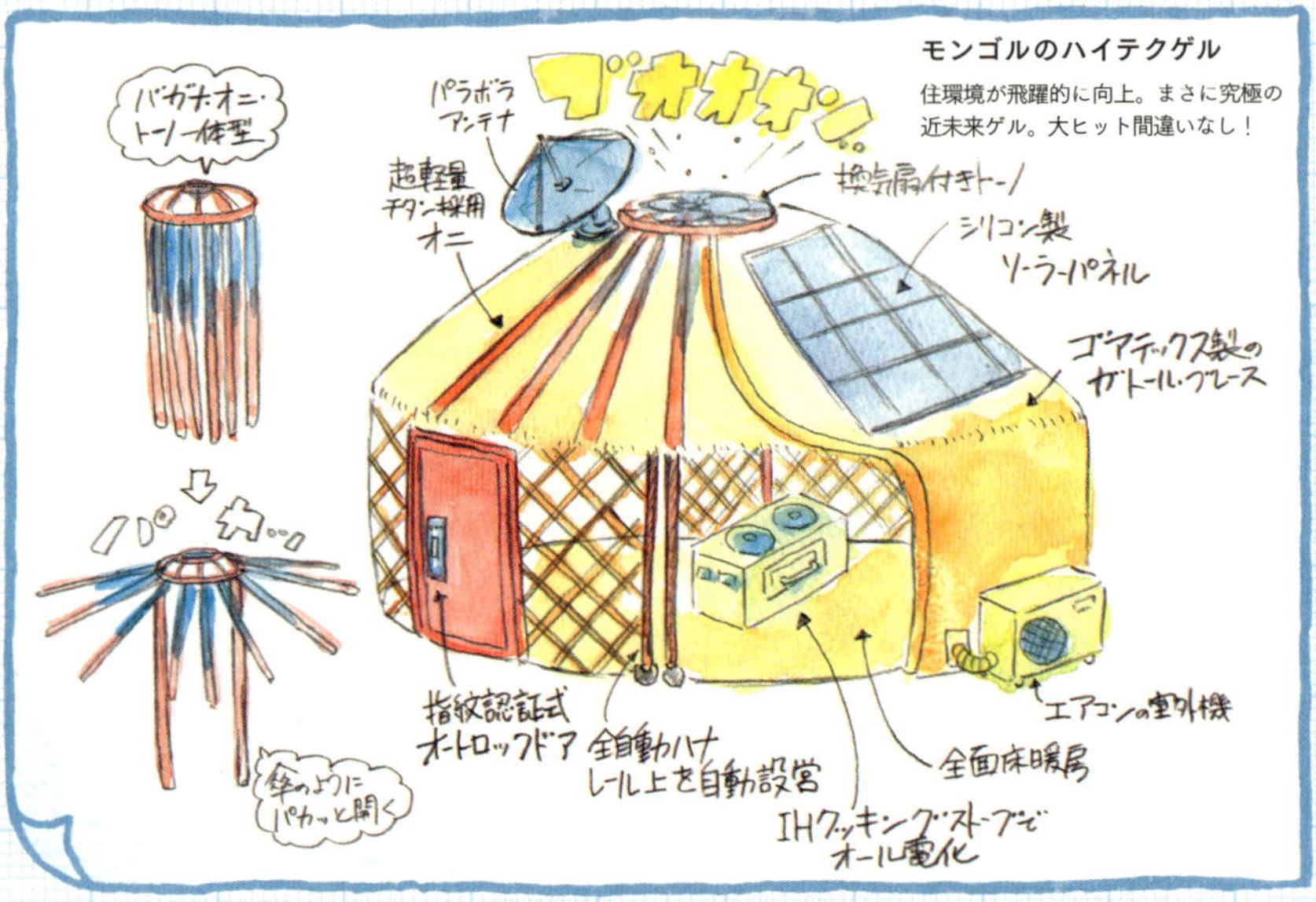

バガナオニ・トーノ一体型
パカッ
傘のようにパカッと開く
パラボラアンテナ
ゴオオオン。
超軽量チタン採用オニ
換気扇付きトーノ
シリコン製ソーラーパネル
ゴアテックス製のガトール・ブレース
エアコンの室外機
指紋認証式オートロックドア
全自動ハナ レール上を自動設営
全面床暖房
IHクッキングストーブでオール電化

モンゴルのハイテクゲル

住環境が飛躍的に向上。まさに究極の近未来ゲル。大ヒット間違いなし！

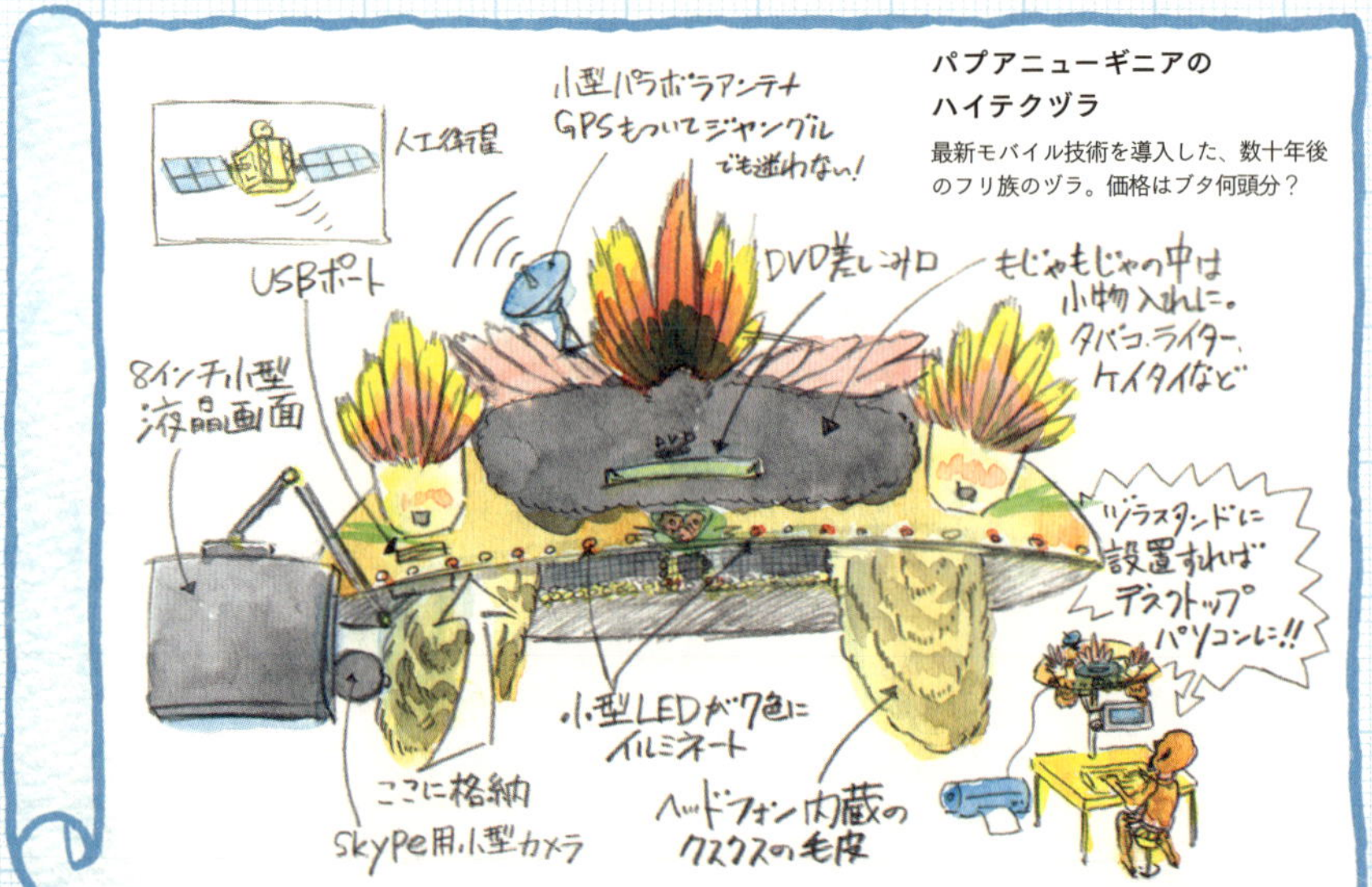

人工衛星
小型パラボラアンテナ GPSもついてジャングルでも迷わない!
USBポート
DVD差し込み口
もじゃもじゃの中は小物入れに。タバコ、ライター、ケイタイなど
8インチ小型液晶画面
ヅラスタンドに設置すればデスクトップパソコンに!!
小型LEDが7色にイルミネート
ここに格納
Skype用小型カメラ
ヘッドフォン内蔵のクスクスの毛皮

パプアニューギニアのハイテクヅラ

最新モバイル技術を導入した、数十年後のフリ族のヅラ。価格はブタ何頭分？

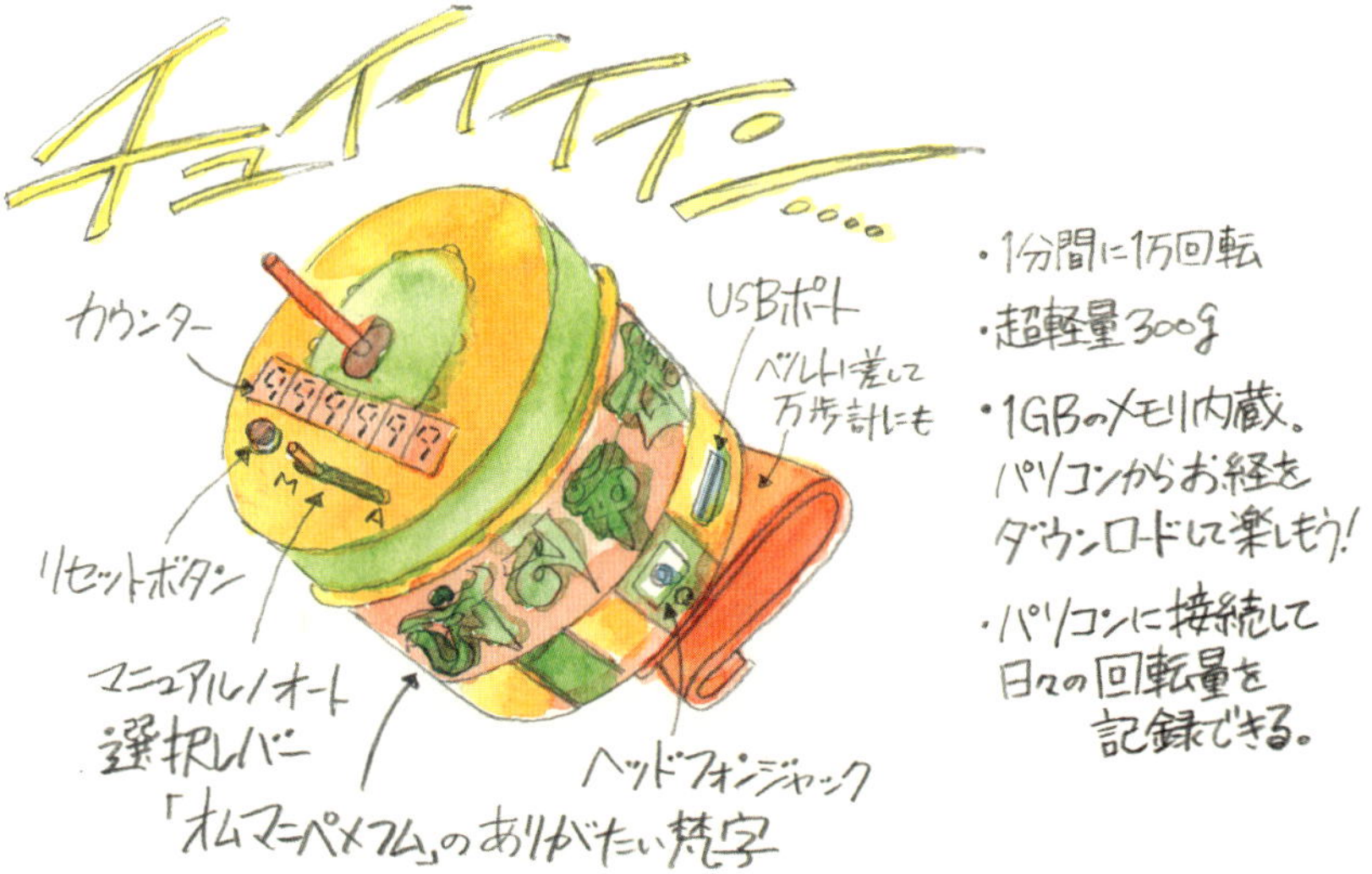
チュイイイン……
カウンター
USBポート
ベルトに差して万歩計にも
リセットボタン
マニュアル/オート選択レバー
ヘッドフォンジャック
「オムマニペメフム」のありがたい梵字
・1分間に1万回転
・超軽量300g
・1GBのメモリ内蔵。パソコンからお経をダウンロードして楽しもう!
・パソコンに接続して日々の回転量を記録できる。

インド　ラダックの
ハイテクマニコロ と
ハイテクマニコロ自転車

あっという間に徳が積まれていく超高速回転マニコロ。「マニコロ自転車」は合計四つのマニコロを装着。最近の健康志向にも対応。

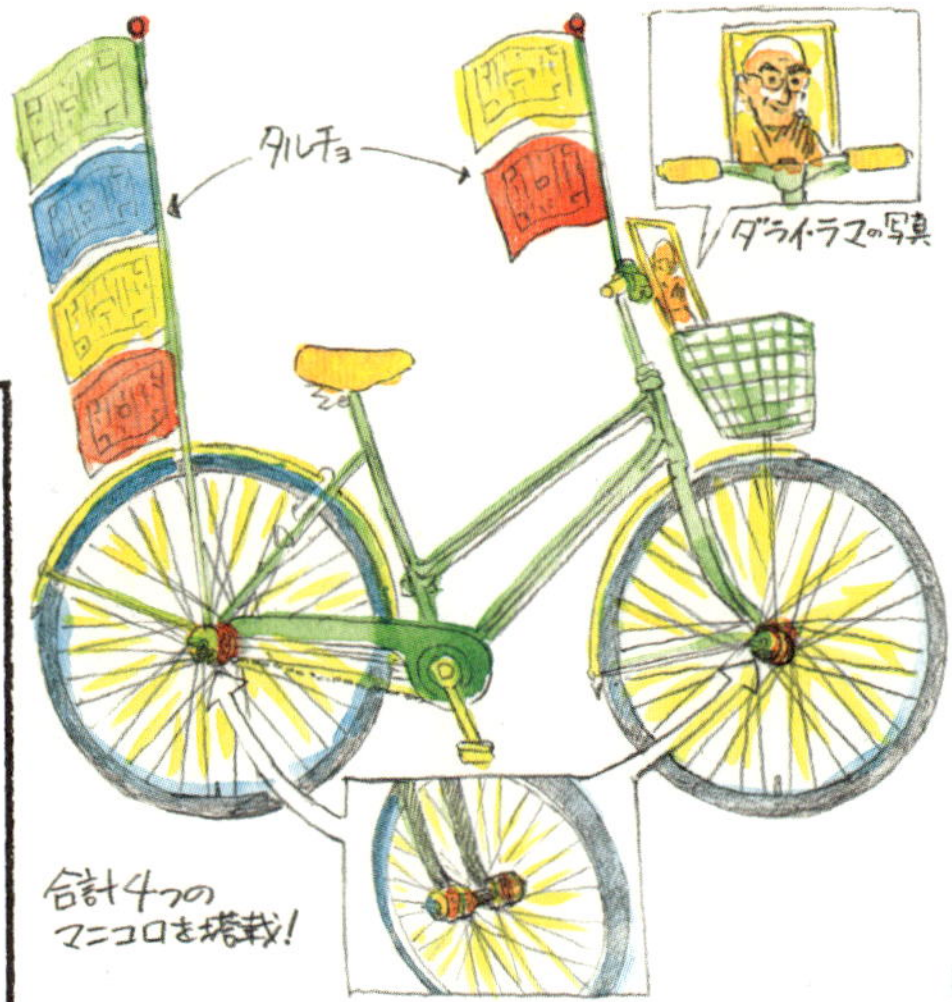
タルチョ
ダライ・ラマの写真
合計4つのマニコロを搭載!

考察

モンゴルのゲルは、それ自体、非常に機能性が高いが、日本の技術を組み合わせることで、さらに快適な住環境が得られる。特にソーラーパネルの活用で、オール電化を実現。ブロードバンドとも接続される。フリ族のヅラは、伝統文化を維持しつつも、最新の通信技術を取り込んだ「ハイテクモバイルヅラ」となっている。ラダックのマニコロは、人間の力を極限まで排除した高機能マニコロだが、一方で一回ずつ手で回すアナログ機能も残している。

6 みやげもの文化論

日本の土産というとハイテク商品だが、残念ながら電化製品は使えないことが多い。なぜなら途上国の田舎で電気が通っていることは珍しいからだ。ということで次善の策として日本食になるわけだが、しかしこれも食事の禁忌や保守的な嗜好性によって、なかなかうまくいかないのであった。

FROM JAPAN

to モンゴル
塩辛

ネルグベギ家に試しに持って行った塩辛。ネルグさんが興味津々で一口食べたら「オエ！ なにコレ！」それを見た他の家族は、もう誰ひとり食べようとはしなかった。

to インド ラダック
カップラーメン

日本のインスタントラーメンは、モンゴルでもラダックでも好評だったが、カンボジアではウケなかった。普段おいしいモノを食べている地域では感動が少ないのだ。

to カンボジア

日本酒とお猪口セットと鮭缶

カンさんに大好評だったのが日本酒の「高清水」。一口飲んだらカンさんの目の色が変わった。サカグチが購入したお猪口も好評。つまみは鮭缶。

to ネパール

笛

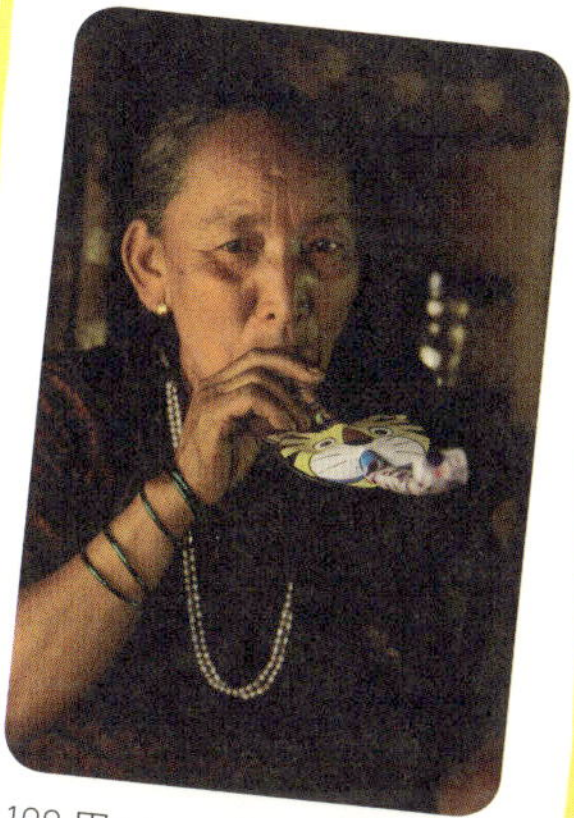

100円ショップで、吹くとピューッと伸びる笛（「巻き取り」とか「吹き戻し」とかいうらしい）を買っていったら、意外とウケた。お母さん大喜び。

to モンゴル

アコーディオン

モンゴルの土産に買っていったアコーディオン。珍しいので一度はみんな手を触れる。しかし究極的に「誰も弾けない」ので、すぐ飽きる。我々が帰るまでハナにひっかけられたままだった。

考察

日本から持って行くお土産を何にするかというのは、興味深い議論である。我々の場合は男性なので、圧倒的に欠けていたのは女性の視点であった。すなわち化粧品である。モンゴルやラダックなどの乾燥地域では保湿クリームや化粧水が、カンボジアなど東南アジア地域では「100均」の化粧品が、大変有り難がられた。どこのご家庭でも隠然たる勢力を持っているのは常に奥方であり、この点で非常に有効なお土産であるといえよう。

あとがき

中山茂大

様々な国のご家庭に居候して強く感じたことのひとつは、世界中の人々は、食べものを手に入れ、調理して口に入れるまでに、なんと多くの時間を費やしていることか、ということであった。たとえば肉を食うためには、まず動物を屠畜しなければならない。屠畜して、皮をはぎ、内臓を出し、関節を切り離し、肉を切り分け、それを調理して、ようやく我々の口に入れることができる。スーパーで売っているパック詰めのロース肉なんて存在しない。途上国の主婦の時間は、そのほとんどが事実上、食事の用意で費やされると言っていい。

人間が食べものを口にするのは、本来、膨大な時間がかかることなのだ。それが工業製品の普及によって調理時間が大幅に短縮され、簡便化されたのが、現代日本人の暮らしなのである。そのことを、額に汗を浮かべてアシートをこねるアミンさんのお母さんや、必死になってオタマジャクシを捕まえるモン族の若者を見て、シミジミと思ったものだった。

生きることとは、すなわち食べることなのである。

この本をまとめるにあたって、多くの方々のご協力をいただいた。

モンゴル、パプアニューギニア、モロッコ、インド・ラダック、ネパール、カンボジアでは、懇意の旅行代理店、風の旅行社に多大な協賛をいただいた。ここで改めて感謝の意を表したい。また二〇〇五年九月から二〇〇七年六月まで、私と妻がインドからモロッコまでの長期旅行に出かけており、これにサカグチが一時的に合流して居候したのがイエメン、モロッコ（アトラス・サハラ）である。

この本の企画に最初に目を通してくださったのは、リトルモア編集部の浅原裕久氏である。また担当編集者の田中祥子氏は、正月休み返上で構成を見てくださった。細かなデザインとイラストを手がけてくださったのは、デザイナーの大原大次郎氏と宮添浩司氏である。また住居のイラストは、絶大なる信頼を寄せているイラストレーター水野あきら氏にお願いした。諸氏のお力添えがなければ、この本は完成しなかった。この本は私とサカグチの本であり、同時にみなさんの作品である。ここに改めて深謝申し上げます。

おそれ入りますが、
切手を
お貼り下さい。

読者ハガキ

151-0051
東京都渋谷区千駄ヶ谷3-56-6

（株）リトルモア 行

Little More

ご住所 〒

お名前（フリガナ）

ご職業

□男 □女 才

メールアドレス

リトルモアからの新刊・イベント情報を希望 □する □しない

※ご記入いただきました個人情報は、所定の目的以外には使用しません。

ご購読ありがとうございました。
今後の資料とさせていただきますので
アンケートにご協力をお願いいたします。

voice

お買い上げの書名

ご購入書店

市・区・町・村　　　　　　　　　　書店

本書をお求めになった動機は何ですか。

□新聞・雑誌などの書評記事を見て（媒体名　　　　　　　　）
□新聞・雑誌などの広告を見て
□友人からすすめられて
□店頭で見て
□ホームページを見て
□著者のファンだから
□その他（　　　　　　　　）

最近購入された本は何ですか。（書名　　　　　　　　）

本書についてのご感想をお聞かせ下されば、うれしく思います。
小社へのご意見・ご要望などもお書き下さい。

ご協力ありがとうございました。

阪口克

「よし、モンゴル行くか〜」

二本目の缶ビールを、ぐびりと飲み干して中山くんが宣言したのは、南へ向かう客船「おがさわら丸」が、横須賀沖を航行しているころでした。

「大平原のど真ん中で、現地の人のゲルに一週間、住んでみぃへんか?」

風の旅行社で人力社担当だった野村氏が、怪しい関西弁で我々にささやいたのは、その数日前のことでした。季節は初夏、穏やかな波の上で、モンゴルはあまりに遠く思えたものです。その後、幾星霜。楽天主義の中山くんに引きずられるように、ずいぶんとたくさんの国で居候をしてきました。しかし、最初にお邪魔したモンゴルで、我々の居候旅行のルールは完成していたように思います。

特別な日に行かない。同じ家で寝て、同じ釜の飯を食べる。期間は一週間。

パッと見、何でもないルールです。でも、今になってみれば絶妙だったなと思えます。お祭りに合わせてって話もあった。就寝用テントを張ろうって話もあった。二日で逃げようかと思ったことも……でも、我々なりの居候のルールを通しました。そんな、アホな美学とこだわりと、世界のご家族のやさしさがこの本にはたくさん詰まっております。

居候旅行を続けるにあたっては、大勢の方にご協力をいただきました。最初にきっかけを与えてくださった野村さん。多大なバックアップをいただいた原さんはじめ、風の旅行社のみなさま。この突拍子もない企画を、誌面で発表させていただいた、元ワールドフォトプレス社の槙さんと、それを引き継いでくださり、「世界のどこかで居候」の名付け親にもなってくださった「週刊朝日」編集部の奥村さんと豊間根さん。本当にありがとうございました。

そして、いつも心配しながらも、快く送り出してくれたうちの嫁さんと、なかなか得難い相棒の中山くん、そしてそして、こんな変な日本人二人を温かく迎えてくださった、世界中のご家族のみなさんに心より感謝いたします。ありがとう!!

参考資料一覧

『モンゴルに暮らす』（一ノ瀬恵／岩波新書）

『モンゴル草原の生活世界』（小長谷有紀／朝日選書）

『回想のモンゴル』（梅棹忠夫／中公文庫）

『食事の文明論』（石毛直道／中公新書）

『アラビア遊牧民』（本多勝一／朝日文庫）

『イスラームの日常世界』（片倉もとこ／岩波新書）

『イエメン　もうひとつのアラビア』（佐藤寛／アジア経済研究所）

『イエメンモノづくし』（佐藤寛／アジア経済研究所）

『コーヒーが廻り世界史が廻る』（臼井隆一郎／中公新書）

『旅行人　2005年冬号　イエメン　徹底ガイド完全保存版』（旅行人）

『狂気の起源をもとめて』（野田正彰／中公新書）

『ラダック　懐かしい未来』（ヘレナ・ノーバーグ・ホッジ／『懐かしい未来』翻訳委員会訳／山と渓谷社）

『ぼくのチベット・レッスン』（長田幸康／社会評論社）

『日本人の目から見たチベット通史』（小松原弘／東京図書出版会）

『好き、好き、好き、カンボジア』（大塚めぐみ／原生林）

『カンボジア』（ジャン・デルヴェール／石澤良昭・中島節子訳　白水社文庫クセジュ）

『カンボジア最前線』（熊岡路矢／岩波新書）

『ネパール人の暮らしと政治』（山本真弓／中公新書）

『ヒマラヤの花嫁』（平尾和雄／中公文庫）

『照葉樹林文化　日本文化の深層』（上山春平編／中公新書）

『料理の起源』（中尾佐助／NHKブックス）

『貧困の光景』（曽野綾子／新潮文庫）

『旅の指さし会話帳65　チベット』（星泉＆浅井万友美／情報センター出版局）

『旅の指さし会話帳39　エジプト』（伊藤由起／情報センター出版局）

『旅の指さし会話帳46　イラク』（サルマド・アリー、野坂陽子、吉澤誠／情報センター出版局）

『旅の指さし会話帳47　モロッコ』（和田麻弥／情報センター出版局）

『旅の指さし会話帳1　タイ語』（加川博之／情報センター出版局）

『旅の指さし会話帳19　カンボジア』（福富友子／情報センター出版局）

『旅の指さし会話帳25　ネパール』（野津治仁／情報センター出版局）

『食べる指さし会話帳1　タイ』（加川博之／情報センター出版局）

スペシャルサンクス(敬称略)

風の旅行社
原 優二／中村昌文／古谷朋之／田中真紀子

ワールドフォトプレス社

朝日新聞出版 「週刊朝日」編集部
奥村 晶／豊間根功智

宝島社 「田舎暮らしの本」編集部

文藝春秋 「週刊文春」編集部
矢内浩祐

カンボジア・ピースインツアー
大塚めぐみ／野中元量

株式会社エーワン
木村英俊

野村幸憲

槙 美加

小林弥生

沖田良子

竹下里子

稲元あかね

森分伸好

三宅喜久恵

ラシッド・オウファレス

ユセフ・ラフキ

アットマン・ラフキ

ドゥルガ・グルン

大原亜紀

本多伸二

武内直子

阪口華奈子

本書のもとになった連載の初出一覧

モンゴル

「Memo男の部屋」(ワールドフォトプレス社)
2005年7月号・2008年3月号
「田舎暮らしの本」(宝島社)
2007年12月号・2008年1月号

イエメン

「Memo男の部屋」2007年1月号
「週刊朝日」(朝日新聞出版)
2008年12月19日号

パプアニューギニア

「Memo男の部屋」2006年3月号
「週刊朝日」2008年12月5日号

インド ラダック

「週刊朝日」2008年12月12日号

モロッコ アトラス山麓

「Memo男の部屋」2007年8月号

モロッコ サハラ砂漠

「Memo男の部屋」2007年10月号

カンボジア

「週刊朝日」2008年12月26日号

ネパール

「週刊朝日」2008年11月28日号

世界のどこかで「ちょっとだけ」居候

「Memo男の部屋」2006年12月号
「Memo男の部屋」2008年5月号

世界のどこかで居候

2010年2月18日　初版第1刷発行

著者
中山茂大
阪口 克

ブックデザイン
大原大次郎
宮添浩司

本文イラスト
(P28-29, 66-67, 82-83, 116-119, 154-155, 178-179, 218-219, 242-243)
水野あきら

刺繍制作
菊池留美子

編集
田中祥子

発行人
孫 家邦

発行所
株式会社 リトルモア
〒151-0051 東京都渋谷区千駄ヶ谷3-56-6
TEL 03-3401-1042　FAX 03-3401-1052

印刷・製本
図書印刷株式会社

ISBN 978-4-89815-283-6 C0095

http://www.littlemore.co.jp